구글 스마트워치 프로그래밍
– 안드로이드 웨어 활용

하영훈 지음

비팬북스

구글 스마트워치 프로그래밍 - 안드로이드 웨어 활용

저 자 I 하영훈
펴낸이 I 최용호

펴낸곳 I (주)러닝스페이스
디자인 I 최인섭, 박지숙
주 소 I 서울 서대문구 성산로 17길 21, B1-13
전 화 I 02-857-4877
팩 스 I 02-6442-4871

초판발행 I 2014년 10월 8일
등록번호 I 제 12609 호
등록일자 I 2008년 11월 14일
홈페이지 I www.bpanbooks.com
전자우편 I book@bpanbooks.com

이 도서의 저작권은 (주)러닝스페이스에 있으며 일부 혹은 전체 내용을
무단복제하는 것은 저작권법에 저촉됩니다.

값 28,000원
ISBN 978-89-94797-14-4 (93000)
비팬북스는 (주)러닝스페이스의 출판부문 사업부입니다.

「이 도서의 국립중앙도서관 출판예정도서목록(CIP)은 서지정보유통지원시스템 홈페이지(http://seoji.nl.go.kr)와 국가자료공동목록시스템(http://www.nl.go.kr/kolisnet)에서 이용하실 수 있습니다.(CIP제어번호: CIP2014027912)」

구글 스마트워치 프로그래밍
– 안드로이드 웨어 활용

하영훈 지음

목차

서문 / 10

1장 안드로이드 웨어 개요 / 13

- 1.1 안드로이드 웨어의 특징 ·· 13
  - 1. 제안 : 컨텍스트 스트림 ·· 14
  - 2. 요구 : 큐 카드 ··· 14
  - 3. 기타 특징 ·· 15
- 1.2 안드로이드 웨어의 지향점 ·· 16
  - 1. 자동 실행 ·· 16
  - 2. 한눈에 보기 ··· 16
  - 3. 모든 제안에 대한 수요 ·· 17
  - 4. 제로 또는 낮은 상호 작용 ··· 17
  - 5. 정리 ·· 17
- 1.3 디자인 원칙 ··· 18
  - 1. 사용자가 하던 일을 멈추게 하지 마라 ··· 18
  - 2. 큰 제스처를 제공하라 ·· 18
  - 3. 첫 번째 카드에 정보를 제공하라 ··· 19
  - 4. 우선 한 가지를 빠르게 제공하라 ··· 19
  - 5. 직관적 디자인을 제공하라 ··· 20
  - 6. 사용자의 어깨를 들썩이게 하지 마라 ·· 20
- 1.4 디자인 패턴 ··· 20
  - 1. 카드 ·· 20

2. 앱 아이콘 ·· 21
3. 페이지 ··· 22
4. 카드 없애기 ··· 22
5. 액션 버튼 ·· 23
6. 액션 버튼에 대한 결과 ··· 23
7. 스마트폰에서 계속 수행하기 ·· 24
8. 카드에 있는 액션 ·· 25
9. 카드 스택 ··· 25
10. 2D 피커 ·· 26
11. 음성 명령 ·· 27
12. 선택 리스트 ·· 27
13. 확장 패턴 가능 ··· 28
1.5 마무리 ·· 28

2장 안드로이드 웨어 구동 원리 이해하기 / 29

2.1 웨어러블 앱 설치 구조 이해 ·· 29
    1. 웨어러블 앱 설치 ·· 29
    2. 웨어러블 앱 설치 이해 ··· 34
2.2 웨어러블 앱의 동작에 대한 이해 ··· 35
    1. 스마트폰 알림 및 웨어러블 앱 동작 ·· 35
    2. 웨어러블 앱 동작 이해 ··· 37
2.3 마무리 ·· 37

3장 안드로이드 스튜디오 설치 / 39

3.1 안드로이드 스튜디오 설치 ··· 39
    1. 안드로이드 스튜디오 다운로드 ·· 40
    2. 안드로이드 스튜디오 설치 ··· 40
3.2 안드로이드 웨어 SDK 설치 ··· 43
3.3 안드로이드 스튜디오 프로젝트 생성 및 실행 ··· 46
    1. 안드로이드 스튜디오 프로젝트 생성 ··· 47
    2. 안드로이드 스튜디오 프로젝트 실행 ··· 52
3.4 안드로이드 스튜디오 프로젝트 이해하기 ·· 53
    1. 모듈 ·· 54
    2. 그래들 ·· 54

3.5 마무리 ··· 56

4장 안드로이드 웨어 알림 기능 / 57

4.1 알림 프로젝트 생성 ·· 57
4.2 빌드 환경 세팅하기 ·· 61
4.3 기본 알림 만들기 ·· 62
    1. 레이아웃 버튼 만들기 ··· 63
    2. 액티비티 메소드 만들기 ··· 65
    3. 기본 알림 만들기 ·· 68
    4. 액션 알림 만들기 ·· 72
4.4 마무리 ··· 77

5장 알림 빌더 알아보기 / 79

5.1 NotificationCompat.Builder 살펴보기 ··· 79
5.2 아이콘 설정 ·· 83
5.3 텍스트 설정 ·· 90
    1. 알림 메인 텍스트, 상태바 텍스트 ·· 90
    2. 우측 텍스트 ·· 92
5.4 스타일 설정 ·· 98
5.5 그룹 설정 ··· 114
5.6 여러 개의 액션 추가하기 ·· 126
5.7 마무리 ··· 129

6장 안드로이드 웨어 확장 알림 알아보기 / 131

6.1 웨어러블 확장 알림 옵션 살펴보기 ·· 131
6.2 웨어러블 확장 알림 코딩 준비하기 ·· 134
    1. 레이아웃에 스크롤 뷰 적용하기 ··· 134
    2. 버튼 및 메소드 추가하기 ·· 135
6.3 웨어러블 확장 알림 페이지 추가 ·· 138
6.4 웨어러블 확장 알림 배경 설정 ··· 143
6.5 웨어러블 확장 알림 아이콘 설정 ·· 148
6.6 웨어러블 확장 알림 정렬 설정 ··· 153
6.7 웨어러블 확장 알림 액션 ·· 156
6.8 마무리 ··· 163

7장 안드로이드 웨어 액션 응답 / 165

7.1 액션 코딩 준비하기 · 165
    1. 버튼 및 메소드 추가하기 · 166
    2. 액티비티 생성 · 168
7.2 기본 액션 응답 · 172
    1. 반응 가능한 액션 코딩하기 · 173
    2. 팬딩 인텐트 이해하기 · 177
    3. 리시브 액티비티 이해하기 · 182
7.3 음성 인식 응답 · 184
    1. 음성 인식 액션 코딩하기 · 184
    2. 음성 인식 소스 이해하기 · 188
7.4 선택 문항 응답 · 193
    1. 선택 문항 응답 코딩하기 · 193
    2. 선택 응답 소스 이해하기 · 197
7.5 브로드케스트 리시버 활용 응답 · 200
    1. 브로드캐스트 리시버 코딩하기 · 200
    2. 브로드캐스트 리시버 소스 이해하기 · 208
7.6 마무리 · 212

8장 안드로이드 웨어 전용 앱 만들기 / 213

8.1 안드로이드 웨어 전용 앱 생성 · 213
8.2 안드로이드 웨어 가상 장치 테스트 · 217
    1. 안드로이드 가상 장치 생성 및 실행 · 217
    2. 안드로이드 웨어 전용 앱 실행 · 221
    3. 안드로이드 웨어 가상 장치와 스마트폰 페어링 · 223
    4. 스마트폰에서 알림 발생 테스트 · 227
8.3 안드로이드 웨어 장치에서 앱 실행 · 229
    1. 안드로이드 웨어 드라이버 설치 · 229
    2. 안드로이드 웨어 개발자 모드 세팅하기 · 235
    3. 안드로이드 웨어 앱 실행 · 237
8.4 안드로이드 웨어 스크린샷 · 238
8.5 안드로이드 웨어 블루투스 디버깅 · 240
8.6 마무리 · 243

9장 안드로이드 웨어 전용 앱 기본 기능 / 245

9.1 시계 종류 판단 ······ 245
    1. 레이아웃 이해하기 ······ 246
    2. 액티비티 소스 이해하기 ······ 247
9.2 원형 시계 전용 레이아웃 ······ 248
9.3 확인 액티비티 ······ 250
9.4 음성 인식 액티비티 ······ 256
9.5 종료 오버레이 뷰 ······ 260
    1. 밀어내어 종료되지 않는 테마 적용 ······ 260
    2. 종료 오버레이 뷰 적용 ······ 263
9.6 원형 이미지 뷰 ······ 266
9.7 지연 확인 뷰 ······ 269
9.8 마무리 ······ 275

10장 안드로이드 웨어 그리드 뷰 페이저 / 277

10.1 그리드 뷰 페이저 프로젝트 가져오기 ······ 277
10.2 그리드 뷰 페이저 프로젝트 실행하기 ······ 279
10.3 레이아웃 이해하기 ······ 280
10.4 액티비티 이해하기 ······ 281
10.5 어답터 이해하기 ······ 283
10.6 마무리 ······ 290

11장 안드로이드 웨어 리스트 뷰 / 291

11.1 웨어러블 리스트 뷰 프로젝트 가져오기 ······ 291
11.2 웨어러블 리스트 뷰 프로젝트 실행하기 ······ 293
11.3 레이아웃 이해하기 ······ 294
11.4 액티비티 이해하기 ······ 294
11.5 리스트 아이템 이해하기 ······ 300
    1. 아이템 레이아웃 xml 이해하기 ······ 300
    2. 아이템 레이아웃 클래스 이해하기 ······ 302
11.6 마무리 ······ 305

12장 장치 간 데이터 송수신 / 307

12.1 데이터 송수신 예제 프로젝트 가져오기 ····················· 307
12.2 데이터 전송 예제 프로젝트 실행하기 ····················· 309
12.3 구글 플레이 서비스 이해하기 ····················· 313
12.4 액티비티 활용 데이터 송수신 소스 이해 ····················· 314
    1. 구글 플레이 서비스 접속 및 해제 ····················· 314
    2. 장치 페어링 이벤트 ····················· 317
    3. 메시지 송수신 ····················· 319
    4. 데이터 아이템 문자열 송수신 ····················· 324
    5. 데이터 아이템 이미지 송수신 ····················· 329
12.5 웨어러블 리스너 서비스 활용 데이터 송수신 소스 이해 ····················· 335
12.6 마무리 ····················· 338

13장 안드로이드 웨어 앱 패키징 / 339

13.1 안드로이드 웨어 패키지 이해 ····················· 340
13.2 안드로이드 웨어 앱 패키징 ····················· 341
    1. 스마트폰 앱의 build.Gradle 확인 ····················· 341
    2. 서명된 안드로이드 패키지 파일 생성 ····················· 342
13.3 마무리 ····················· 346

14장 구글 제공 안드로이드 예제 훑어보기 / 347

14.1 구글 제공 안드로이드 웨어 예제 실행 ····················· 347
    1. 구글 제공 안드로이드 웨어 예제 다운로드 ····················· 348
    2. 프로젝트 가져오기 ····················· 350
    3. 프로젝트 모듈 실행 ····················· 351
14.2 구글 제공 안드로이드 웨어 예제 정리 ····················· 354
    1. 스마트폰 전용 앱 정리 ····················· 355
    2. 시계 전용 앱 정리 ····················· 355
    3. 스마트폰, 시계 동시 활용 앱 정리 ····················· 357
14.3 마무리 ····················· 358

찾아보기 / 360

서문

구글은 2014년 구글 시계(Google Watch)를 출시했다. 초기 출시 가격은 20만원 대이지만, 조만간 더 저렴한 가격의 기기가 발표되며 전자시계 시장을 흔들 것으로 예상된다. 개발자들은 그에 발맞춰 기술을 습득하고, 어플리케이션을 업그레이드 해야 한다. 구글 시계에 특화된 안드로이드 API가 안드로이드 웨어(Android Wear)이다.

우리는 이 책에서 안드로이드 웨어에 대해 배울 것이다. 필자는 국내 개발자들의 빠른 개발을 돕기 위해 책을 쓰기로 마음을 먹었다. 가장 빨리 독자들을 만나기 위해 구글 워치가 출시되자마자 구매를 하고 책 집필을 시작했다.

안드로이드 웨어는 아직 반드시 특정 앱을 실행하기 위해 시계를 구매할만큼 강력한 킬러앱이 없다. 또한 안드로이드 웨어가 발표된 지 몇 달 되지 않았기 때문에 누구도 개발에 대한 노하우가 없는 시기이다. 이런 시기에 재빠르게 기술 습득을 해 놓는다면 좋은 기회를 잡을 수 있을 것이다.

필자는 지루하거나 진도와 관계가 없는 부분은 과감히 배제하고, 빠르게 진도를 나가도록 이 책을 구성하였다. 빠른 실습과 진도를 나가다 보면 중간에 이해가 되지 않는 부분이 나오기 마련이다. 그러더라도 일단 끝까지 진행하자. 책의 진도를 끝까지 진행한 후 다시 몰랐던 부분을 검토하면 어느새 그 문제가 해결될 것이다. 마치 초등학교 6학년이 초등학교 3학년 수학문제를 풀면 쉽게 풀 수 있는 것과 같은 효과다.

안드로이드 웨어 개발을 하기 위해서는 자바프로그래밍과 안드로이드 개발 기초 지식이 필요하다. 하지만 안드로이드 개발 지식이 부족한 독자들도 최대한 포용할 수 있도록 집필했다. 혹시 안드로이드 개발 기초가 부족한 독자들은 필자의 설명과 약간의 인터넷 검색으로 대체 가능하니 걱정하지 말고 일단 안드로이드 웨어 개발을 시작해 보도록 하자.

필자가 최대한 배려했음에도 불구하고 독자들이 부족한 부분을 모두 채우지 못했을 것으로 판단한다. 궁금한 내용이 생기면 필자의 카페에 와서 질문을 남기고 같이 고민하도록 하자.

안드로이드 웨어, 센차터치 자료 카페
      http://cafe.naver.com/stjqm
독자의 필수 준비물
      윈도우 환경 PC, 안드로이드 4.3 버전 이상의 스마트폰 or 태블릿, 안드로이드 웨어 기기

하영훈

1 안드로이드 웨어 개요

안드로이드 웨어(Android Wear)는 2014년 출시한 구글 시계(Google Watch)에서 동작하는 라이브러리(Library)이다. 안드로이드 웨어의 명칭에서도 알 수 있듯이, 안드로이드 웨어 라이브러리는 시계에 국한되지 않는다. 구글은 시계를 시작으로 다양한 웨어러블(Wearable) 기기에 안드로이드를 주입하는 것을 목표로 움직이고 있다.

안드로이드 웨어는 단독으로 동작하는 장치가 아니다. 안드로이드 웨어는 안드로이드 스마트폰에 블루투스로 연결하여 사용된다. 구글 시계는 스마트폰과 연동하여 도움을 주는 장치이기 때문에, 안드로이드 웨어 앱을 만들 때는 스마트폰과의 연결 상태를 항상 고려해야 한다. 그리고 작은 공간에서 사용자에게 내용을 직관적으로 보여주기 위해 시계에 최적화되도록 디자인을 개발해야 한다.

1장[1]에서는 구글에서 정의한 안드로이드 웨어의 특징과 디자인 컨셉을 알아보도록 하자. 안드로이드 웨어의 특징을 이해하면 개발해야 할 웨어러블 앱의 방향을 정할 수 있다. 그리고 구글에서 만들어 놓은 안드로이드 웨어에 대한 디자인 원칙과 앱 구조를 이해하면 개발할 웨어러블 앱이 구체화될 것이다.

1.1 안드로이드 웨어의 특징

설계 방식에 있어서 안드로이드 웨어 앱(이하, 웨어러블 앱)은 스마트폰에서 사용하던 앱과 많이 다르다. 스마트폰 앱과 웨어러블 앱의 서로 다른 강점과 약점을 인체공학적으로 적용시키려면 안드로이드 웨어의 특징을 이해해야 한다.

---

[1] 1장은 구글에서 기획한 안드로이드 웨어 컨셉을 그대로 책에 반영하기 위해서 구글의 안드로이드 웨어 디자인 문서를 최대한 준용했다(출처 : http://developer.android.com/design/wear/index.html).

새로운 플랫폼인 안드로이드 웨어의 기능을 크게 두 가지로 구분할 수 있다. 그 두 가지는 제안과 요구다. 이제부터 안드로이드 웨어의 제안과 요구에 대해 알아보자.

1. 제안 : 컨텍스트 스트림(The Context Stream)

컨텍스트 스트림은 현재 상황에 맞는 정보의 리스트다. 아래의 그림에서 볼 수 있듯이 이 리스트는 카드로 구성돼 있다. 컨텍스트 스트림 UI는 손가락으로 위아래로 밀어내어 시계에 표시된 알림을 돌려볼 수 있다. 시계는 사용자의 시간, 위치, 물리적 행동에 따라 적당한 알림을 사용자에게 보여준다.

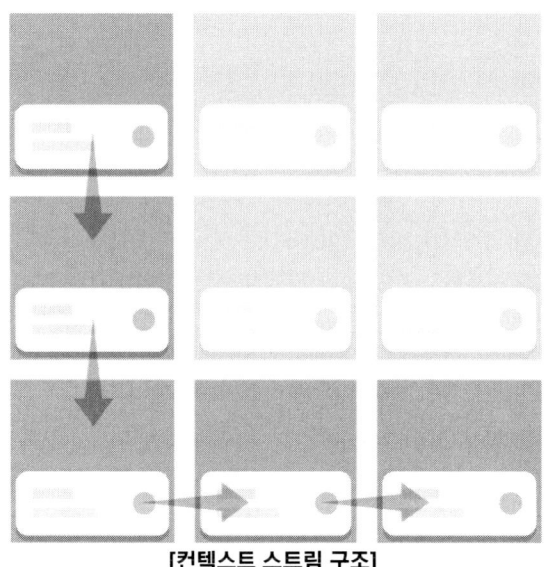

[컨텍스트 스트림 구조]

안드로이드 웨어 사용자는 컨텍스트 스트림 알림만 보면 되며 스마트폰을 주머니에서 꺼낼 필요가 없다. 웨어러블 앱은 사용자에게 현재 필요한 것들을 알아서 제안하기 때문이다.

사용자가 웨어러블 앱으로 제안된 리스트를 위아래로 넘기다가 원하는 제안을 발견하면, 그 카드를 우측에서 좌측으로 밀어내어(←) 상세 정보를 얻거나 동작을 한다. 선택한 리스트의 우측으로 가면 그 제안을 수행할 수 있는 기능들이 준비돼 있다. 그리고 좌측에서 우측으로 밀어내어(→) 다시 제안 리스트로 돌아갈 수 있다.

2. 요구 : 큐 카드(The Cue Card)

컨텍스트 스트림을 통해 원하는 제안을 받지 못했다면, 사용자는 구글에게 요구를 할 수 있다. 요구를 하기 위해서 "OK, Google"이라고 말을 하거나 홈 화면의 배경을 눌러 큐 카드를 활용하면 된다. 사용자는 시계를 터치하여 명령을 선택할 수 있고, 음성으로 명령할 수도 있다.

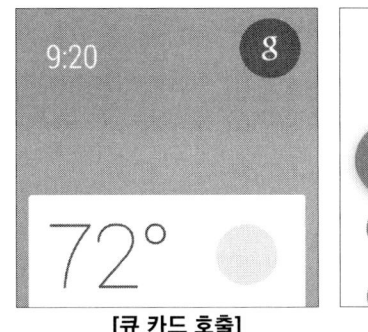 

[큐 카드 호출]   [큐 카드 리스트]

음성 명령(기술적 수준 안에서)은 특정 기능을 활성화한다. 개발자는 생성한 웨어러블 앱에 음성을 등록할 수 있다. 이렇게 되면, 사용자는 개발자가 의도한 대로 음성 명령을 할 수 있다. 그리고 두 개 이상의 웨어러블 앱들이 동일한 음성으로 명령을 등록한 경우에는 사용자가 선호하는 앱을 선택할 수 있다.

3. 기타 특징

1) 음성 명령, 큐 카드 호출

시계 동작 중 언제든지 배경화면을 누르거나 "OK, Google"이라고 말하면 음성 명령 대기 화면과 하단의 큐 카드가 실행된다.

2) 시계 모양 선택

사용자가 시계의 메인화면을 길게 누르고 있으면 다른 시계 모양을 선택할 수 있다.

3) 저전력 모드

사용자가 일정 시간동안 시계에 음성 명령을 내리지 않거나 터치를 하지 않으면 시계는 저전력 모드로 전환된다. 저전력 모드에서는 일반 시계와 동일하게 시간만 보여준다. 스크린을 누르거나, 시계를 보는 제스처를 취하면 저전력 모드를 종료할 수 있다.

4) 배터리 확인 및 음소거 모드

홈스크린에서 위에서 아래로 문지르면(↓) 날짜와 배터리 상태가 보인다. 그리고 동일한 동작으로 맨 아래까지 문지르면 음소거 모드가 된다. 음소거 모드를 사용하면 알림의 진동과 번쩍이는 효과를 없앨 수 있다. 다시 진동 모드로 변경하려면 끝까지 아래로 문지르면(↓) 된다.

5) 환경설정

환경설정 화면을 큐 카드나 시계의 버튼으로 호출할 수 있다. 환경설정 화면에서는 장치를 종료하거나 재

시작할 수 있고, 화면 밝기 조정, 항공기 모드 사용, 기기 정보를 확인할 수 있다.

6) 풀 스크린 앱

풀 스크린 앱은 다른 화면을 모두 가리고, 가장 앞에 실행된다. 이렇게 되면, 컨텍스트 스트림을 제어할 수 없으므로 주의 깊은 개발이 필요하다.

1.2 안드로이드 웨어의 지향점

안드로이드 웨어 기기는 정보를 사용자에게 제공하는 것에 집중한다. 스마트 기기의 가상 세계의 정보를 현실 세계의 사용자에게 전달하는 것이 최종 목표다. 이 목표를 수행하기 위해 아래와 같은 설계 구조를 지향한다.

1. 자동 실행(Launched automatically)

스마트폰에서는 많은 사람들이 앱을 실행하기 위해 클릭을 한다. 하지만 웨어러블 앱(Wearable App)은 사용자의 상황(시간, 위치, 물리적 활동)에 따라 자동으로 작동된다. 그리고 웨어러블 앱은 사용자의 상황에 따라 시기적절하게 정보를 제공한다.

2. 한눈에 보기(Glanceable)

스마트워치가 아닌 일반적인 손목시계의 사용자들은 다른 일을 수행하면서, 아주 짧은 순간에 현재 시간을 확인한다. 안드로이드 웨어도 이와 다르지 않다. 사용자가 무엇을 하고 있든지, 아주 짧은 시간에 시계의 소프트웨어가 제안한 내용을 확인할 수 있다.

3. 모든 제안에 대한 수요(All about suggest and demand)

안드로이드 웨어는 사람들의 비서가 될 것이다. 사람들이 필요로 할 때 안드로이드 웨어는 항상 준비가 돼있으며, 도움을 줄 것이다.

4. 제로 또는 낮은 상호 작용(Zero or low interaction)

안드로이드 웨어는 사용자와 최소한의 상호 작용을 추구한다. 섬세한 손가락 움직임으로 기기를 작동하는 방식을 없애고, 음성 인식과 최소한의 몸짓으로 사용자의 욕구를 충족시키는 것을 목적으로 한다.

5. 정리

정리하면, 안드로이드 웨어는 사용자의 최소한의 노력으로 사용자에게 적절한 정보를 제공하는 것을 목표로 하고 있다.

1.3 디자인 원칙

안드로이드 웨어 프로그램의 디자인을 위해 구글은 아래와 같은 디자인 원칙을 수립했다.

1. 사용자가 하던 일을 멈추게 하지 마라(Focus on not stopping the user and all else will follow)

사용자는 대화, 운동, 요리, 식사 등을 하는 동안에 안드로이드 웨어 앱을 사용한다. 안드로이드 웨어 앱은 사용자를 도와줄 뿐, 사용자가 하는 일을 멈추게 하면 안 된다.

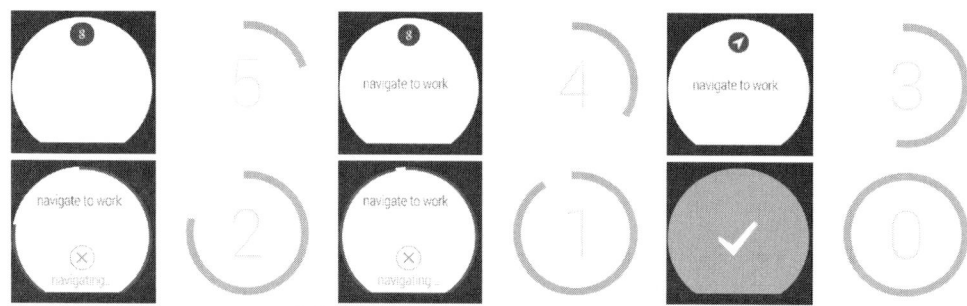

[직장으로 가는 길을 찾기 위한 5초 동안의 동작]

[5초 만에 직장으로 가는 길을 찾은 결과]

개발자가 만든 안드로이드 웨어 앱을 통해 사용자가 원하는 정보를 얻기까지 5초 이상 걸린다면 앱의 구성을 변경하여 사용자 편의성을 높이는 데에 집중해야 한다. 편의성을 높이는 방법으로 앱 사용자의 생각과 시각 동선을 어떻게 효과적으로 활용한 것인지에 집중해야 한다.

2. 큰 제스처를 제공하라(Design for big gestures)

사용자들은 디스플레이의 커다란 사진과 버튼으로 응답한다. 사용자의 응답이 정확하거나 섬세하지 않더라도 동작하도록 한다.

1.3 디자인 원칙 19

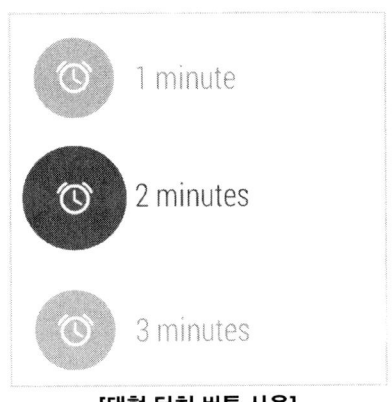

[대형 터치 버튼 사용]　　　　　[소형 터치 버튼 사용]

개발자가 만든 앱을 사용하기 위해서 사용자가 걸음이 느려지거나 멈춘다면, 개발자는 사용자가 사용하기에 덜 섬세한 작동 방식으로 개발해야 한다.

3. 첫 번째 카드에 정보를 제공하라(Think about stream cards first)

사용자에게 필요한 정보가 있을 때, 첫 번째 카드에 컨텐트를 제공하는 것을 추천한다. 이렇게 하면 사용자가 원하는 정보를 바로 얻을 수 있다.

[첫 번째 카드에 정보 제공]

사용자가 원하는 정보를 개발자가 만든 앱으로 얻을 수 없다는 점을 인지한다면, 사용자는 개발자가 만든 앱의 알림을 받지 않도록 설정할 것이다. 따라서 시계에 알림을 보여줄 때는 사용자에게 유용한 정보만 보이도록 노력해야 한다.

4. 우선 한 가지를 빠르게 제공하라(Do one thing, really fast)

사용자는 하루에도 수 백 번의 알림을 받는다. 안드로이드 웨어 앱이 잘 디자인되어 있다면 첫 번째 페이지만 보더라도 사용자가 원하는 정보가 있다는 것을 알 수 있다.

하나의 알림으로 모든 정보를 제공하기 어렵다면, 여러 카드로 제공하면 된다. 여러 페이지로 구현했다면, 사용자는 페이지를 넘겨 원하는 정보를 얻는다. 다만, 첫 번째 카드는 사용자가 필요한 정보를 갖고 있다는 사실을 빠르게 알려야 한다.

5. 직관적 디자인을 제공하라(Design for the corner of the eye)

더 이상, 사용자가 응용 프로그램을 찾도록 하지 말자. 사용자가 시계를 힐끔 보더라도 자신이 필요한 정보가 있다는 것을 알아채도록 디자인해야 한다. 이를 위해 "어떻게 개발하면 사용자가 큰 노력을 기울이지 않아도 정보를 얻을 수 있을까?" 라는 질문의 답을 계속 찾아야 한다.

6. 사용자의 어깨를 들썩이게 하지 마라(Don't be a constant shoulder tapper)

웨어러블 기기는 사용자의 피부에 닿아 있기 때문에 최소한의 알림을 줘야 한다. 사용자에게 정말 필요한 내용이 아니면 사용자를 방해하지 말자.

1.4 디자인 패턴

안드로이드 웨어는 사용자에게 최소한의 응답을 받도록 한다. 그렇기 때문에 사용자가 이미 익숙한 일관성 있는 디자인 패턴을 준수하는 것이 중요하다.

안드로이드 웨어 개발을 하기 전에 아래의 디자인 패턴을 숙지하도록 하자.

1. 카드

컨텍스트 스트림 안에 있는 카드는 약간 다른 형태를 취할 수 있다.

1) 표준 카드

표준 카드는 알림 정보를 제목과 아이콘, 상세 정보로 표시한다.

[표준 카드]

2) 단일 동작 카드

재생이나 정지와 같은 토글 상태를 제어하기 위해 단일 동작 카드를 사용한다. 아래의 예제는 방의 불을 켜고 끄기 위한 기능을 제어할 수 있는 카드다.

[단일 동작 카드 - 전구를 켠 상태]

[단일 동작 카드 - 전구를 끈 상태]

3) 확장 스택 카드

여러 알림을 한 번에 전달하기 위해서는 아래와 같은 확장 스택 카드를 사용한다. 확장 스택 카드는 처음에는 알림이 하나로 보이다가, 아래의 [+3 more] 버튼을 누르면 세 개의 알림이 펼쳐진다.

[확장 스택 카드]

2. 앱 아이콘

알림은 우측 상단에 아이콘을 표시한다. 아이콘이 있음으로써 사용자는 동작을 보다 쉽게 인식할 수 있다. 배경 화면에는 앱의 상표를 넣지 말고, 사용자에게 필요한 정보를 넣도록 하자. 스트림의 가장 왼쪽에 나타나는 카드에는 아이콘이 필수다. 하지만 우측에 추가한 페이지들까지 모두 아이콘을 표시할 필요는 없다.

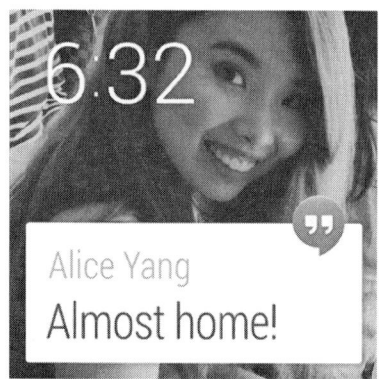

3. 페이지

페이지의 개수는 최소로 한다. 대부분의 경우 기본 카드와 추가 상세 카드면 충분하다. 날씨 카드로 예를 들면, 첫 번째 카드에 오늘 날씨를 표시하고 오른쪽 카드에 다음 날들의 날씨를 보여주면 충분하다. 액션 버튼은 정보 페이지들 다음에 나와야 하며, 순서를 변경하거나 정보 중간에 끼워 넣으면 안 된다.

[오늘 날씨]

[다음 날들의 날씨]

4. 카드 없애기

카드를 왼쪽에서 오른쪽으로 문지르면 해당 카드가 사라진다. 사라진 카드들은 관련 정보가 있을 때 다시 보인다.

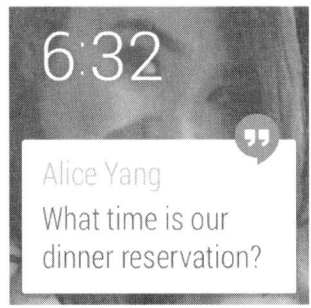  

5. 액션 버튼

사용자에게 제안한 내용에 관련한 동작이 필요한 경우가 있다. 이 경우 액션 버튼을 넣는다. 액션 버튼의 위치는 세부 카드의 오른쪽으로 한다.

액션 버튼에 대한 이미지 PSD 파일을 얻으려면 http://developer.android.com/design/downloads/index.html#Wear로 간다.

6. 액션 버튼에 대한 결과

사용자가 시계에서 액션 버튼을 누르면 시계는 아래와 같은 화면을 출력할 수 있다.

1) 즉시 완료

액션이 즉시 완료되고, 사용자에게 완료를 알린다.

2) 액션 카운트 다운

액션이 수행되는 도중에 짧은 카운트 다운 애니메이션이 보인다. 사용자가 애니메이션을 눌러서 동작을 취소할 수 있다. 카운트 다운이 완료되면 사용자에게 동작이 완료됐다는 사실을 확인시켜준다.

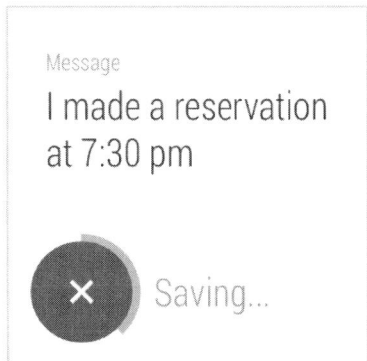

3) 확인

사용자가 실수로 동작을 수행하는 것을 방지하기 위해 한 번 더 확인할 수 있다.

4) 큐 카드 호출

사용자의 액션을 수행하기 위해 큐 카드를 호출할 수 있다. 예를 들어, 사용자가 문자 메시지에 대한 답변을 수행하는 액션 버튼을 눌렀다면 큐 카드를 호출하고 음성으로 답변하라고 메시지를 출력하면 된다.

7. 스마트폰에서 계속 수행하기

가능하면 시계에서 모든 작업이 수행되도록 개발해야 한다. 하지만 작업이 스마트폰에서 수행되어야 하는 경우, 아래와 같은 애니메이션이 출력되고, 스마트폰에서 동작이 계속 수행된다.

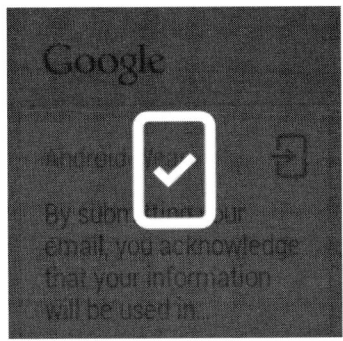

8. 카드에 있는 액션

음악 컨트롤 앱 같은 경우 카드 안에 액션을 직접 넣는 것이 효과적일 수 있다.

카드에 있는 액션은 아래와 같은 가이드를 따른다.

- 카드당 하나의 확실한 액션만을 제공한다.
- 카드의 액션을 이해할 수 있는 텍스트는 필요 없다.
- 카드에 있는 액션을 수행하면 시계에서 확인할 수 있어야 한다.

9. 카드 스택

여러 정보를 한 번에 제공하기 위해 카드 스택을 사용한다. 하단의 [+3 more]를 누르면 카드 리스트가 아래로 펼쳐진다. 그리고 펼쳐진 스택 카드를 위나 아래로 넘기면 다시 합쳐진 스택 상태로 되돌릴 수 있다.

10. 2D 피커(2D Picker)

2D 피커에서는 큐 카드나 액션 버튼으로부터 여러 개의 리스트를 불러오고, 그 중 하나를 선택할 수 있다. 예를 들어, 사용자가 시계에 "오늘 밤 영화 티켓 구매"라고 음성 명령을 내리면 오늘 밤 상영되는 영화 리스트를 보여주고 사용자는 보고 싶은 영화를 선택할 수 있다.

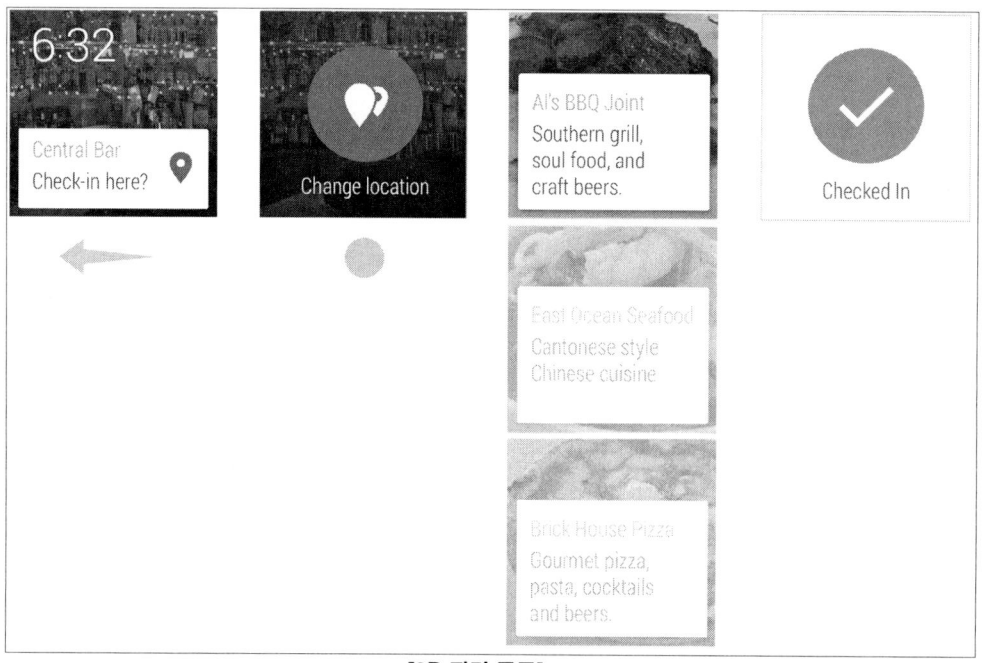

[2D 피커 구조]

액션에 따른 작업을 수행할 때 경우에 따라 추가 정보가 필요할 수 있다. 이럴 때 여러 선택 값들을 사용자에게 보여주고, 선택할 수 있는 구조가 2D 피커다. 이 때 사용자에게 가장 알맞은 기본값을 제공함으로써 사용자가 액션을 선택하기 위해 고민하는 시간을 최소화한다. 이 패턴은 안드로이드 웨어의 최소한의 상호작용 요구사항 원칙(1.2절 4번 "제로 또는 낮은 상호 작용" 원칙)을 지킨 디자인이다.

11. 음성 명령

개발자는 음성 명령의 반응으로 안드로이드 인텐트[2] 명령을 수행할 수 있다. 예를 들면, 메모 어플에서는 "메모 작성"이란 명령 후 연속된 음성을 입력하고 메모를 등록할 수 있다. 이런 의도된 음성 명령은 개발자가 등록할 수 있기 때문에 같은 음성이 여러 개의 인텐트에 등록될 수 있다. 같은 음성이 여러 개의 인텐트에 등록된 경우, 사용자는 자신이 원하는 인텐트를 구글에서 제공한 안드로이드 웨어 어플에서 선택할 수 있다.

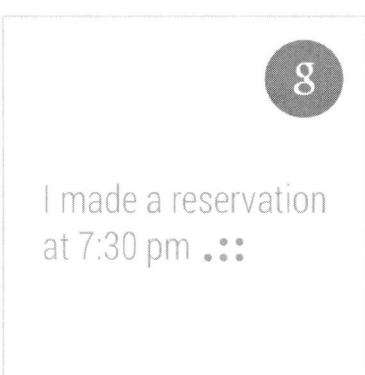

12. 선택 리스트

선택 리스트는 여러 개의 아이템 중 하나를 선택하는 일반적인 컴포넌트다. 추후 배울 웨어러블 리스트 뷰(WearableListView)를 사용해서 이 기능을 개발할 수 있다. 웨어러블 리스트 뷰는 작은 화면에서 여러 개의 아이템 중 하나를 선택하기에 최적화된 리스트다. 선택된 아이템은 가운데에 표시된다. 웨어러블 리스트 뷰는 여러 아이템 중 하나를 선택할 때 가장 일반적으로 사용하기 좋다. 웨어러블 리스트 뷰는 시스템에서 기본으로 제공되는 큐 카드에서도 사용되고 있다.

---

[2] 안드로이드 인텐트 : 안드로이드 프로그램은 인텐트 기능을 통해 프로그램 실행 도중에 다른 프로그램의 기능을 수행할 수 있다. 예를 들면, 카메라 인텐트를 사용하면 다른 프로그램이 수행되는 도중에 카메라 기능을 사용할 수 있다.

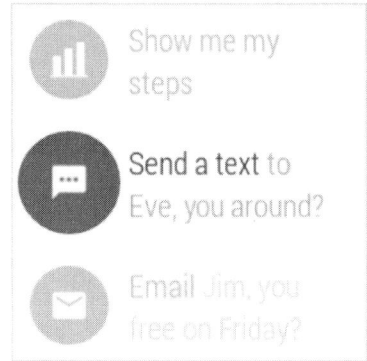

13. 확장 패턴 가능

웨어러블 앱에서는 위에서 소개한 패턴을 넘어선 확장이 가능하다. 사용할 수 있는 옵션을 자세히 알고 싶으면 http://developer.android.com/design/wear/structure.html의 앱 구조 가이드를 참고한다.

1.5 마무리

1장에서는 구글에서 정의한 안드로이드 웨어의 특징과 지향점, 디자인 방향을 훑어봤다. 이로써 구글이 안드로이드 웨어로 어떤 어플들을 만들어야 하는 지를 이해할 수 있다. 2장에서는 개발 환경을 설정하고, 기본 소스를 분석하면서 안드로이드 웨어 프로젝트를 이해한다.

2

안드로이드 웨어 구동 원리 이해하기

안드로이드 웨어 기기는 안드로이드 스마트폰이나 태블릿과는 다른 새로운 개념의 장치다. 새로운 개념의 기기이기 때문에 안드로이드 웨어 기기의 하나인 시계에 익숙하지 않다. 2장에서는 웨어러블 앱 개발에 앞서 안드로이드 웨어 기기와 안드로이드 핸드헬드 기기(스마트폰, 태블릿)의 연동 원리를 이해하고 시계와 조금 더 친해지는 시간을 갖는다.

> ▶ **읽기 전에 알아두기**
> - 핸드헬드(Handheld) 기기는 스마트폰, 태블릿과 같이 안드로이드 앱이 구동되는 기기를 뜻한다. 독자들의 읽기 속도에 도움을 주기 위해 이 책에서는 핸드헬드 기기를 스마트폰으로 지칭할 것이다. 이제 이 책에서 '스마트폰'은 안드로이드 웨어 기기와 연동된 핸드헬드 기기를 뜻한다는 점을 염두에 두고 읽도록 하자.
> - 안드로이드 웨어 기기(Android Wear Device)는 안드로이드 웨어 API가 동작하는 기기를 뜻한다. 이하 설명에서는 '웨어러블 기기'나 '시계'로 지칭할 것이다.
> - 웨어러블 앱(Wearable App)은 안드로이드 웨어 모듈로 웨어러블 기기에서 동작하는 프로그램을 뜻한다.

2.1 웨어러블 앱 설치 구조 이해

웨어러블 기기는 스마트폰과 블루투스로 연동된다. 스마트폰에 웨어러블 앱을 설치하면 스마트폰과 연동된 시계에도 자동으로 설치된다. 독자들은 필자가 진행한 설치 과정을 따라해 보며 웨어러블 앱의 설치 구조에 대해 이해해보자.

1. 웨어러블 앱 설치

웨어러블 앱은 안드로이드 프로그램 설치 파일인 APK(Android Package) 파일에 모듈로 포함된다. 아래에 설명되어 있는 Runtastic 앱의 설치 과정을 따라해 보자.

> **Note**
> 스마트폰과 웨어러블 기기의 초기 연동은 각 기기의 매뉴얼을 참고하여 세팅하고 실습하자.

1) 안드로이드 웨어 앱 실행 및 웨어러블 기기와 연결

스마트폰에서 안드로이드 웨어(Android Wear) 어플을 실행하고 상단의 연결 버튼(◉)을 눌러 웨어러블 기기와 연결한다.

[안드로이드 웨어 앱]

2) 안드로이드 웨어 호환되는 앱 탐색

안드로이드 웨어 앱 하단에서 [호환되는 앱 탐색] 버튼을 누른다.

3) Runtastic 앱 설치

안드로이드 웨어와 연동되는 앱 중 Runtastic 앱을 설치한다.

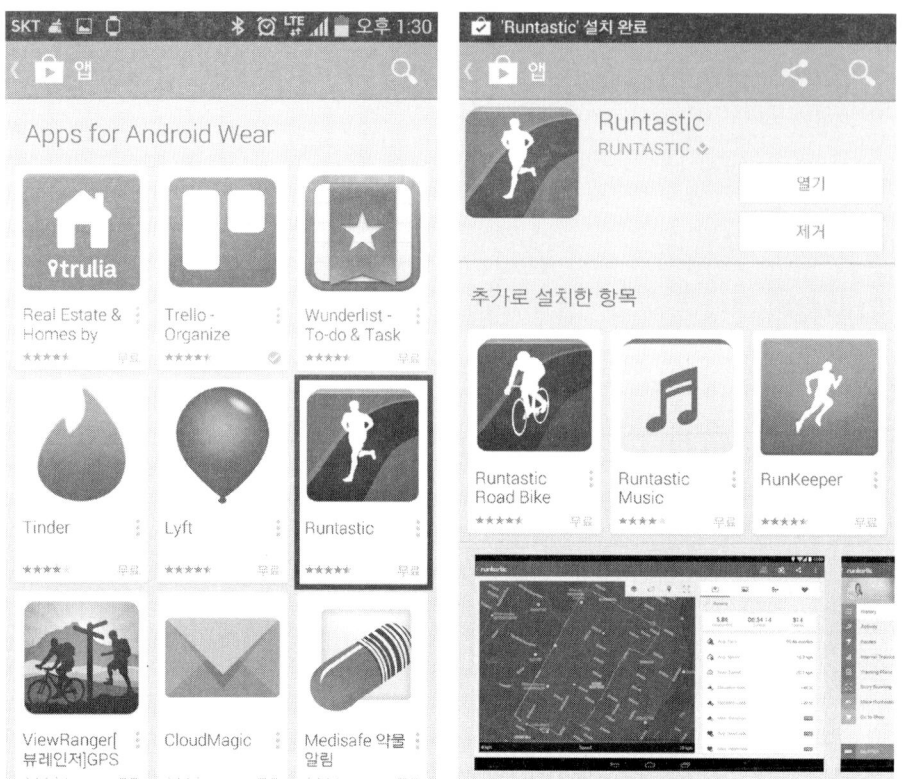

4) 앱 다시 동기화

구글 플레이 스토어에서 APK가 설치되며 동시에 시계에 웨어러블 앱을 설치한다. 그러나 시계가 연결되어 있지 않았거나, 에러가 발생하면 스마트폰의 안드로이드 웨어 앱을 켠다. 그리고 상단의 환경설정 버튼(⚙)을 눌러 웨어러블 앱 설정에 들어간다. 그리고 가장 하단의 [앱 다시 동기화] 버튼을 눌러 시계와 동기화한다.

2.1 웨어러블 앱 설치 구조 이해   33

5) 웨어러블 앱 실행하기

음성으로 "OK, Google"이라고 입력하거나, 배경화면을 눌러 큐카드를 실행하자. 그리고 큐카드의 가장 하단에 있는 [시작] 버튼을 누르고 Runtastic을 실행한다.

Runtastic 웨어러블 앱을 실행시키고 시작하면 현재까지 걸은 거리가 표시되며, 카드를 우측으로 이동하면 운동에 대한 정보를 얻거나 스마트폰 앱의 동작을 제어할 수 있다.

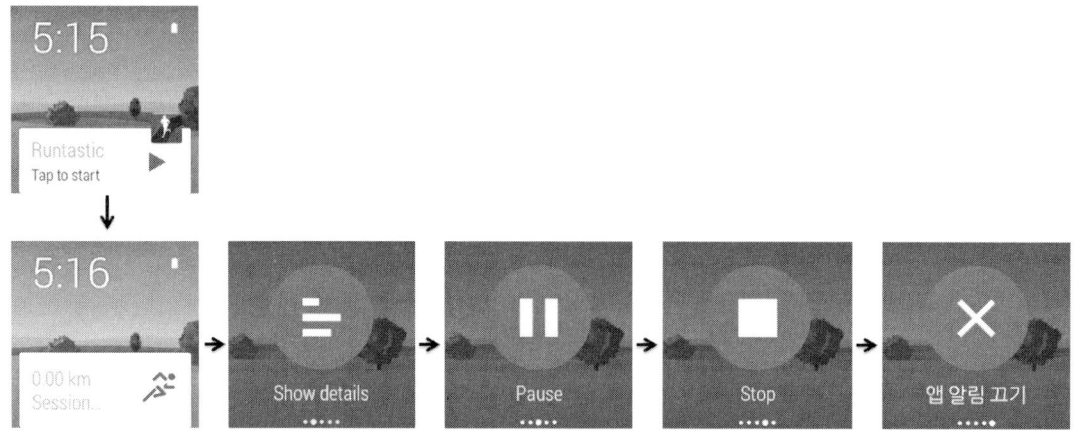

2. 웨어러블 앱 설치 이해

스마트폰과 시계는 블루투스로 연결되어 구글 플레이 스토어에서 패키지 파일(APK)을 설치하면 시계에 웨어러블 앱이 자동으로 설치된다는 것을 알 수 있다. 이는 패키지 파일에 스마트폰앱과 웨어러블 앱이 동시에 포함돼 있기 때문이다.

아래 웨어러블 앱 설치 구조를 보자.

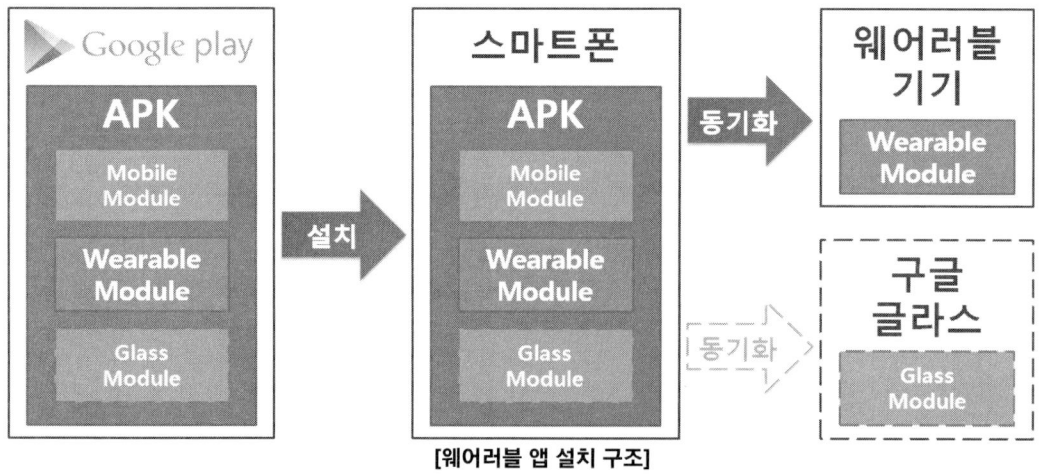

[웨어러블 앱 설치 구조]

구글 플레이 스토어에서 안드로이드 웨어 호환 앱을 설치하면 스마트폰에 APK 파일이 설치된다. APK 파일에는 스마트폰에서 동작되는 모바일 모듈(Mobile Module)과 웨어러블 모듈(Wearable Module)이 포함돼 있다. 스마트폰에 설치된 후 블루투스로 장치가 연결되어 동기화되면, APK 파일에 있는 웨어러블 모듈을 웨어러블 기기에 설치한다. 추후에 발표되는 구글 글라스(Google Glass)[1]의 글라스 모듈(Glass Module)도 같은 구조로 APK에 포함된다.

2.2 웨어러블 앱의 동작에 대한 이해

스마트폰과 안드로이드 웨어 기기가 연결되면, 안드로이드에서의 알림이 블루투스를 통해 안드로이드 웨어 기기에 보인다. 그리고 웨어러블 앱에서 발생한 동작을 스마트폰으로 전송한다.

1. 스마트폰 알림 및 웨어러블 앱 동작

네트워크를 활용하여 메시지를 보내는 구글의 행아웃 앱의 웨어러블 앱 활용 예를 살펴보자.

1) 스마트폰 행아웃 메시지 도착

안드로이드 웨어 기기가 연동된 상태에서 구글 메신저 행아웃 메시지가 도착했다. 그리고 스마트폰에 푸시 알림이 발생했다.

---

1) 구글 글라스(Google Glass) : 구글 안경을 의미한다. 구글은 가장 간편한 웨어러블 기기인 시계를 가장 먼저 발표했다. 전문가들은 다음 주자로 구글 글라스를 예상하고 있다.

2) 행아웃의 웨어러블 앱 구동

행아웃 메시지가 시계에서 알림으로 나타났다. 스마트폰의 행아웃 앱은 도착한 메시지 리스트를 시계로 전송한다. 전송받은 내용을 웨어러블 앱에서 보여준다. 그리고 음성으로 답장을 입력받고, 스마트폰의 행아웃 앱으로 전송한다.

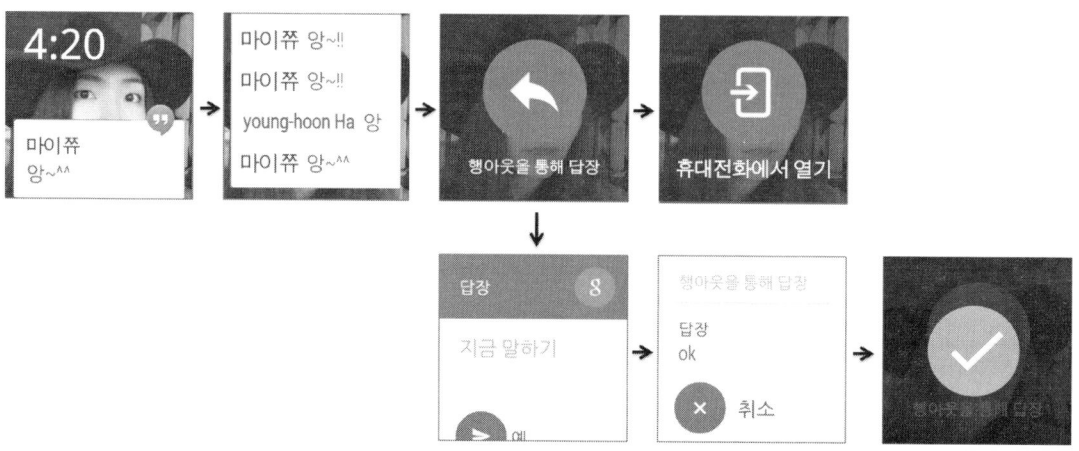

3) 메시지 전송

스마트폰의 행아웃 앱은 시계에서 전송받은 내용을 네트워크를 통해 상대방에게 전송한다.

2. 웨어러블 앱 동작 이해

앞서 살펴본 예제를 도식화한, 아래의 스마트폰 앱과 웨어러블 앱의 연동 구조를 보자.

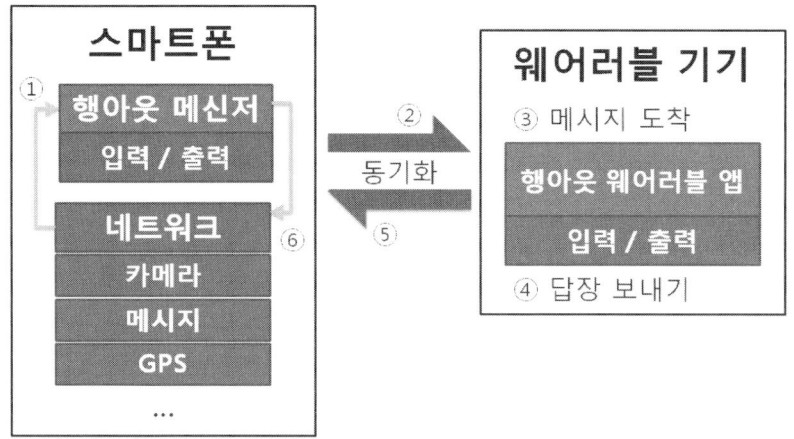

[스마트폰과 웨어러블 앱의 연동 구조]

① 네트워크를 통해 메시지를 전송받는다. 그리고 행아웃 메신저에 내용을 출력한다.
② 동기화된 웨어러블 기기에 메신저 내용을 보낸다.
③ 스마트폰으로부터 받은 메신저 내용을 행아웃 웨어러블 앱에서 보여준다.
④ 사용자가 행아웃 웨어러블 앱의 답장보내기 기능을 사용하여 답장을 입력한다.
⑤ 동기화된 스마트폰으로 답장 내용을 보낸다.
⑥ 스마트폰의 행아웃 메신저는 네트워크를 통해 답장을 전송한다.

네트워크를 통해 행아웃 메시지를 보내거나 받는 주체는 스마트폰이다. 웨어러블 앱은 스마트폰에 도착한 메시지를 웨어러블 기기에 보여준다. 사용자가 웨어러블 기기에서 답장을 전송하면 내용을 스마트폰에 보내고, 스마트폰은 네트워크를 통해 메시지를 전송한다.

위 예제는 네트워크 기능을 활용하는 메신저의 예다. 카메라, SMS, GPS 등 스마트폰의 기능을 활용하는 웨어러블 앱 또한 동일한 구조로 동작한다.

2.3 마무리

2장에서 웨어러블 앱을 설치하고, 행아웃 메신저를 동작해보며 안드로이드 웨어의 구조를 간략히 알아 봤다. 블루투스로 연결된 시계는 스마트폰의 동작을 도와주는 기기로서의 역할을 충실하게 한다는 것을 알 수 있다.

3

안드로이드 스튜디오 설치

구글은 안드로이드 개발을 위한 안드로이드 스튜디오(Android Studio)를 배포하고 있다. 안드로이드 스튜디오는 아직 베타 버전[1]이지만 꽤 쓸 만하다. 그리고 구글은 안드로이드 웨어 개발을 안드로이드 스튜디오로 할 것을 권장하고 있다. 이클립스로 개발하는 방법도 있지만, 안드로이드 스튜디오를 사용하는 것이 훨씬 더 편리하다. 3장[2]에서는 안드로이드 스튜디오를 설치하고 테스트 앱을 실행해 보도록 한다.

> **Note**
> 안드로이드 스튜디오는 아직 정식 버전이 발표되지 않아서 버전이 자주 올라간다. 따라서 버전에 신경쓰지 않고 설치를 진행한다.

3.1 안드로이드 스튜디오 설치

아래 순서를 따라 안드로이드 스튜디오를 설치하자.

---

1) 베타 버전 : 베타 버전은 많은 유저에게 (주로 무료로) 시험 사용을 하도록 하여 사용성이나 디자인, 성능 등에 관하여 의견을 받고 그 의견들을 소프트웨어의 개발에 반영하거나 미처 다 발견할 수 없었던 불편한 점을 보고해 수정하여, 정식 버전을 보다 좋게 완성하는 것을 목적으로 하고 있다. (출처 : 위키백과)

2) 출처 : http://developer.android.com/sdk/installing/studio.html

1. 안드로이드 스튜디오 다운로드

안드로이드 스튜디오를 다운로드받기 위해 아래 링크로 접속하자.

```
http://developer.android.com/sdk/installing/studio.html
```

아래와 같은 초기 화면이 뜬다.

우측 하단의 [Download Android Studio] 버튼을 클릭하고, 조항 동의 후 다운로드받자.

2. 안드로이드 스튜디오 설치

다운로드받은 안드로이드 스튜디오를 설치하자.

1) 다운로드받은 [android-studio-bundle-windows.exe]를 실행

다운로드받은 설치 파일을 실행하고, [Next] 버튼을 누른다.

2) 프로그램을 사용할 유저를 선택

프로그램을 사용할 유저를 선택한다. 필자는 [Install just for me]를 선택했는데, 다른 것을 선택해도 상관없다.

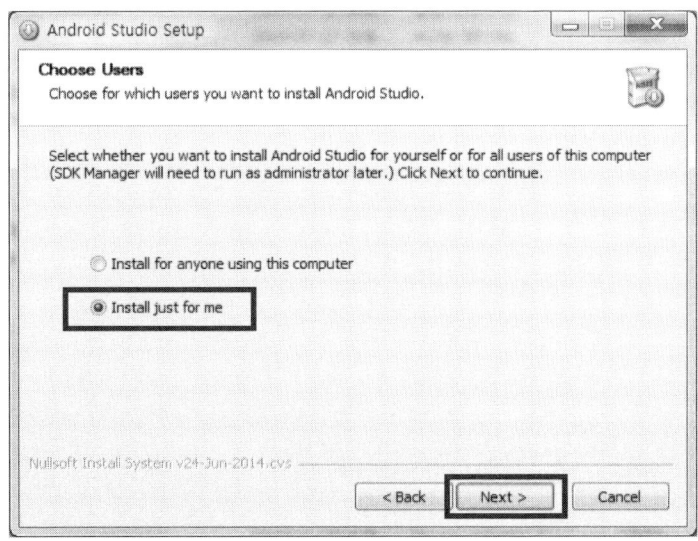

3) 설치 폴더를 선택

프로그램을 설치할 폴더를 입력한다. 필자와 동일하게 [C:\android\android-studio] 폴더로 지정할 것을 추천한다.

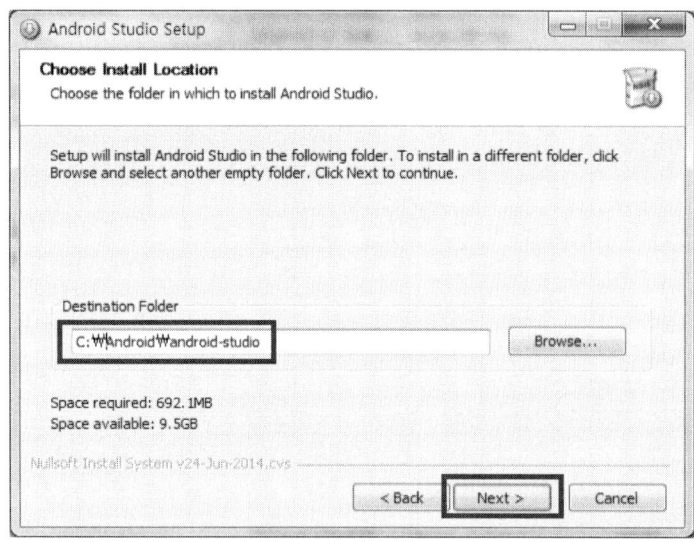

4) 시작 메뉴 폴더 이름 입력

시작 메뉴에 보일 폴더 이름을 입력한다.

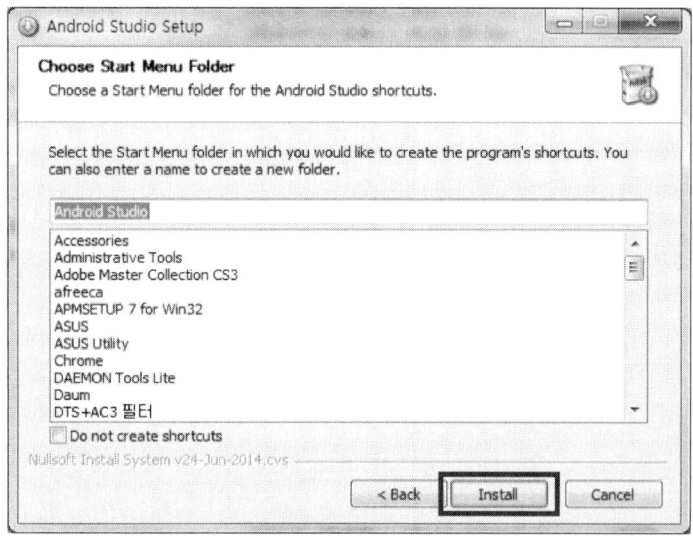

5) 설치 진행

설치 진행이 완료되면 [Next] 버튼이 활성화된다. 활성화된 [Next] 버튼을 누르자.

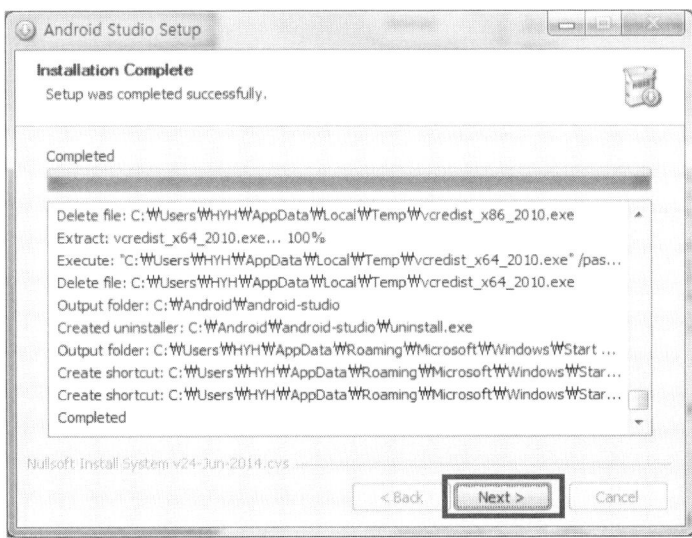

6) 설치 완료

안드로이드 스튜디오 설치가 완료됐다. [Start Android Studio] 항목을 체크하고, [Finish] 버튼을 누르자.

3.2 안드로이드 웨어 SDK 설치

안드로이드 스튜디오에서 안드로이드 웨어의 개발을 진행하기 위해 안드로이드 SDK(Software Develop

Kit)를 설치하자. 아래 과정을 따라서 설치하면 된다.

1) SDK 매니저 실행 [프로젝트를 열지 않은 경우]

[Quick Start - Configure] -> [SDK Manager]를 실행하자.

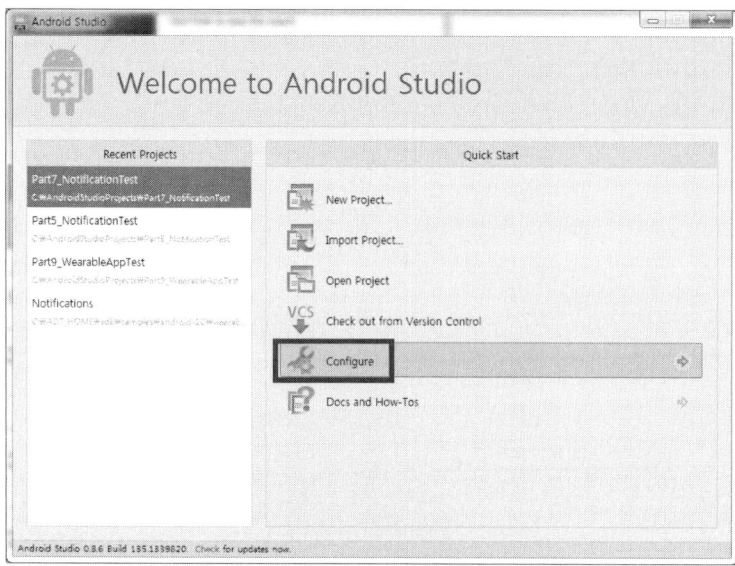
[Quick Start - Configure]

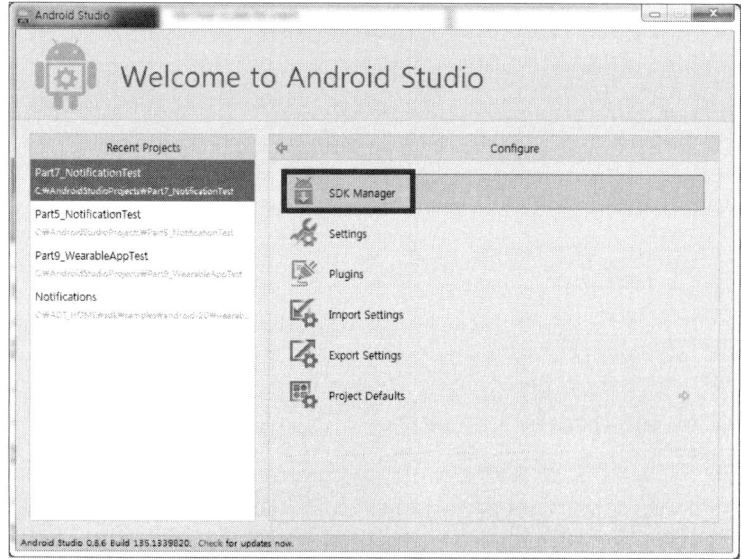
[Configure - SDK Manager]

2) SDK 매니저 실행 [프로젝트를 이미 연 경우]

호기심에 프로젝트를 이미 생성한 독자들이 있을 것으로 예상된다. 프로젝트를 이미 만든 경우에는 [Tools] -> [Android] -> [SDK Manager]를 클릭하거나, 상단의 ![] 버튼을 눌러서 SDK 매니저를 실행하자.

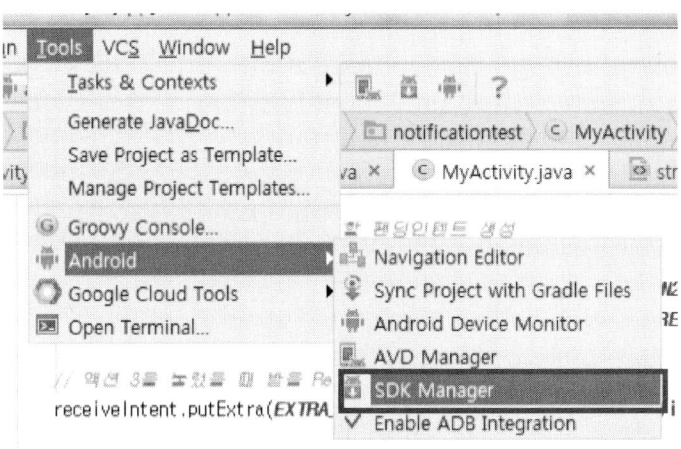

3) SDK 다운로드 및 설치

아래 표를 참고하여, 안드로이드 웨어 개발을 위해 설치해야 하는 SDK들을 체크하고 [Install Packages...] 버튼을 눌러 설치하자.

> **Note**
> 동일한 SDK가 목록에 있다면 최신 버전 하나만 설치하면 된다.

구분	이름	설명
Tools	Android SDK Tools	빌드 및 환경 세팅 툴
	Android SDK Platform-Tools	
	Android SDK Build-Tools	
Android 4.4W(API 20) [전부체크]	SDK Platform	안드로이드 웨어 SDK
	Samples for SDK	안드로이드 웨어 예제 소스
	Android Wear ARM EABI v7a System Image	가상 머신 이미지
	Android Wear Intel x86 Atom System Image	가상 머신 이미지(아톰 CPU용)
	Source for Android SDK	SDK 개발 소스
Android 4.4.2 (API 19)	SDK Platform	안드로이드 4.4.2 SDK

구분	이름	설명
Android 4.3(API 18) [전부체크]	SDK Platform	안드로이드 4.3 SDK
	Samples for SDK	안드로이드 4.3 예제 소스
	Android EABI v7a System Image	가상 머신 이미지
	google APIs	구글 맵 등 구글 API
	Sources for Android SDK	SDK 개발 소스
Extras	Android Support Repository	안드로이드 웨어 컴파일에 필요한 저장소
	Android Support Library	안드로이드 컴파일에 필요한 라이브러리
	Google Play Services	스마트폰과 시계를 연동하기 위해 사용하는 구글 플레이 서비스 라이브러리
	Google Repository	안드로이드 웨어 컴파일에 필요한 저장소
	Google USB Driver	안드로이드, 안드로이드 웨어 드라이버

아래 그림은 설치된 결과다.

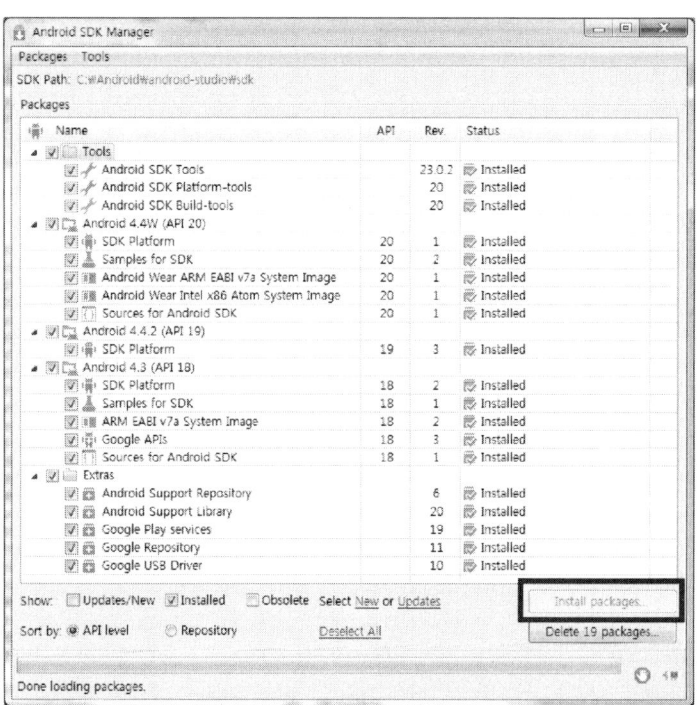

3.3 안드로이드 스튜디오 프로젝트 생성 및 실행

아래 과정을 따라서 안드로이드 스튜디오에서 프로젝트를 생성하여 스마트폰에서 실행해보자.

1. 안드로이드 스튜디오 프로젝트 생성

우선 아래 과정을 따라서 안드로이드 스튜디오 프로젝트를 생성하자.

1) [Quick Start -> New Project] 선택

프로젝트를 이미 생성한 독자들은 [File] -> [New Project...]를 선택하여 실행한다.

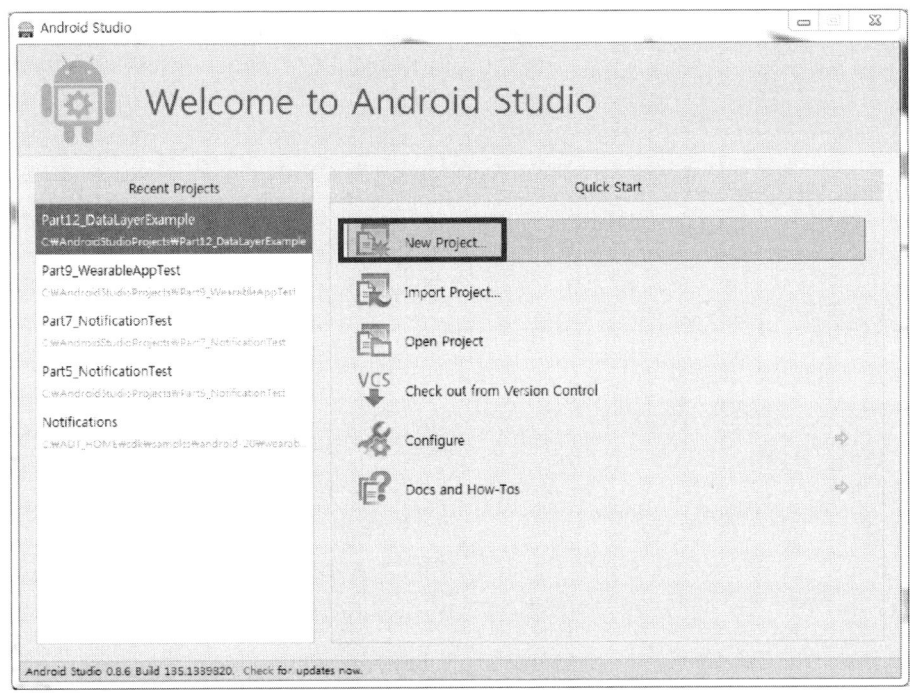

2) 프로젝트 이름 및 경로 지정

아래 값들을 입력하여 프로젝트의 이름 및 경로를 지정하고 [Next] 버튼을 누르자. 독자 여러분이 앱 이름과 폴더를 임의로 지정해도 좋지만, 웬만하면 필자와 동일하게 입력하자.

Application name (앱 이름)	My Application
Company Domain (도메인)	wearable.example.com
Project location (소스경로)	C:\AndroidStudioProjects\MyApplication

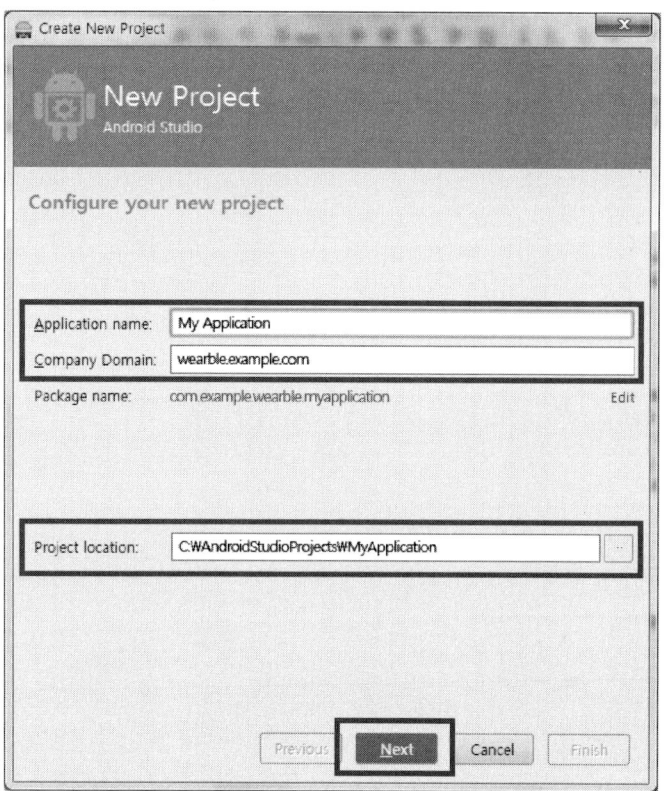

3) 생성 모듈 지정

아직 스마트폰에서만 코딩하는 프로젝트를 사용할 것이므로, [Phone and Tablet]을 체크하고, [API 18 : android 4.3 (Jelly Bean)]을 선택하자. 스마트폰을 제외한 나머지 모듈인 [TV], [Wear], [Glass]는 체크하지 않고 [Next]를 누르자.

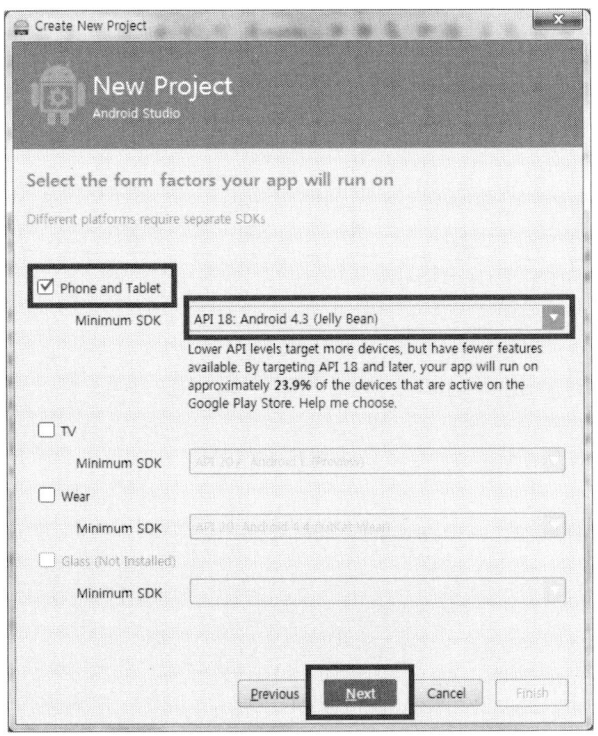

[Help me choose]를 클릭하면 세계 사용자들의 안드로이드 버전 점유율을 확인할 수 있으므로 참고한다.

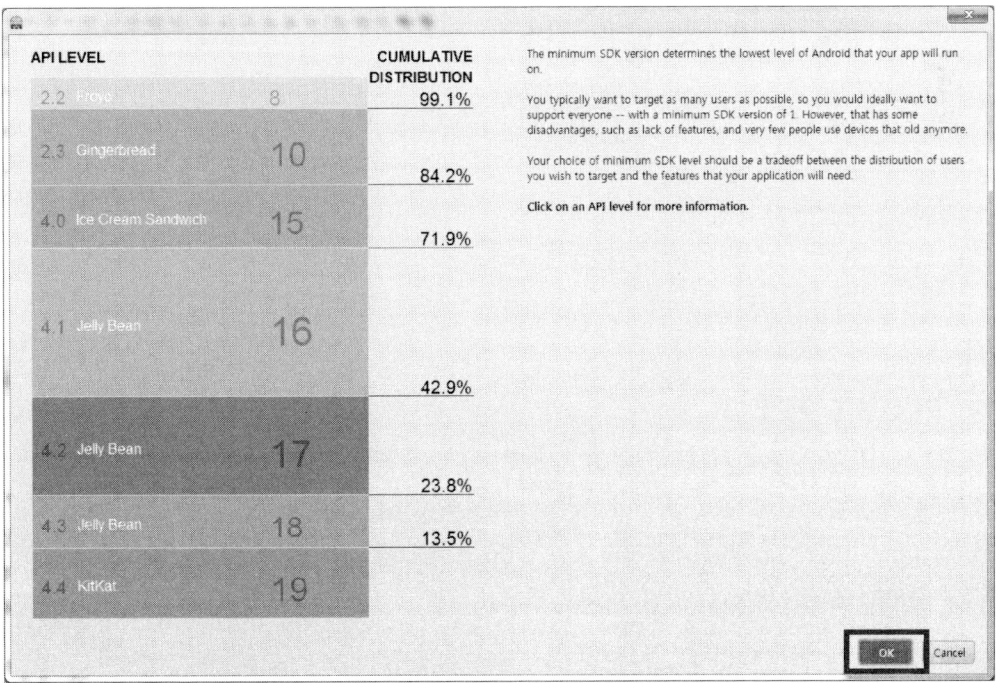

안드로이드 웨어는 4.3 API 18 버전 이상에서 동작하므로 2014년 9월 기준 23.8%의 사용자가 안드로이드 웨어를 사용할 수 있다.

4) 추가 액티비티 선택

추가할 화면인 [Blank Activity]를 선택하고 [Next] 버튼을 누르자.

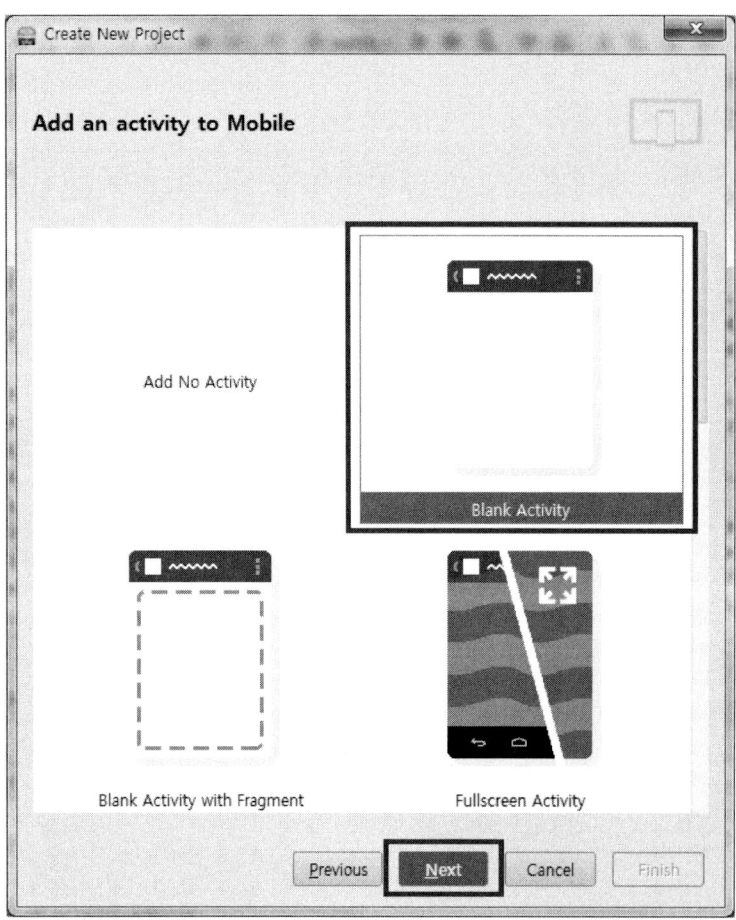

5) 액티비티 설정 입력

새로 추가한 액티비티의 속성을 지정하는 화면이다. 기본 세팅을 그대로 두고, [Finish] 버튼을 눌러 프로젝트를 생성하자.

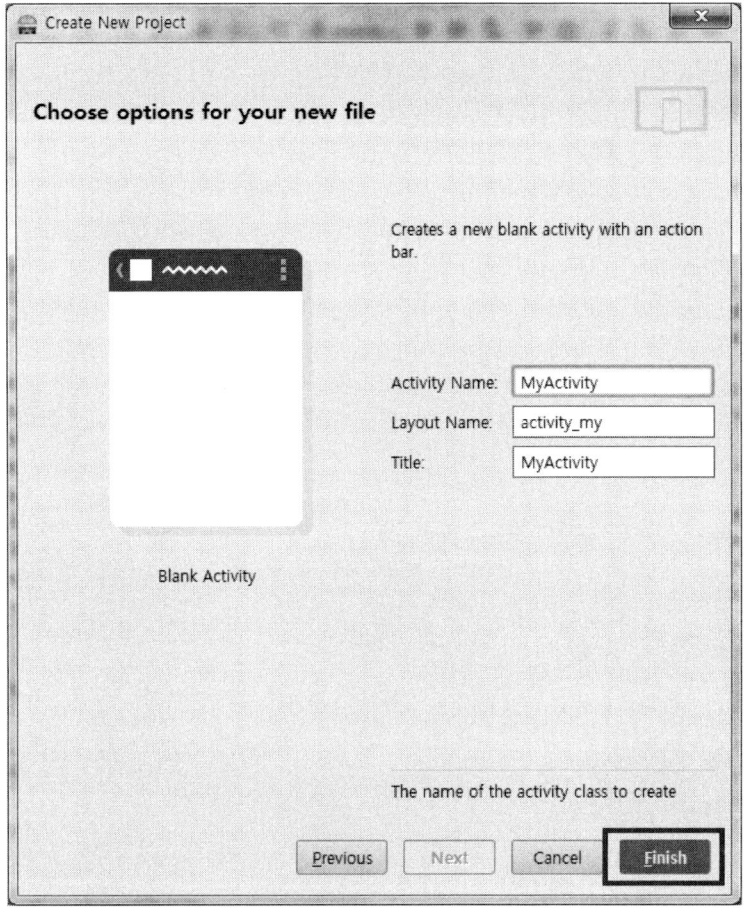

6) 확인

프로젝트가 생성됐다. [MyApplication/app/src/main/res/layout/activity_my.xml] 파일을 열어 프로젝트 및 액티비티의 생성된 결과를 확인하자.

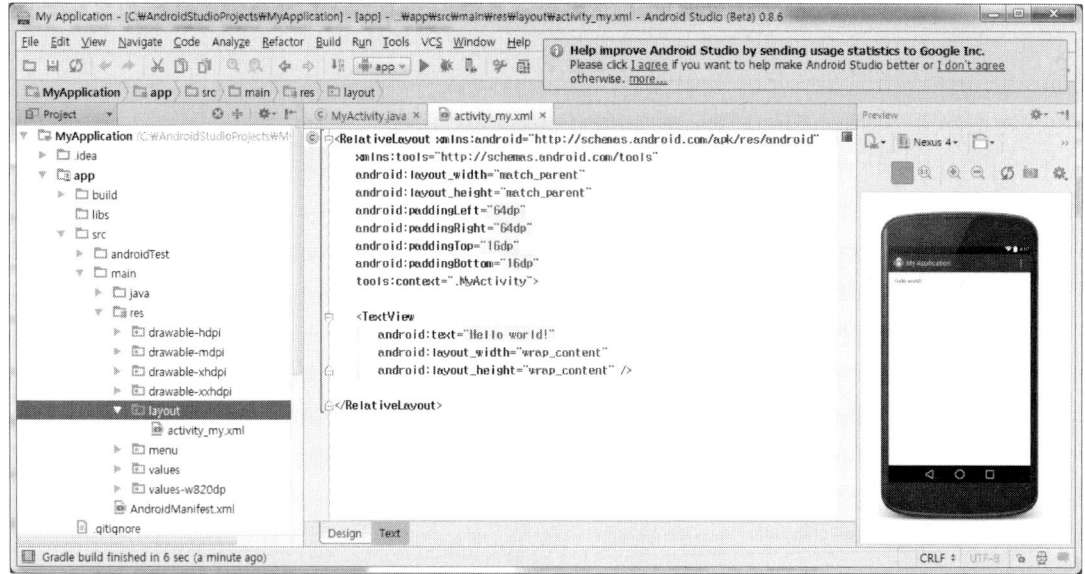

2. 안드로이드 스튜디오 프로젝트 실행

이제 생성한 안드로이드 스튜디오 프로젝트를 실행하도록 하자.

1) 모듈 실행

스마트폰을 USB로 컴퓨터에 연결한 후 메뉴의 [Run] -> [Run 'App']을 선택하거나 상단의 [실행] 버튼 (app ▶)을 누르자.

2) 스마트폰 선택 후 [OK] 버튼 클릭

앱이 실행될 장치를 선택하고 [OK] 버튼을 누르도록 하자. 만약 스마트폰을 PC에 USB로 연결했지만 리스트에 스마트폰이 나타나지 않는다면 제조사의 USB 드라이버를 설치하고 다시 시도하자.

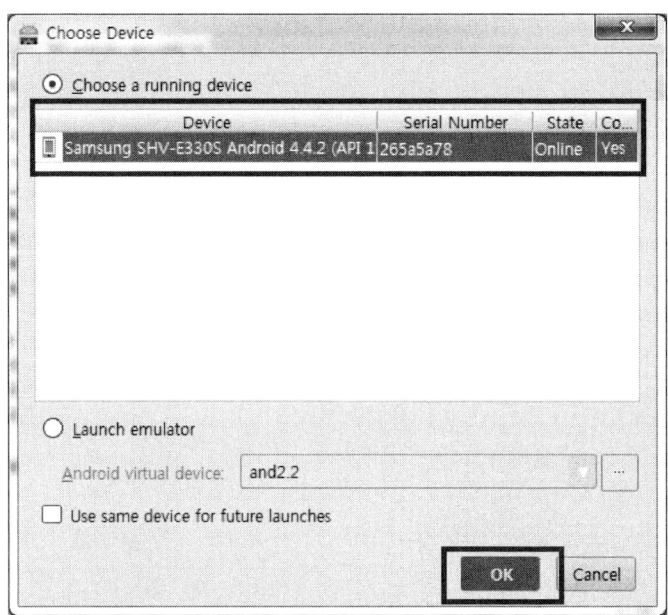

3) 스마트폰에서 실행 확인

스마트폰에서 생성한 프로젝트가 정상적으로 실행된 것을 확인하자.

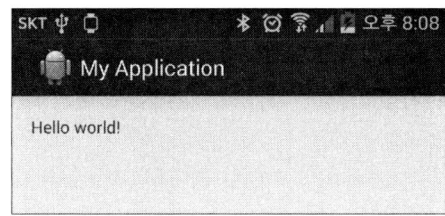

"Hello Wolrd!"가 정상적으로 출력됐다.

3.4 안드로이드 스튜디오 프로젝트 이해하기

기존에 안드로이드 개발을 했던 독자들은 이클립스를 사용했을 것이다. 때문에 안드로이드 스튜디오를 사용해야 한다는 것에 부담을 느꼈을 것이다. 하지만 필자가 지난 여러 달 동안 안드로이드 웨어 책을 집필하며 사용해본 결과 이클립스와 안드로이드 스튜디오는 거의 유사하고, 새로운 개념만 몇 가지 추가됐을 뿐이다.

이번 절에서는 안드로이드 스튜디오에서 개발을 하기 위해 필요한 모듈과 그래들의 개념을 간단하게 소개하도록 하겠다.

1. 모듈

모듈(Module)은 안드로이드 기기가 스마트폰, 시계, 안경, TV 등으로 구분되며 만들어진 개념이다. 기존에 안드로이드 스마트폰과 태블릿은 동일한 앱을 개발하고, 디자인만 다르게 구성했었다. 하지만 시계, 안경, TV에 개발하는 프로그램은 스마트폰에 개발하는 앱과는 구분된다.

2장에서 살펴본 그림을 다시 보자.

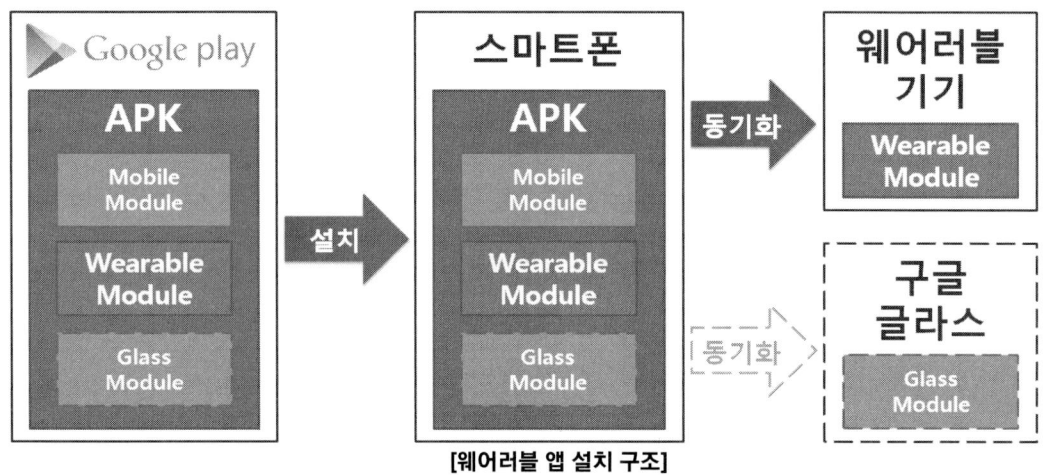

[웨어러블 앱 설치 구조]

구글 플레이 스토어에서 안드로이드 웨어 호환 앱을 설치하면 스마트폰에 APK 파일이 설치된다. APK 파일에는 스마트폰에서 동작되는 모바일 모듈(Mobile Module)과 웨어러블 모듈(Wearable Module)이 포함돼 있다. 스마트폰에 설치된 후 블루투스로 장치가 연결되어 동기화되면, APK 파일에 있는 웨어러블 모듈을 웨어러블 기기에 설치한다. 추후에 발표되는 구글 글라스(Google Glass)의 글라스 모듈(Glass Module)도 같은 구조로 APK에 포함된다. 개발자는 두 개 이상의 모듈을 APK에 포함시키기 위해 안드로이드 스튜디오에서 스마트폰과 태블릿은 모바일 모듈로 만들고, 나머지 기기는 다른 모듈로 만든다.

2. 그래들

그래들(Gradle)은 안드로이드 스튜디오에서 사용하는 빌드 툴이다.

자바 언어는 다양한 무료 라이브러리를 제공하며, 아파치와 같은 기관에서도 양질의 라이브러리를 제공한다. 과거, 자바 개발을 했던 개발자들은 구글에서 자신이 필요한 라이브러리를 받아서 프로젝트에 포함하여 개발을 했다. 이때 사용했던 빌드 툴은 아파치 앤트(Apache Ant)였다.

프로젝트에 라이브러리를 추가하다보면 충돌이 일어나는 경우가 많다. 그 이유는 라이브러리 간 버전 차이나 라이브러리 중복으로 인한 충돌 등 다양했다. 프로젝트의 규모가 작다면 몇 개의 라이브러리가 포함되어 충돌이 되더라도 해결하기 수월했다. 하지만 프로젝트의 규모가 커지면 충돌이 생겼을 때 해결하기 쉽지 않았다.

최근에는 위와 같은 문제점을 해결하기 위해 그래들(gradle)이나 메이븐(maven)과 같은 빌드 툴을 사용한다. 이 빌드 툴들을 사용하는 이유는 많이 있지만, 가장 큰 이유는 라이브러리를 포함시켜 놓으면 중복이나 충돌이 자연스럽게 해결되기 때문이다.

이클립스에서는 그래들이나 메이븐을 프로젝트에 세팅해줘야 하지만, 안드로이드 스튜디오에서는 프로젝트를 생성할 때 이미 그래들을 적용해 놓은 상태로 만들어진다. 따라서 안드로이드 스튜디오에서는 그래들을 사용하여 프로젝트의 빌드 세팅을 한다.

그래들을 사용한 예를 잠시 살펴보자. 아래 예제는 12장에서 사용한 웨어러블 모듈의 그래들 파일이다.

Part12_DataLayerExample/wear/build.gradle
```
apply plugin: 'com.android.application'

android {
    compileSdkVersion 20
    buildToolsVersion "20.0.0"

    defaultConfig {
        applicationId "com.example.wearable.datalayerexample"
        minSdkVersion 20
        targetSdkVersion 20
        versionCode 1
        versionName "1.0"
    }
    buildTypes {
        release {
            runProguard false
            proguardFiles getDefaultProguardFile('proguard-android.txt'), 'proguard-rules.pro'
        }
    }
}

dependencies {
    compile fileTree(dir: 'libs', include: ['*.jar'])
    compile 'com.google.android.support:wearable:+'
    compile 'com.google.android.gms:play-services-wearable:5.0.77'
}
```

그래들 파일을 보면, dependencies에 compile로 'com.google.android.support:wearable:+' 속성을 추가했다. 이렇게 속성을 추가하면 그래들은 알아서 알맞은 버전의 웨어러블 라이브러리를 프로젝트로 포함시켜 빌드한다.

3.5 마무리

3장에서는 안드로이드 스튜디오를 설치하고 간단한 프로젝트를 생성하여 실행해 보았다. 이제 다음 장부터 본격적으로 안드로이드 웨어 개발을 시작해보자.

혹시 시계에서도 테스트 앱을 실행해보고 싶은 독자들은 8장으로 바로 넘어가서 안드로이드 웨어 앱을 실행해 보는 것도 좋다.

4

안드로이드 웨어 알림 기능

안드로이드 웨어에서 가장 처음 배워 볼 기능은 알림 기능이다. 안드로이드 4.3 버전(API 19)의 안드로이드 알림 기능(Notification)을 사용하면 알림이 스마트폰과 시계에 동시에 보인다. 이번 장에서는 스마트폰과 시계에 보이는 알림의 모양과 페이지를 제어해보자.

4.1 알림 프로젝트 생성

아래 과정을 따라 알림 기본 프로젝트를 생성하자.

1) [File] -> [New Project...]

아래 값들을 입력하여 프로젝트의 이름 및 경로를 지정하고 [Next] 버튼을 누르자. 독자 여러분이 앱 이름과 폴더를 임의로 지정해도 좋지만, 웬만하면 필자와 동일하게 입력하자.

Application name (앱 이름)	NotificationTest
Company Domain (도메인)	wearble.example.com
Project location (소스경로)	C:\AndroidStudioProjects\NotificationTest

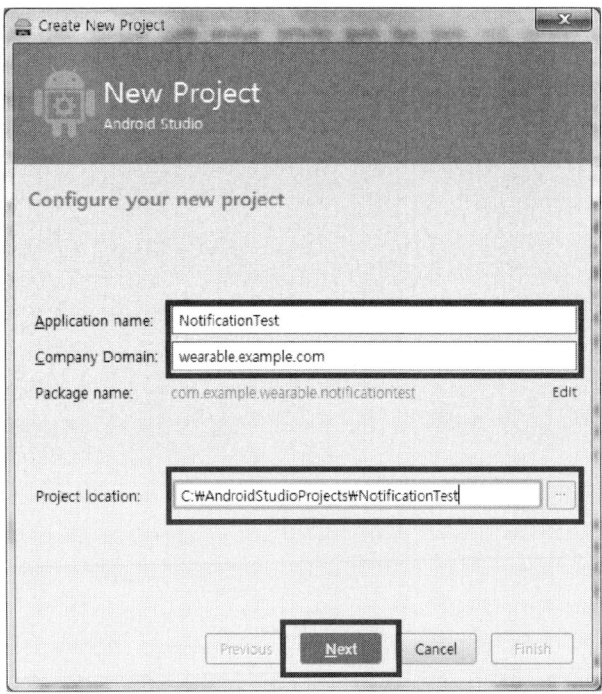

2) 생성 모듈 지정

아직 스마트폰에서만 코딩하는 프로젝트를 사용할 것이므로, [Phone and Tablet]을 체크하고, [API 18 : android 4.3 (Jelly Bean)]을 선택하자. 나머지 모듈인 [TV], [Wear], [Glass]는 체크하지 않고 [Next]를 누르자.

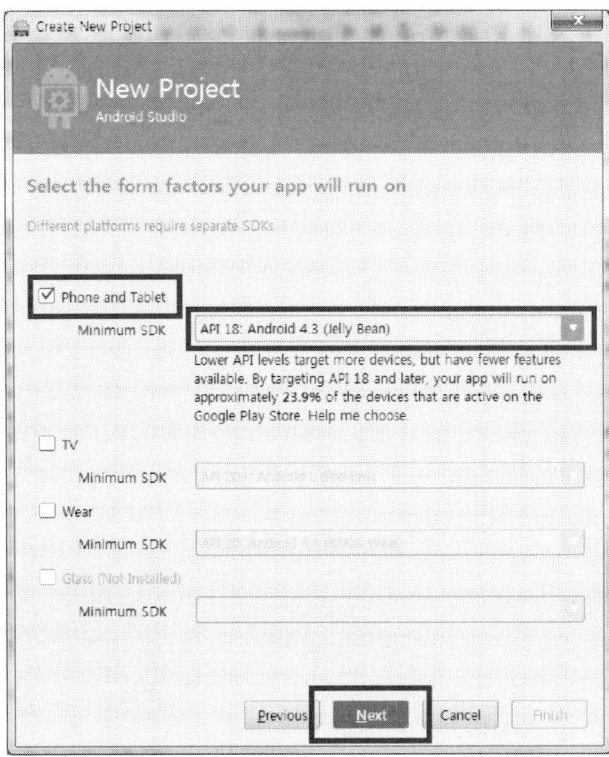

3) 추가 액티비티 선택

추가할 화면인 [Blank Activity]를 선택하고 [Finish] 버튼을 누르자.

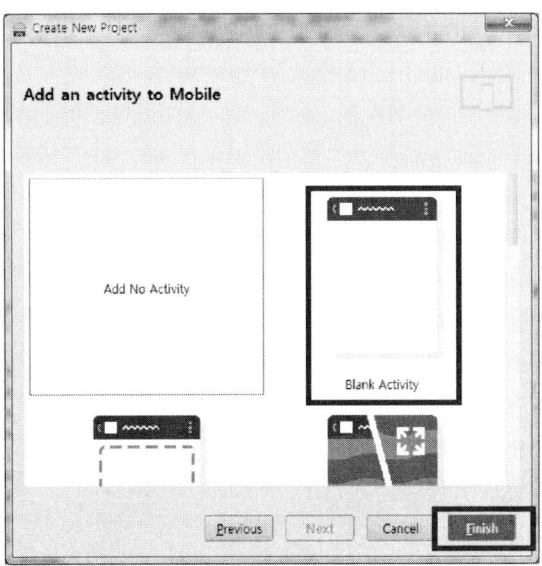

4) 액티비티 설정 입력

새로 추가한 액티비티의 속성을 지정하는 화면이다. 기본 세팅을 그대로 [Finish] 버튼을 눌러 프로젝트를 생성하자.

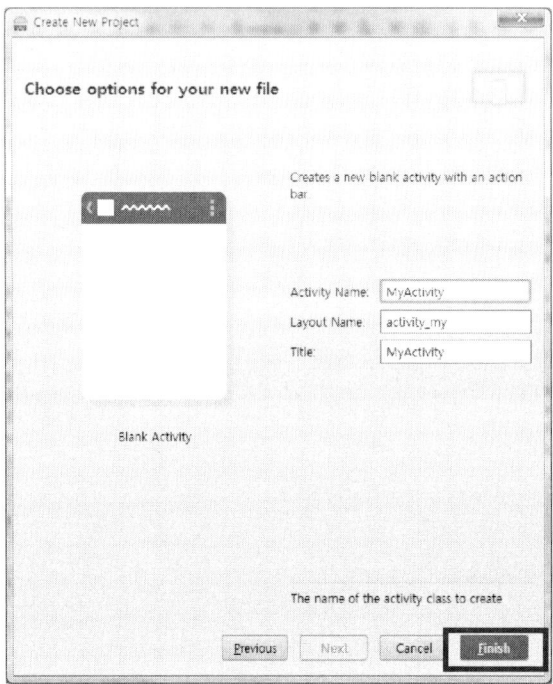

5) 확인

프로젝트가 생성됐다. [NotificationTest/app/src/main/res/layout/activity_my.xml] 파일을 열어 프로젝트 및 액티비티의 생성된 결과를 확인하자.

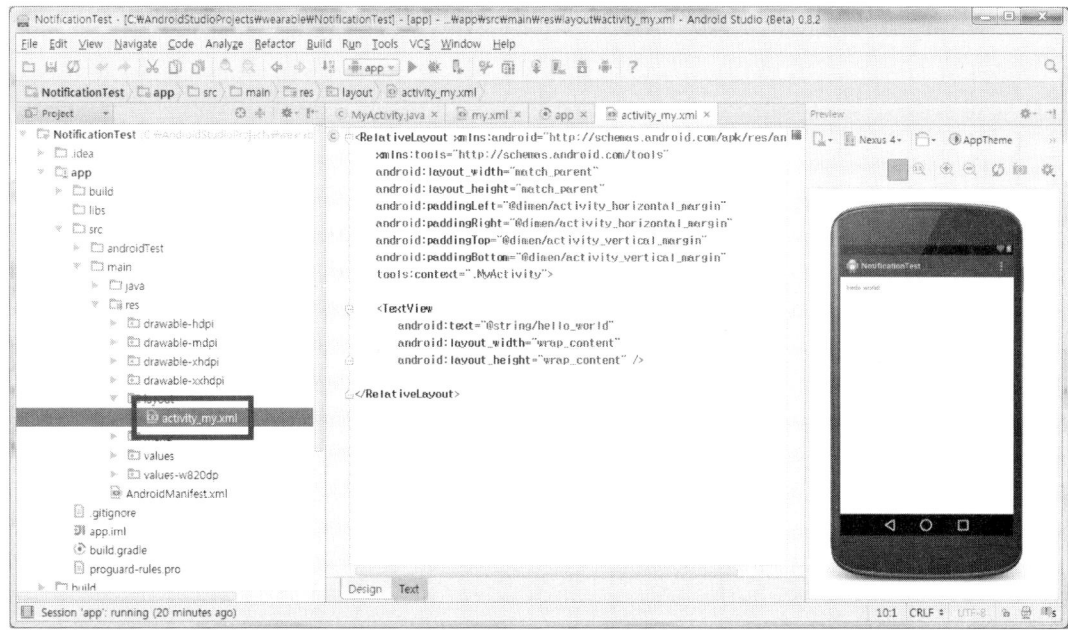

4.2 빌드 환경 세팅하기

알림 기능을 사용하려면 빌드 환경 세팅 및 알림 라이브러리를 세팅해야 한다. [build.gradle] 파일을 수정하여 빌드 환경을 세팅하자.

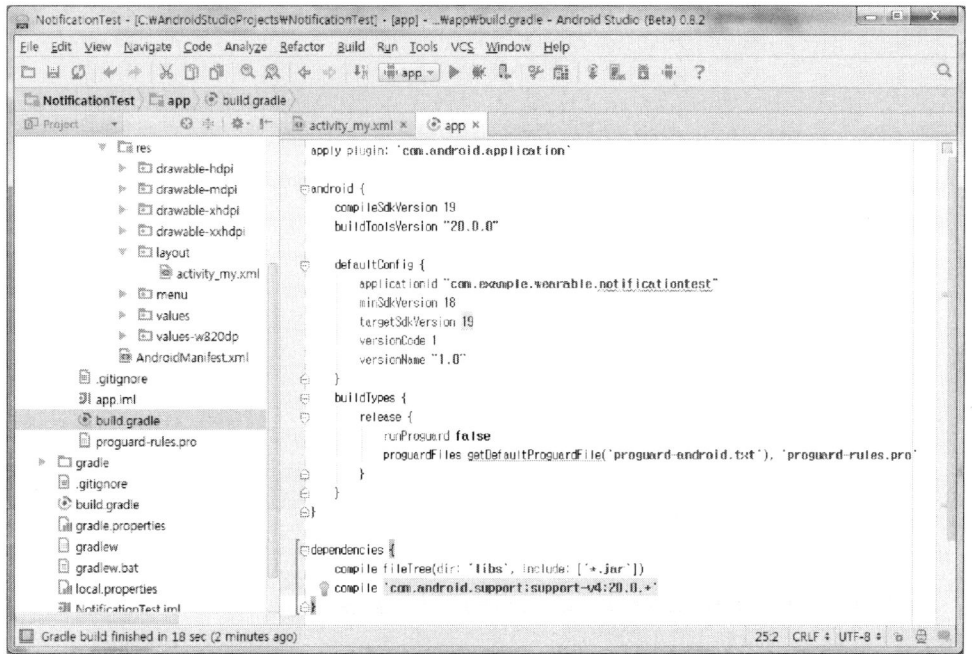

위의 그림을 따라서 [NotificationTest/app/build.gradle] 파일을 열자. 그리고 아래 파일 내용을 참고하여 build.gradle 파일을 수정한다.

NotificationTest/app/build.gradle

```gradle
apply plugin: 'com.android.application'

android {
    compileSdkVersion 20
    buildToolsVersion '20.0.0'

    defaultConfig {
        applicationId "com.example.wearable.notificationtest"
        minSdkVersion 18
        targetSdkVersion 20

        versionCode 1
        versionName "1.0"
    }
    buildTypes {
        release {
            runProguard false
            proguardFiles getDefaultProguardFile('proguard-android.txt'),
                'proguard-rules.pro'
        }
    }
}

dependencies {
    compile fileTree(dir: 'libs', include: ['*.jar'])
    compile 'com.android.support:support-v4:20.0.+'
}
```

dependencies 속성에 compile 'com.android.support:support-v4:20.0.+'을 추가하자. [com.android.support:support-v4]는 스마트폰과 안드로이드 웨어의 알림을 제어할 수 있는 [android.support.v4.app.Notification...] 클래스를 사용 가능하게 하는 라이브러리다. 추가로 [20.0.+]를 넣어 안드로이드 웨어와 연동된 라이브러리를 스마트폰 모듈에서 사용하도록 지정한다.

4.3 기본 알림 만들기

이제 스마트폰의 알림을 생성할 수 있다. 아래 과정을 따라서 기본 알림을 만들고 스마트폰과 시계에서 확인해보자.

1. 레이아웃 버튼 만들기

액티비티에 알림을 보이기 위한 버튼을 생성하자.

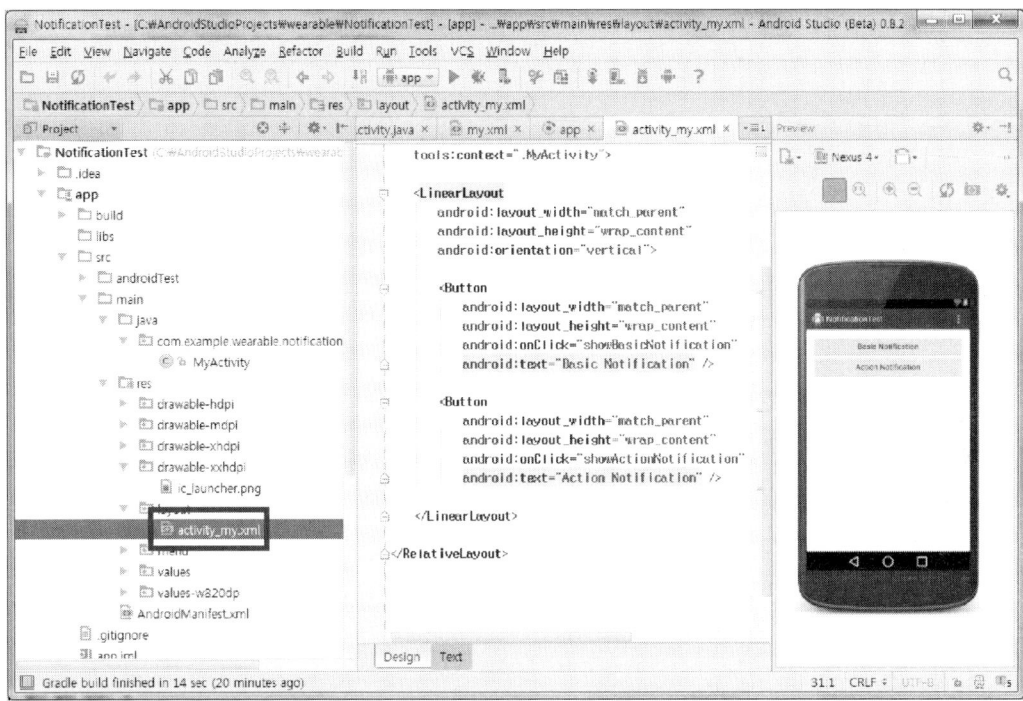

위 그림을 참고하여 [NotificationTest/app/src/main/res/layout/activity_my.xml] 파일을 열자. 그리고 아래 소스를 참고하여 [LinearLayout]과 두 개의 버튼을 생성하자.

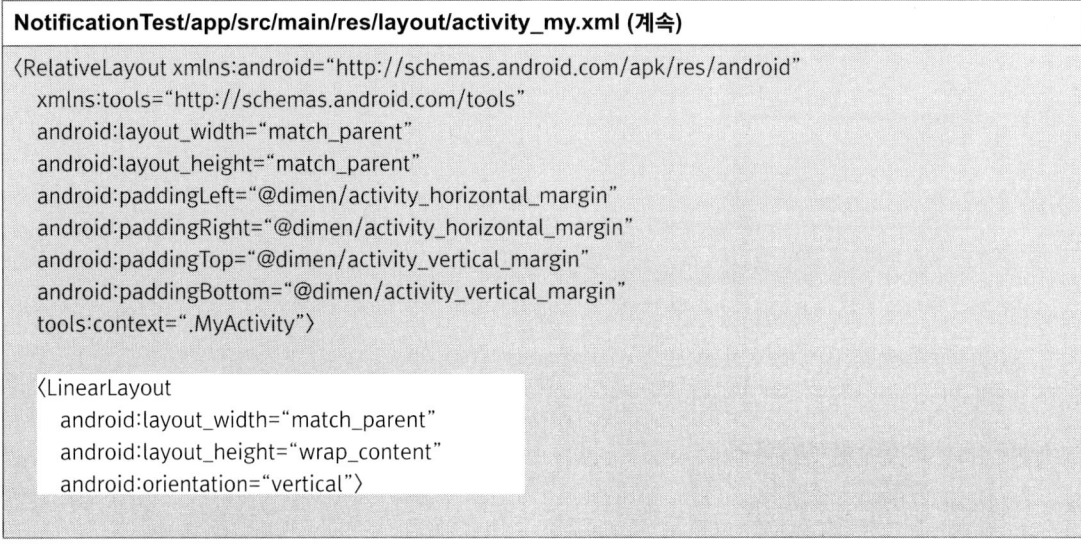

(이어서) NotificationTest/app/src/main/res/layout/activity_my.xml

```
   <Button
      android:layout_width="match_parent"
      android:layout_height="wrap_content"
      android:onClick="showBasicNotification"
      android:text="Basic Notification" />

   <Button
      android:layout_width="match_parent"
      android:layout_height="wrap_content"
      android:onClick="showActionNotification"
      android:text="Action Notification" />

 </LinearLayout>

</RelativeLayout>
```

선형 레이아웃(LinearLayout)은 안에 있는 위젯들을 일렬로 정렬하는 레이아웃이다. orientation="vertical" 속성을 사용하여 수직으로 나열했다. 이 속성 값을 "horizontal"로 변경하면 수평으로 정렬된다.

선형 레이아웃에 두 개의 버튼 위젯을 넣었다. 버튼의 text 속성은 버튼에 보이는 텍스트이며, onClick 속성은 버튼을 눌렀을 때 실행되는 메소드다. 이 메소드를 [MyActivity.java] 파일에서 구현한다.

코딩을 완료하면 아래와 같이 두 개의 버튼이 생성되고 나열된다.

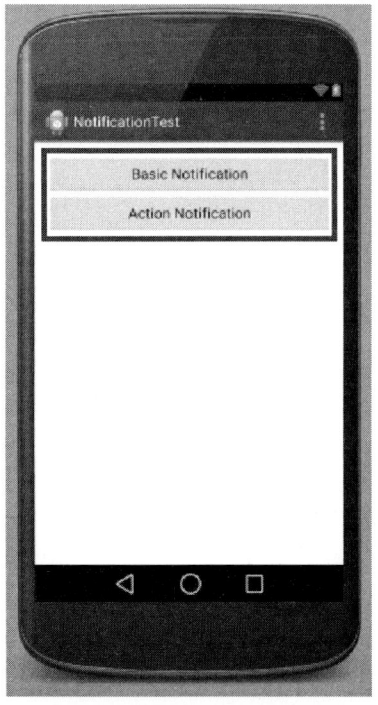

2. 액티비티 메소드 만들기

아래 그림을 참고하여 com.example.wearble.notificationtest.MyActivity 클래스 파일을 열자.

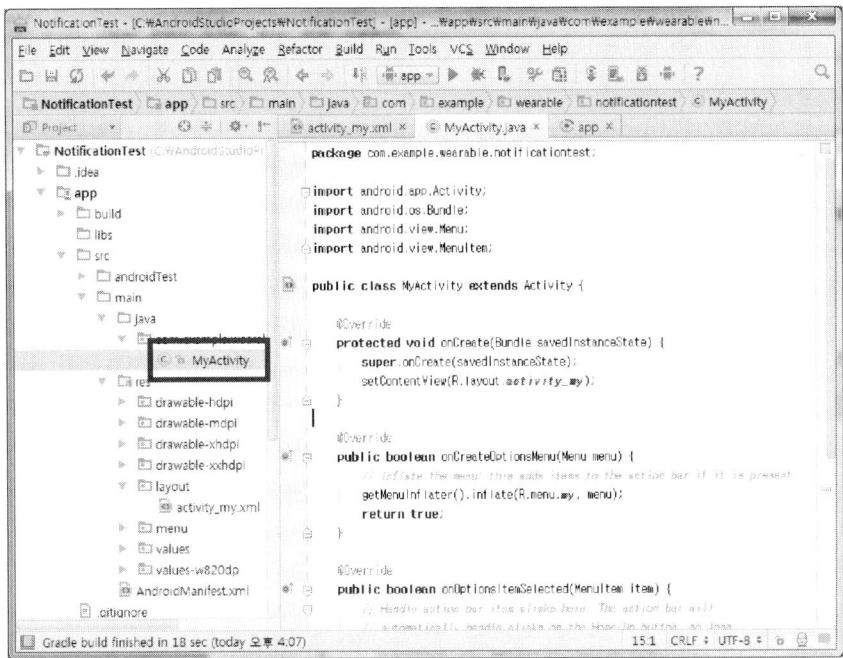

아래 소스를 참고하여 showBasicNotification 메소드와 showActionNotification 메소드를 만들자.

com.example.wearable.notificationtest.MyActivity (계속)

package com.example.wearable.notificationtest;
 	
import android.app.Activity;
import android.os.Bundle;
import android.view.Menu;
import android.view.MenuItem;
import android.view.View;
 	
public class MyActivity extends Activity {
 	
  @Override
  protected void onCreate(Bundle savedInstanceState) {
    super.onCreate(savedInstanceState);
    setContentView(R.layout.activity_my);
  }
 	
  @Override
  public boolean onCreateOptionsMenu(Menu menu) {
    // 옵션 메뉴를 생성한다.
    getMenuInflater().inflate(R.menu.my, menu);

> **(이어서) com.example.wearable.notificationtest.MyActivity**
>
> ```
>     return true;
> }
>
> @Override
> public boolean onOptionsItemSelected(MenuItem item) {
>     // 옵션 메뉴의 아이템에 대한 이벤트를 지정한다.
>     int id = item.getItemId();
>     if (id == R.id.action_settings) {
>         return true;
>     }
>     return super.onOptionsItemSelected(item);
> }
>
> // Basic Notification 버튼을 누르면 실행되는 메소드이다.
> public void showBasicNotification(View view) {
>
> }
>
> // Action Notification 버튼을 누르면 실행되는 메소드이다.
> public void showActionNotification(View view) {
>
> }
> }
> ```

위의 소스를 자세히 살펴보자. 주로 액티비티 클래스 소스의 설명이다. 이 설명은 자바 프로그래밍과 안드로이드 개발 기초가 있는 독자라면 넘어가도 좋다. 하지만 자바 프로그래밍과 안드로이드 개발 기초가 부족한 독자라면 한번 읽고 모르는 부분은 필자의 카페(http://cafe.naver.com/stjqm)에 질문을 올리거나 구글 검색을 통해 이해하도록 노력하고 넘어가자.

패키지(package)는 소스의 묶음이다. 자바에서는 같은 종류의 클래스 소스들을 패키지에 넣어 관리하고, 소스의 최상단에 패키지 명을 넣도록 돼 있다. 현재 MyActivity 클래스는 com.example.wearable. notificationtest 패키지에 속해 있다고 이해하면 된다.

import 문장은 현재 소스에 라이브러리를 포함하는 명령어다. import android.app.Activity 문장은 android.app.Activity 클래스를 MyActivity.java 파일에서 사용하겠다는 뜻이다. 새로 추가한 show BasicNotification() 메소드의 파라미터로 View 클래스를 사용하므로 android.view.View 클래스를 포함한다.

public class MyActivity extends Activity { ... } 명령은 클래스를 선언하는 문장이다. public calss MyActivity 문장으로 클래스가 만들어진다. 그리고 extends 명령어는 extends 명령어 뒤에 나오는 클래스를 상속받겠다는 의미이다. [MyActivity extends Activity]는 MyActivity 클래스가 Activity 클래스를 상속받는다는 뜻이다. 클래스를 상속받으면 상속받은 자식 클래스는 상속한 아버지 클래스의 모든 속성과 메소드를 사용할 수 있다. 그리고 자식 클래스는 필요에 따라 아버지 클래스의 속성과 메소드를 재정의할 수 있다. 즉, 안드로이드에서 화면이라 할 수 있는 액티비티의 속성과 기능을 MyActivity에서 사용한다는 뜻으로 이해하면 된다.

onCreate() 메소드는 액티비티가 생성되면서 실행되는 메소드다. 메소드 위에 @Overide 명령이 붙었는데, 이는 MyActivity가 상속받은 Activity에 정의된 onCreate() 메소드를 재정의했기 때문이다. 그 안에서 super.onCreate() 메소드를 실행하여 아버지 클래스의 onCreate() 메소드를 실행하고, activity_my 레이아웃 파일과 MyActivity 소스를 연결하기 위해 setContentView(R.layout.activity_my); 메소드를 실행한다.

onCreateOptionsMenu() 메소드는 스마트폰의 메뉴 버튼을 눌렀을 때 실행되는 메소드다. 프로젝트를 생성할 때 기본적으로 추가된 Settings 메뉴를 클릭했을 때 어떤 동작을 할 것인지를 정의할 수 있다. 이 메뉴를 누르면 onOptionsItemSelected() 메소드가 실행되며, if (id == R.id.action_settings) { ... } 제어문이 실행된다. 아래 그림은 현재 프로그램을 실행한 후 기기의 메뉴 버튼을 누른 결과다. 하단에 Settings 메뉴가 팝업된 것이 보인다.

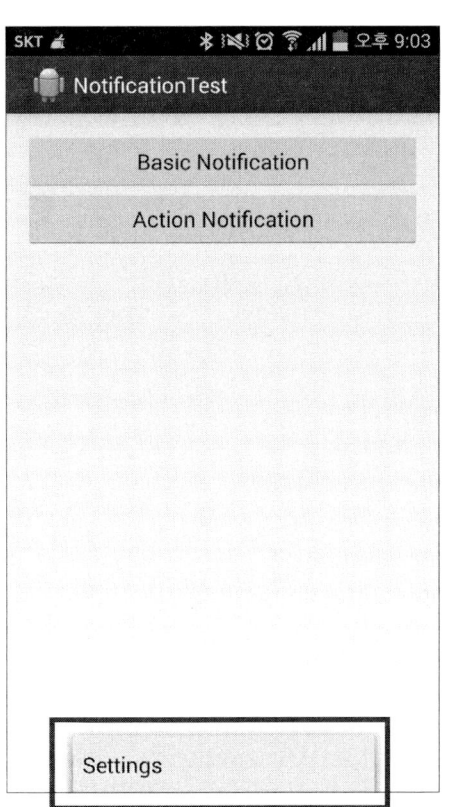

마지막으로, 추가한 메소드인 showBasicNotification와 showActionNotification는 Basic Notification 버튼과 Action Notification 버튼이 눌려졌을 때 실행된다. 이제 다음 절에서 이 메소드들에 알림 기능을 추가하자.

3. 기본 알림 만들기

소스와 설명을 통해 기본 알림을 이해하도록 하자.

1) 기본 알림 버튼 코딩

아래 소스를 참고하여 showBasicNotification() 메소드를 채워넣자.

---

com.example.wearable.notificationtest.MyActivity (계속)

```
package com.example.wearable.notificationtest;

import android.app.Activity;
import android.app.Notification;
import android.os.Bundle;
import android.view.Menu;
import android.view.MenuItem;
import android.view.View;
import android.support.v4.app.NotificationCompat;
import android.support.v4.app.NotificationManagerCompat;

public class MyActivity extends Activity {

    static final int BASIC_NOTIFICATION_ID = 0; // 기본 알림 일련번호

    @Override
    protected void onCreate(Bundle savedInstanceState) { ... }

    @Override
    public boolean onCreateOptionsMenu(Menu menu) { ... }

    @Override
    public boolean onOptionsItemSelected(MenuItem item) { ... }

    // Basic Notification 버튼을 누르면 실행되는 메소드이다.
    public void showBasicNotification(View view) {

        // 알림(Notification)을 생성한다.
        Notification notification = new NotificationCompat.Builder(this)
            .setContentTitle("BasicNotificationTitle")
            .setContentText("BasicNotificationText")
            .setSmallIcon(R.drawable.ic_launcher)
            .build();
```

(이어서) com.example.wearable.notificationtest.MyActivity

```
    // 알림 매니저 객체를 생성한다.
    NotificationManagerCompat notificationManager = NotificationManagerCompat.from(this);

    // 알림 매니저로 알림을 화면에 보인다.
    notificationManager.notify(BASIC_NOTIFICATION_ID, notification);
  }
  Action Notification 버튼을 누르면 실행되는 메소드이다.
  public void showActionNotification(View view) {...}
}
```

코드를 완성하고 스마트폰과 시계를 연결한 후 실행 버튼을 눌러 앱을 실행하자.

[앱 실행 : Run 'app' Shift+F10]

앱을 실행하면 아래와 같이 두 개의 버튼이 보인다.

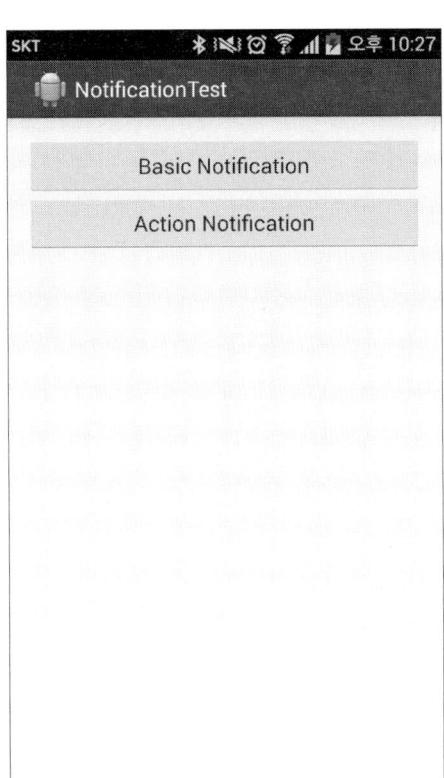
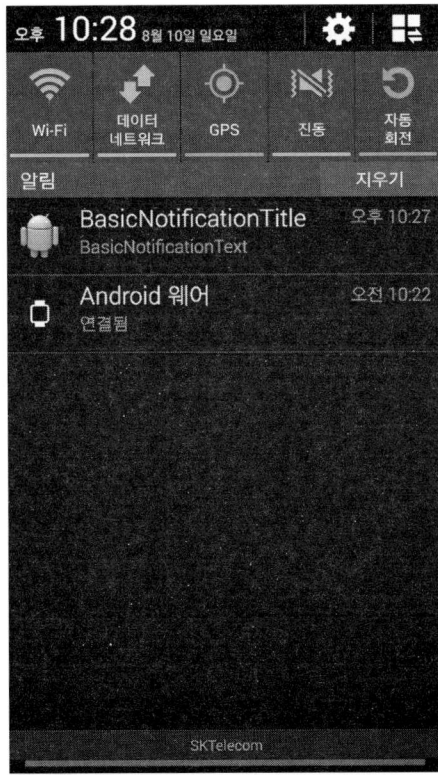

상단의 [Basic Notification] 버튼을 누르면 우측 그림과 같이 알림이 보인다. 소스에서 지정한 Title과 Text, 그리고 아이콘이 알림에 표시됐다.

이제 연결된 시계를 보자.

 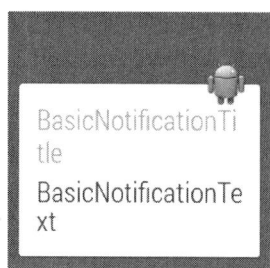

시계에서도 스마트폰과 동일한 타이틀과 텍스트, 아이콘의 알림이 보인다.

2) 기본 알림 소스 분석

이제, 소스를 분석하자. 소스 설명은 독자들의 편의성을 위해 주요 단락별로 잘라서 설명한다. 이 책에서는 이런 방법으로 소스를 설명할 것이므로 본 구성에 익숙해지도록 하자.

먼저, 소스의 상단에 알림을 제어하는 클래스를 넣는다.

com.example.wearable.notificationtest.MyActivity
package com.example.wearable.notificationtest; import android.app.Activity; import android.app.Notification; import android.os.Bundle; import android.view.Menu; import android.view.MenuItem; import android.view.View; import android.support.v4.app.NotificationCompat; import android.support.v4.app.NotificationManagerCompat; ......

여기서 NotificationCompat 클래스는 알림을 생성하며 NotificationManagerCompat 클래스는 알림을 관리한다. 자세한 사용 방법은 이번 장에서 차차 배울 것이다.

아래의 소스에서 int BASIC_NOTIFICATION_ID 변수는 알림 생성 중복을 구분하는 일련번호다.

```
com.example.wearable.notificationtest.MyActivity
```
```
......
    static final int BASIC_NOTIFICATION_ID = 0; // 기본 알림 일련번호
......
```

알림을 생성할 때 동일한 일련번호를 입력하면 알림이 추가로 생성되지 않는다. 반대로, 이 일련번호를 다르게 입력하여 알림을 생성하면 여러 개의 알림을 생성할 수 있다. 4장에서 만드는 NotificationTest 앱에는 여러 개의 버튼을 만들고, 버튼마다 다른 알림의 예제를 만들어 볼 것이다. 각 알림은 유일한 일련번호를 생성하고 입력하여 중복되지 않도록 할 것이다.

BASIC_NOTIFICATION_ID 변수는 static으로 만들었기 때문에 전역변수다. 그리고 final 상수로 지정했기 때문에 다른 곳에서 이 값을 변경하지 못한다.

아래의 소스에서 알림 빌더(NotificationCompat.Builder) 객체를 통해 알림을 생성한다. 알림 빌더는 알림의 속성을 설정한다.

```
com.example.wearable.notificationtest.MyActivity
```
```
......
    // Basic Notification 버튼을 누르면 실행되는 메소드이다.
    public void showBasicNotification(View view) {

        // 알림(Notification)을 생성한다.
        Notification notification = new NotificationCompat.Builder(this)
            .setContentTitle("BasicNotificationTitle")
            .setContentText("BasicNotificationText")
            .setSmallIcon(R.drawable.ic_launcher)
            .build();

        // 알림 매니저 객체를 생성한다.
        NotificationManagerCompat notificationManager = NotificationManagerCompat.from(this);

        // 알림 매니저로 알림을 화면에 보인다.
        notificationManager.notify(BASIC_NOTIFICATION_ID, notification);
    }
}
```

setContentTitle(), setContentText(), setSmallIon() 메소드는 모두 알림 빌더에서 알림 속성을 설정하는 메소드다. 각 메소드를 통해 타이틀, 텍스트, 아이콘을 설정하고 build() 메소드를 실행해서 알림을 생성한다. 알림 빌더에는 다양한 알림을 제어하는 기능들이 제공되는데, 이에 대해서는 4.4절에서 자세히 알아보기로 하고, 여기서는 알림을 실행하는 소스를 집중적으로 알아보자.

알림을 실행하기 위해 알림 매니저(NotificationManagerCompat) 객체를 생성한다. NotificationManagerCompat.from(this);에서 매개변수에 this를 넣었는데, this는 현재 클래스인 MyActivity이다. NotificationTest 앱의 MyActivity에서 알림을 실행했다는 것을 지정하기 위해 this를 사용했다.

마지막으로, notify() 메소드를 실행하여 알림을 실행한다. notify() 메소드의 첫 번째 파라미터는 알림 일련번호다. BASIC_NOTIFICATION_ID 변수는 상단에 선언되어 있는데, 앞에 설명했듯이 알림 중복을 제어할 수 있다. 그리고 아래와 같이 매니저의 cancel() 메소드에 일련번호를 넣고 실행하면, 일련번호에 해당하는 알림이 제거된다.

알림 제거 예제

notificationManager.cancel(BASIC_NOTIFICATION_ID);

notify() 메소드의 두 번째 파라미터인 notification은 위에서 알림 빌더로 생성한 알림이다. 알림 빌더에서 설정된 속성대로 알림이 실행된다.

4. 액션 알림 만들기

앞서 생성한 기본 알림은 스마트폰과 시계에 정보를 보여주는 알림으로, 알림을 누르거나 했을 때 아무런 기능이 없다. 이번에는 알림에 액션 버튼을 넣어 알림을 눌렀을 때 실행되는 동작을 구현한다.

1) 액션 알림 버튼 코딩하기

아래 소스를 참고하여 [Action Notification] 버튼을 눌렀을 때 실행되는 showActionNotification() 메소드를 완성하자.

com.example.wearable.notificationtest.MyActivity (계속)

```
package com.example.wearable.notificationtest;

import ...

public class MyActivity extends Activity {

    static final int BASIC_NOTIFICATION_ID = 0;   // 기본 알림 일련번호
    static final int ACTION_NOTIFICATION_ID = 1;  // 액션 알림 일련번호

    @Override
    protected void onCreate(Bundle savedInstanceState) { ... }

    @Override
```

(이어서) com.example.wearable.notificationtest.MyActivity
| ```
public boolean onCreateOptionsMenu(Menu menu) { ... }

@Override
public boolean onOptionsItemSelected(MenuItem item) { ... }

// Basic Notification 버튼을 누르면 실행되는 메소드이다.
public void showBasicNotification(View view) { ... }

// Action Notification 버튼을 누르면 실행되는 메소드이다.
public void showActionNotification(View view) {

    // 액티비티 인텐트 생성
    Intent viewIntent = new Intent(this, MyActivity.class);

    // 액션을 실행했을 때까지 대기할 팬딩인텐트 생성
    PendingIntent viewPendingIntent = PendingIntent.getActivity(this, 0, viewIntent, 0);

    // 알림(Notification)을 생성하며, 액션을 추가한다.
    Notification notification = new NotificationCompat.Builder(this)
        .setContentTitle("ActionNotificationTitle")
        .setContentText("ActionNotificationText")
        .setSmallIcon(R.drawable.ic_launcher)
        .addAction(R.drawable.ic_launcher, "ActionText", viewPendingIntent)
        .build();

    // 알림 매니저 객체를 생성하고 실행한다.
    NotificationManagerCompat.from(this).notify(ACTION_NOTIFICATION_ID, notification);
}
}
``` |

코드를 완성하고 스마트폰과 시계를 연결한 후 실행 버튼을 눌러 앱을 실행하자.

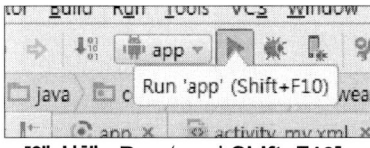

[앱 실행 : Run 'app' Shift+F10]

앱을 실행하면 기존과 동일하게 두 개의 버튼이 생긴다. [Action Notification] 버튼을 눌러 액션 알림을 실행시키자.
```

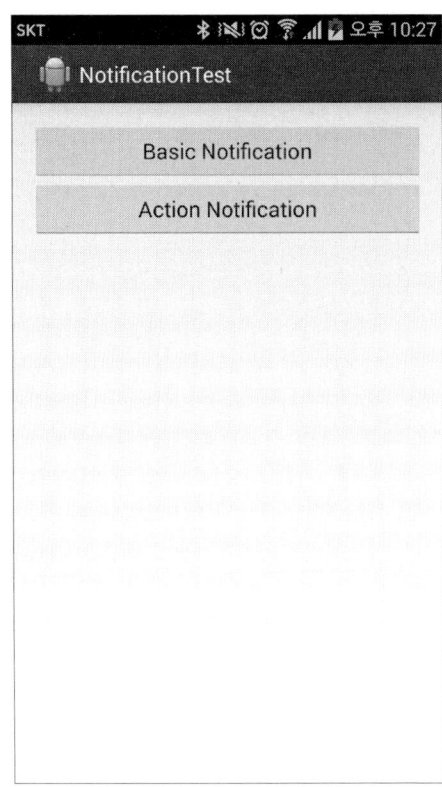 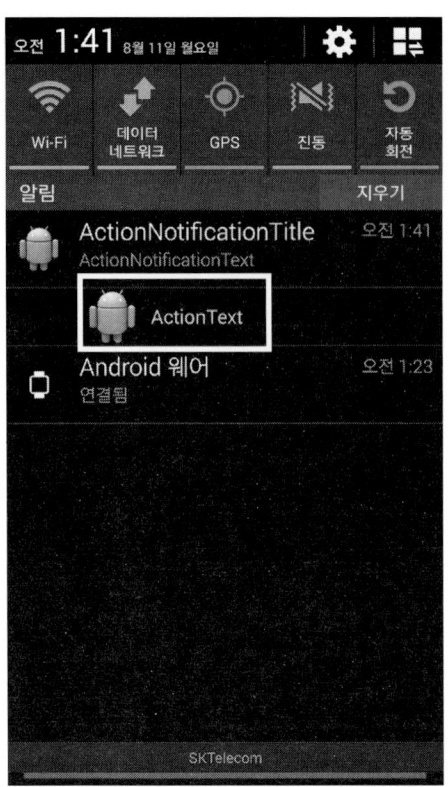

스마트폰에서 액션이 있는 알림이 생성되는 것을 확인할 수 있다. [Action Text]를 누르면 MyActivity가 실행된다.

이제 시계에서 액션을 확인해보자.

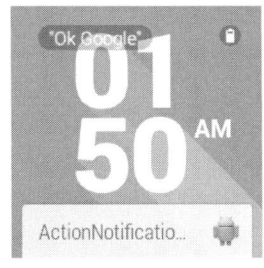   

 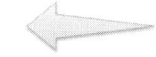

시계에서 액션 알림이 실행되며, 알림의 우측으로 이동해 액션을 실행하면 스마트폰에서 MyActivity가 실행된다.

2) 액션 알림 소스 분석

이제, 소스 분석을 시작하자. 우선, 액티비티 클래스 상단에 선언한 변수부터 살펴본다.

com.example.wearable.notificationtest.MyActivity

......
    static final int BASIC_NOTIFICATION_ID = 0;   // 기본 알림 일련번호
    static final int ACTION_NOTIFICATION_ID = 1; // 액션 알림 일련번호
......

ACTION_NOTIFICATION_ID 변수를 만들었다. 이는 기본 알림 일련번호인 BASIC_NOTIFICATION_ID와 구분되는 숫자다. 액션 알림은 항상 알림 매니저에 ACTION_NOTIFICATION_ID를 입력하기 때문에 중복해서 알림이 생성되지 않는다. 그리고 기본 알림과 다른 일련번호를 사용하기 때문에 [Basic Notification] 버튼과 [Action Notification] 버튼을 누르면 최대 두 개의 알림이 생성된다.

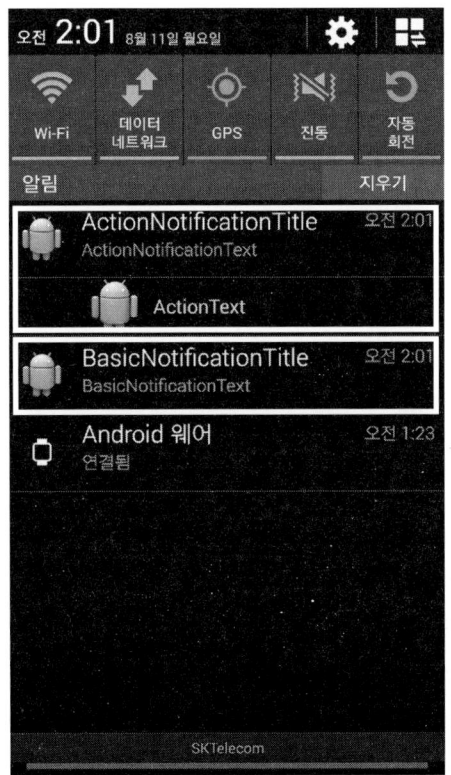

ActionNotification과 BasicNotification, 두 가지 알림이 생성된 것을 확인한다.

그 다음 문단을 분석해 보자.

```
com.example.wearable.notificationtest.MyActivity

……
// Action Notification 버튼을 누르면 실행되는 메소드이다.
public void showActionNotification(View view) {

    // 액티비티 인텐트 생성
    Intent viewIntent = new Intent(this, MyActivity.class);

    // 액션을 실행했을 때까지 대기할 팬딩인텐트 생성
    PendingIntent viewPendingIntent = PendingIntent.getActivity(this, 0, viewIntent, 0);

    // 알림(Notification)을 생성하며, 액션을 추가한다.
    Notification notification = new NotificationCompat.Builder(this)
        .setContentTitle("ActionNotificationTitle")
        .setContentText("ActionNotificationText")
        .setSmallIcon(R.drawable.ic_launcher)
        .addAction(R.drawable.ic_launcher,"ActionText", viewPendingIntent)
        .build();

    // 알림 매니저 객체를 생성하고 실행한다.
    NotificationManagerCompat.from(this).notify(ACTION_NOTIFICATION_ID, notification);
  }
}
```

알림의 액션 버튼을 눌렀을 때 실행할 액티비티를 viewIntent로 생성한다. 인텐트(Intent) 생성자의 첫 번째 매개변수에는 현재 액티비티를 입력한다. this는 곧, 현재 어플리케이션이다. 인텐트 생성자의 두 번째 파라미터는 액션 버튼을 눌렀을 때 실행할 액티비티 클래스다. NotificationTest 앱에는 하나의 액티비티 밖에 없으므로 MyActivity.class를 입력했다.

인텐트 객체를 만들었다면, 이제 액션을 실행하기까지 대기할 팬딩인텐트(PendingIntent) 객체를 생성한다. 첫 번째 매개변수에는 현재 어플리케이션인 this를 입력하고, 세 번째 매개변수에는 스마트폰이나 시계에서 액션을 눌렀을 때 실행할 인텐트를 입력한다.

기본 알림과 동일하게 알림을 생성하며 addAction() 메소드를 추가하자. addAction() 메소드의 첫 번째 매개변수는 액션 버튼의 아이콘, 두 번째 매개변수는 액션텍스트, 세 번째 매개변수는 팬딩인텐트이다.

마지막으로, 기본 알림과 동일하게 알림 매니저를 생성하고 알림을 실행한다. 기존 소스에서 객체 생성과 알림 실행으로 분리돼 있던 소스를 한 줄로 병합했다.

분리된 객체 생성과 notify() 메소드 실행 코드

```
// 알림 매니저 객체를 생성한다.
NotificationManagerCompat notificationManager = NotificationManagerCompat.from(this);

// 알림 매니저로 알림을 화면에 보인다.
notificationManager.notify(ACTION_NOTIFICATION_ID, notification);
```

아래의 소스에서는 두 개로 나뉘었던 매니저 생성 소스와 실행 소스를 한 줄로 병합했다.

병합된 객체 생성과 notify() 메소드 실행 코드

```
// 알림 매니저 객체를 생성하고 실행한다.
NotificationManagerCompat.from(this).notify(ACTION_NOTIFICATION_ID, notification);
```

병합된 소스의 결과는 위에서 생성한 알림빌더 객체인 notification를 알림 매니저로 실행하는 것이다. 앞으로는 병합된 코드를 활용할 것이다.

4.4 마무리

4장에서 기본 알림과 액션 알림 예제를 실행해봤다. 전체 맥락과 실행 결과는 대략 이해가 되지만, 사용한 객체들에 대한 이해는 되지 않았을 것으로 판단한다. 다음 장에서는 4장에서 사용한 객체들을 자세히 검토하고 주요 기능들을 실행해 보도록 하자.

5

알림 빌더 알아보기

이번 장에서는 알림을 생성하는 알림 빌더(NotificationBuilder)에 대해 알아볼 것이다. 알림 빌더를 활용하여 더 효과적인 알림 효과를 구현해보자.

5.1 NotificationCompat.Builder 살펴보기

알림 빌더는 알림의 모양과 기능을 제어하는 클래스다. 알림 빌더를 사용하기 위해서 두 가지 클래스를 활용할 수 있다. 두 가지 클래스는 Notification.Builder 클래스와 NotificationCompat.Builder 클래스인데, Notification.Builder 알림 빌더 클래스는 안드로이드 3.0 API11 HONEYCOMB에서 사용 가능하다. 그러나 아직 3.0 이하 버전의 안드로이드를 사용하는 유저들이 있기 때문에 안드로이드 1.6 API 4까지 호환 가능한 NotificationCompat.Builder 클래스를 사용하도록 한다.

> **Note**
> 안드로이드 라이브러리 클래스 이름에 Compat가 들어가면 이전 버전과 호환되는 클래스라는 의미다.

NotificationCompat.Builder에서 제공하는 메소드는 다음과 같다.

반환값	메소드	설명
Notification.Builder	addAction(NotificationCompat.Action action)	알림에 액션을 추가한다.
Notification.Builder	addAction(int icon, CharSequence title, PendingIntent intent)	알림에 액션을 추가한다.
Notification.Builder	addExtras(Bundle extras)	알림에 추가 메타데이터를 입력한다.
Notification	build()	설정한 옵션을 바탕으로 알림 객체를 반환한다.
Notification.Builder	extend(NotificationCompat.Extender extender)	추가 기능을 적용한다. 이 메소드로 웨어러블 전용 기능을 적용한다. (웨어러블 전용 알림은 6장에서 다룬다.)
Bundle	getExtras()	알림의 현재 메타데이터를 반환한다.
Notification	getNotification()	이 메소드는 더 이상 사용되지 않는다. 대신 build() 메소드를 사용한다.
Notification.Builder	setAutoCancel(boolean autoCancel)	유저가 알림을 눌렀을 때 자동으로 알림이 사라지게 설정한다.
Notification.Builder	setContent(RemoteViews views)	기본 알림 대신 커스텀뷰를 적용한다.
Notification.Builder	setContentInfo(CharSequence info)	알림 오른쪽에 텍스트를 입력한다.
Notification.Builder	setContentIntent(PendingIntent intent)	알림을 눌렀을 때 사용할 팬딩인텐트를 적용한다.
Notification.Builder (알림에 필수)	setContentText(CharSequence text)	알림의 내용을 입력한다. 알림은 내용이 반드시 있어야 구동된다.
Notification.Builder (알림에 필수)	setContentTitle(CharSequence title)	알림의 첫 번째 줄의 내용인 타이틀을 입력한다. 알림은 타이틀이 반드시 있어야 구동된다.
Notification.Builder	setDefaults(int defaults)	알림의 기본값으로 세팅한다. 사용 가능한 상수: DEFAULT_SOUND (사운드 기본값) DEFAULT_VIBRATE (진동 기본값) DEFAULT_LIGHTS (화면 켜기 기본값) DEFAULT_ALL (모두 재설정)
Notification.Builder	setDeleteIntent(PendingIntent intent)	적용했던 팬딩인텐트를 제거한다.
Notification.Builder	setExtras(Bundle extras)	알림에 메타데이터를 입력한다.
Notification.Builder	setFullScreenIntent(PendingIntent intent, boolean highPriority)	알림이 발생할 때 팬딩인텐트를 동시에 실행시킨다.
Notification.Builder	setGroup(String groupKey)	그룹을 지정한다. 같은 그룹키를 가진 알림들은 하나의 그룹으로 지정된다.
Notification.Builder	setGroupSummary(boolean isGroupSummary)	그룹의 요약을 사용하도록 설정한다.
Notification.Builder	setLargeIcon(Bitmap icon)	알림에 보이는 큰 아이콘을 설정한다.

반환값	메소드	설명
Notification.Builder	setLights(int argb, int onMs, int offMs)	알림이 나타날 때 LED에 적용할 색상 및 길이를 지정한다.
Notification.Builder	setLocalOnly(boolean b)	현재 기기에만 알림을 보이도록 설정한다.
Notification.Builder	setNumber(int number)	알림 오른쪽에 숫자를 지정한다.
Notification.Builder	setOngoing(boolean ongoing)	설정하면 알림을 밀어내어 지워도 사라지지 않는다.
Notification.Builder	setOnlyAlertOnce(boolean onlyAlertOnce)	단 한번만 알림을 보이도록 한다. 같은 알림이 있다면 소리나 진동을 내지 않는다.
Notification.Builder	setPriority(int pri)	알림의 우선순위를 지정한다. 적용 가능한 상수: Notification.PRIORITY_MAX Notification.PRIORITY_HIGH Notification.PRIORITY_DEFAULT Notification.PRIORITY_LOW Notification.PRIORITY_MIN
Notification.Builder	setProgress(int max, int progress, boolean indeterminate)	상태 진행바 알림을 설정한다.
Notification.Builder (알림에 필수)	setSmallIcon(int icon, int level)	작은 아이콘을 설정한다. level 값은 이미지 리스트를 사용할 때 설정한다. 알림은 아이콘이 반드시 있어야 구동된다.
Notification.Builder (알림에 필수)	setSmallIcon(int icon)	작은 아이콘을 설정한다. 알림은 아이콘이 반드시 있어야 구동된다.
Notification.Builder	setSortKey(String sortKey)	알림의 순서를 지정한다.
Notification.Builder	setSound(Uri sound)	사운드를 지정한다.
Notification.Builder	setSound(Uri sound, int streamType)	사운드를 지정한다.
Notification.Builder	setStyle(NotificationCompat.Style style)	알림의 스타일을 지정한다.
Notification.Builder	setSubText(CharSequence text)	알림의 세 번째 라인인 서브텍스트를 입력한다.
Notification.Builder	setTicker(CharSequence tickerText, RemoteViews views)	첫 번째 알림이 발생할 때 상태바에 텍스트를 보인다.
Notification.Builder	setTicker(CharSequence tickerText)	첫 번째 알림이 발생할 때 상태바에 텍스트를 보인다.
Notification.Builder	setUsesChronometer(boolean b)	알림 발생 시간으로부터 지난 시간이 보인다.
Notification.Builder	setVibrate(long[] pattern)	진동을 설정한다.
Notification.Builder	setWhen(long when)	알림 우측에 보이는 시간을 설정한다.

알림 빌더 클래스에서 사용 가능한 메소드를 살펴보았다. **Notification.Builder**를 반환한 메소드들이 대부분이다. 해당 메소드를 적용하고, 알림 빌더를 반환하여 재사용한다는 뜻이다.

알림 생성 코드를 살펴보자.

알림 생성

// 알림 빌더를 생성한다.
NotificationCompat.Builder notificationBuilder = new NotificationCompat.Builder(this);
notificationBuilder.setContentTitle("ContentTitle");
notificationBuilder.setContentText("ContentText");
notificationBuilder.setSmallIcon(R.drawable.ic_action_call);
 	
// 알림 빌더로 알림을 생성한다.
Notification notification = notificationBuilder.build();

NotificationCompat.Builder 클래스로 알림 빌더를 생성하고, build() 메소드로 알림을 반환했다. 'set'으로 시작하는 메소드들은 알림 빌더를 다시 반환하므로 아래 방법의 코딩이 가능하다.

알림 생성 - 코딩 축약

// 알림(Notification)을 생성한다.
Notification notification = new NotificationCompat.Builder(this)
    .setContentTitle("BasicNotificationTitle")
    .setContentText("BasicNotificationText")
    .setSmallIcon(R.drawable.ic_action_call)   // 작은 아이콘 설정
    .build();

new NotificationCompat.Builder(this) 문장으로 알림 빌더 객체를 만들고 바로 set 메소드들로 필요한 설정을 한 후, build() 메소드로 알림(Notification) 객체를 생성했다. 이 책에서는 알림 객체를 생성할 때 축약된 코드를 사용할 것이다.

이제부터 알림 빌더를 활용하여 스마트폰과 시계의 알림을 수정해볼 것이다.

아래 링크로 접속하면 구글에서 제공하는 NotificationCompat.Builder 클래스에 대한 자세한 설명을 볼 수 있다.

NotificationCompat.Builder 설명
http://developer.android.com/reference/android/support/v4/app/NotificationCompat.Builder.html

5.2 아이콘 설정

아래 과정을 따라서 알림의 아이콘을 코딩하고 스마트폰과 시계의 알림을 확인하자.

1) 아이콘 다운로드

아이콘을 설정하기 전에, 카페에서 구글이 제공하는 안드로이드 아이콘 리스트를 다운받자.

카페 주소	http://cafe.naver.com/stjqm
게시판	안드로이드 웨어
글제목	안드로이드 액션바 아이콘 팩 다운로드

이 아이콘 버전은 2013년 11월 6일 버전이다. 최신 버전을 받고 싶다면 아래 링크로 접속하여 아이콘을 다운로드받자.

http://developer.android.com/design/downloads/index.html

2) 아이콘 압축 풀기

다운로드받은 파일의 압축을 풀자.

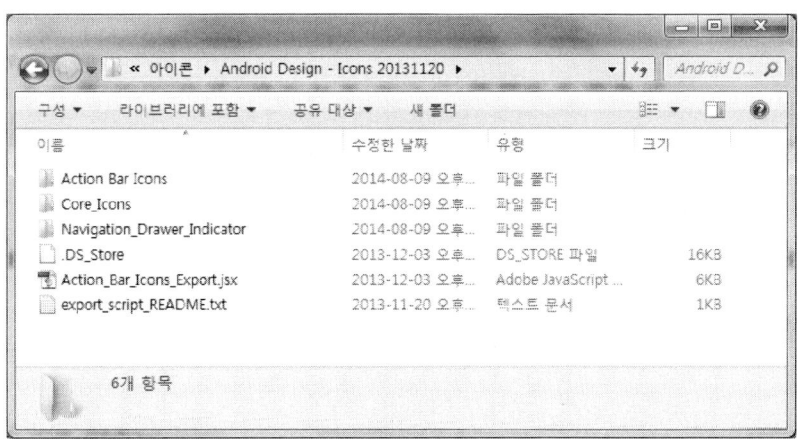

3) 액션 아이콘 폴더로 이동

액션 아이콘 폴더로 이동한다. holo_dark의 아이콘은 흰색이고, holo_light의 아이콘은 회색이다.

4) 원하는 아이콘 폴더로 이동 후 복사

[Action Bar Icons\holo_dark\01_core_accept] 폴더로 이동한다. 폴더 안에는 네 개의 drawable 폴더가 있는데, 해상도 별로 다른 크기의 아이콘이 제공된다. 이 네 개의 폴더를 모두 선택한 후 복사[Ctrl+C]한다.

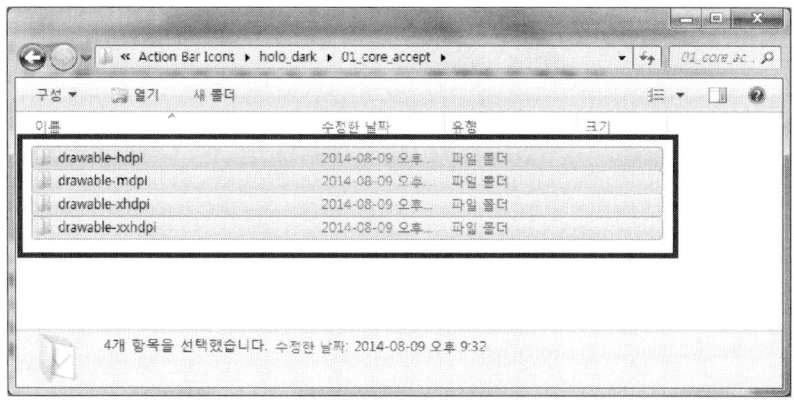

5) 안드로이드 프로젝트 res에 붙여넣기

안드로이드 프로젝트의 [app/src/main/res] 폴더에 커서를 놓은 후 붙여넣기[Ctrl+V]를 실행한다.

5.2 아이콘 설정   85

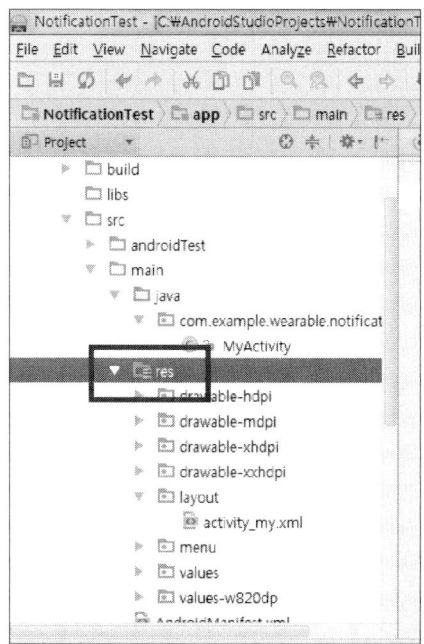

복사한 폴더와 파일들을 붙여 넣을 디렉토리가 지정된다. [OK] 버튼을 눌러 복사를 완료하자.

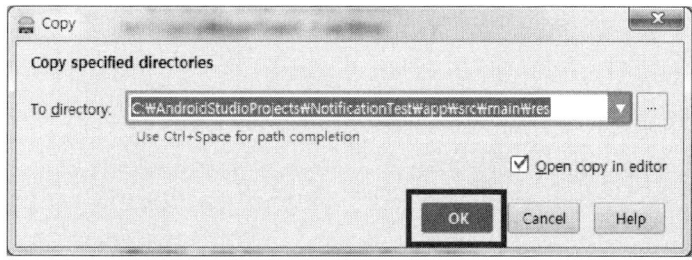

복사를 완료하면 아래 그림과 같이 각 폴더에 **ic_action_accept.png** 파일이 추가된 것을 확인할 수 있다.

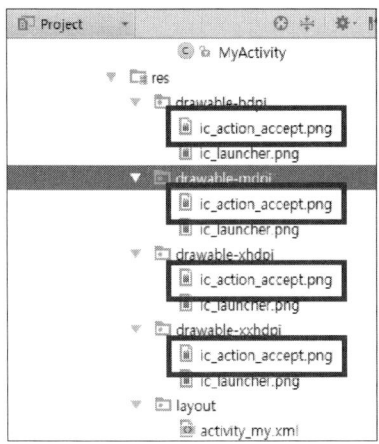

1~5번과 같은 과정을 진행해서, [ic_action_cut] 아이콘과 [ic_action_cancel] 아이콘도 프로젝트로 가져오자.

> **Note**
> 필자는 집필을 위해 위와 동일한 과정으로 10개의 아이콘을 추가했다. 독자들도 마음에 드는 아이콘이 있다면 위 과정을 통해 프로젝트에 아이콘을 추가하도록 하자.

6) 알림 소스에서 아이콘 설정

아래 소스를 참고하여 기존의 showBasicNotification() 메소드를 수정하자.

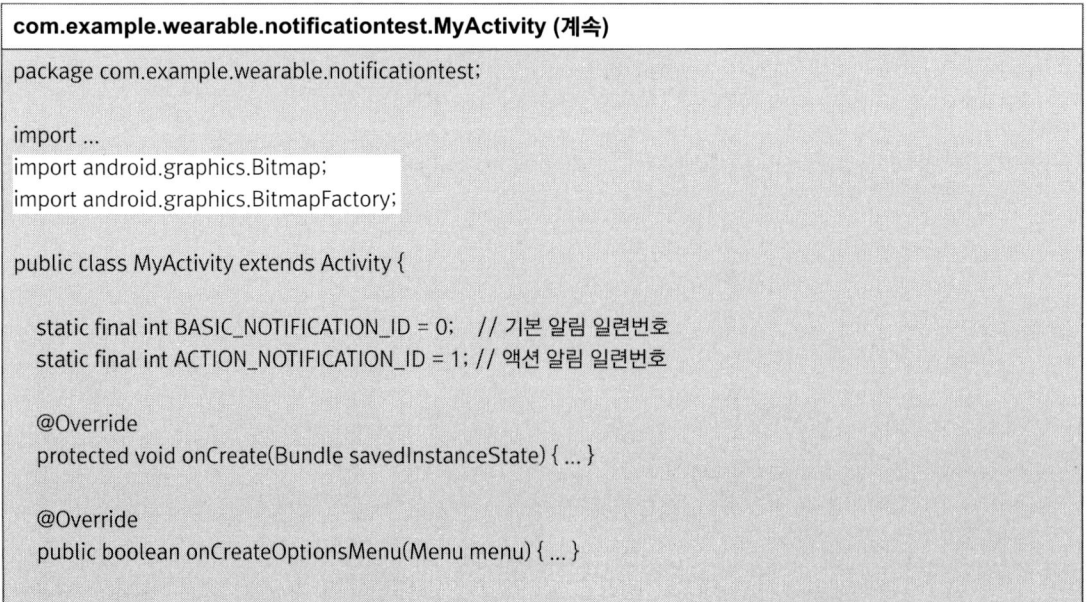

(이어서) com.example.wearable.notificationtest.MyActivity
| ```java
@Override
public boolean onOptionsItemSelected(MenuItem item) { ... }

// Basic Notification 버튼을 누르면 실행되는 메소드이다.
public void showBasicNotification(View view) {

    // 큰 아이콘을 리소스로부터 가져온다.
    Bitmap largeIcon = BitmapFactory.decodeResource(getResources(), R.drawable.ic_action_accept);

    // 알림(Notification)을 생성한다.
    Notification notification = new NotificationCompat.Builder(this)
        .setContentTitle("BasicNotificationTitle")
        .setContentText("BasicNotificationText")
        .setSmallIcon(R.drawable.ic_action_call)    // 작은 아이콘 설정
        .setLargeIcon(largeIcon)                    // 큰 아이콘 설정
        .build();

    // 알림 매니저 객체를 생성한다.
    NotificationManagerCompat notificationManager = NotificationManagerCompat.from(this);

    // 알림을 보인다.
    notificationManager.notify(BASIC_NOTIFICATION_ID, notification);
}

public void showActionNotification(View view) { ... }
}
``` |

7) 앱 실행 아이콘 수정

시계의 기본 아이콘은 스마트폰의 실행 아이콘과 동일하게 적용된다. AndroidManifest.xml을 수정하여 앱의 실행 아이콘을 수정하자.

아래 그림을 참고하여 [NotificationTest/app/src/main/AndroidManifest.xml] 파일을 열자.
```

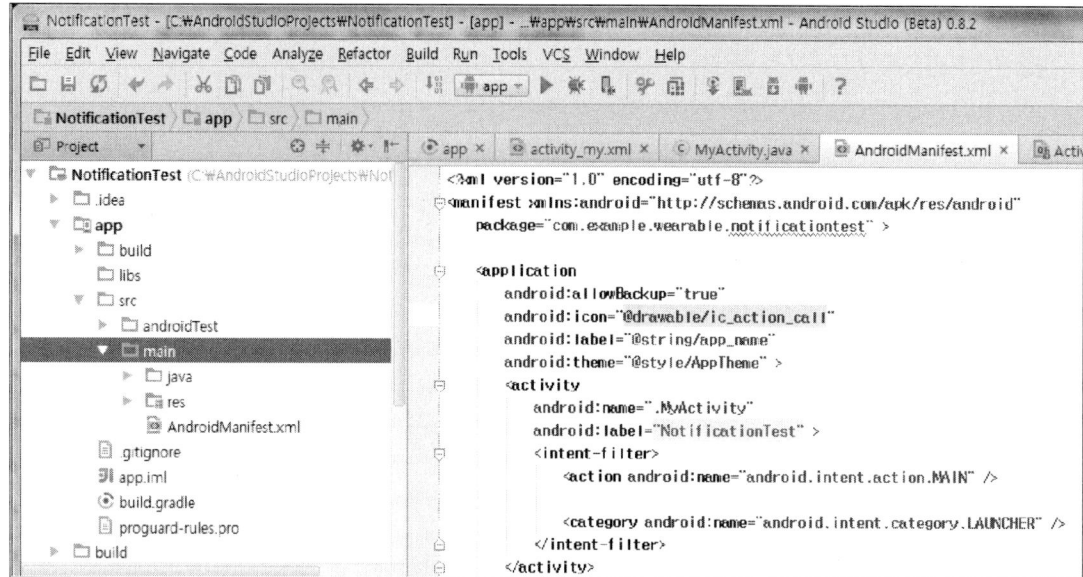

아래 소스를 참고하여 application.icon 속성을 변경하자.

app/src/main/AndroidManifest.xml

```
<?xml version="1.0" encoding="utf-8"?>
<manifest xmlns:android="http://schemas.android.com/apk/res/android"
  package="com.example.wearable.notificationtest" >
  <application
    android:allowBackup="true"
    android:icon="@drawable/ic_action_call"
    android:label="@string/app_name"
    android:theme="@style/AppTheme" >
    <activity
      android:name=".MyActivity"
      android:label="@string/app_name" >
      <intent-filter>
        <action android:name="android.intent.action.MAIN" />

        <category android:name="android.intent.category.LAUNCHER" />
      </intent-filter>
    </activity>
  </application>
</manifest>
```

8) 실행 및 확인

소스를 수정했다면 프로그램을 실행하고 알림을 실행하자.

5.2 아이콘 설정   89

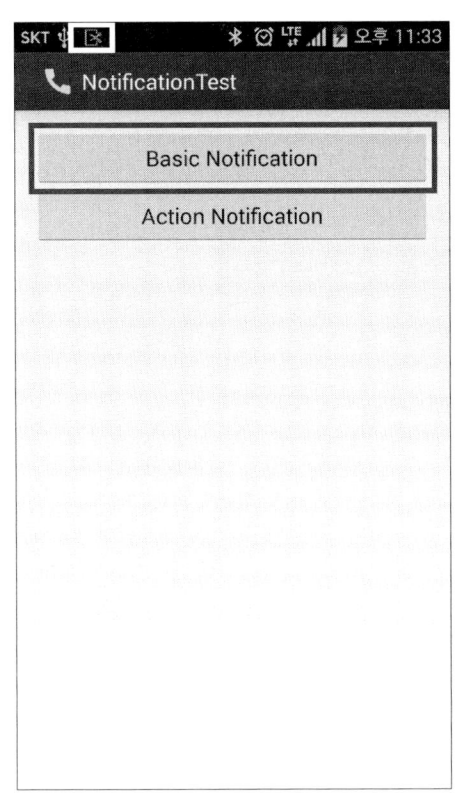 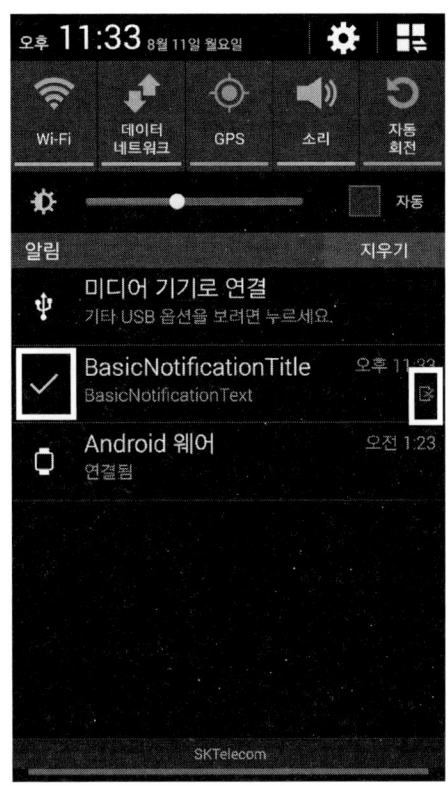

좌측 그림은 앱에서 [Basic Notification]을 누른 상태다. 알림이 최상단 상태바에 생성되어 [Action Cut] 아이콘이 보인다. 상태 바에 보이는 아이콘은 작은 아이콘(SmallIcon)인 것을 확인할 수 있다.

우측 그림은 상태바를 내린 상태다. 알림 좌측에는 큰 아이콘(LargeIcon)에 설정한 [Action Accept] 아이콘이 보이며, 우측에는 작은 아이콘(smallIcon)에 세팅한 [Action Call] 아이콘이 보인다.

마지막으로 시계의 아이콘을 확인하자.

[AndroidManifest.xml] 파일에 적용한 [Action Call] 아이콘이 설정된 것을 확인할 수 있다. 추가적으로

배경도 바뀌었다. 다른 설정으로 배경을 지정하지 않으면 앱의 시작 아이콘이 배경으로 설정된다.

5.3 텍스트 설정

텍스트 관련 알림 빌더 메소드를 정리하면 아래와 같다.

구분	메소드	설명
메인/시계	setContentTitle(CharSequence title)	알림의 첫 번째 줄의 내용인 타이틀을 입력한다.
메인/시계	setContentText(CharSequence text)	알림의 내용을 입력한다.
메인	setSubText(CharSequence text)	알림의 세 번째 라인인 서브 텍스트를 입력한다.
상태바	setTicker(CharSequence tickerText)	첫 번째 알림이 발생할 때 상태바에 텍스트를 보인다.
우측/시계	setUsesChronometer(boolean b)	알림 발생 시간으로부터 시간이 보인다.
우측	setContentInfo(CharSequence info)	알림 오른쪽에 텍스트를 입력한다.
우측	setNumber(int number)	알림 오른쪽에 숫자를 지정한다.
우측	setWhen(long when)	알림 우측에 보이는 시간을 설정한다.

표의 가장 좌측 열에 알림이 보이는 영역을 정리했다. 소스를 구현하여 알림이 보이는 영역을 하나씩 확인해보자.

1. 알림 메인 텍스트, 상태바 텍스트

우선 알림 메인 텍스트와 상태바의 티커(Ticker)를 코딩하여 확인해보자.

아래 코드를 참고하여 소스를 완성하자.

```
com.example.wearable.notificationtest.MyActivity (계속)

package com.example.wearable.notificationtest;

......
    // Basic Notification 버튼을 누르면 실행되는 메소드이다.
    public void showBasicNotification(View view) {

        // 큰 아이콘을 리소스로부터 가져온다.
        Bitmap largeIcon = BitmapFactory.decodeResource(getResources(), R.drawable.ic_action_accept);

        // 알림(Notification)을 생성한다.
        Notification notification = new NotificationCompat.Builder(this)
```

(이어서) com.example.wearable.notificationtest.MyActivity

```
        .setContentTitle("BasicNotificationTitle")     // 타이틀
        .setContentText("BasicNotificationText")       // 메인텍스트
        .setSubText("SubText")                         // 서브텍스트
        .setTicker("TickerText")                       // 티커텍스트
        .setSmallIcon(R.drawable.ic_action_call)       // 작은 아이콘 설정
        .setLargeIcon(largeIcon)                       // 큰 아이콘 설정
        .build();

    // 알림 매니저 객체를 생성한다.
    NotificationManagerCompat notificationManager = NotificationManagerCompat.from(this);

    // 알림을 보인다.
    notificationManager.notify(BASIC_NOTIFICATION_ID, notification);
    }

    public void showActionNotification(View view) { ... }
}
```

소스를 수정하고 프로그램을 실행하자.

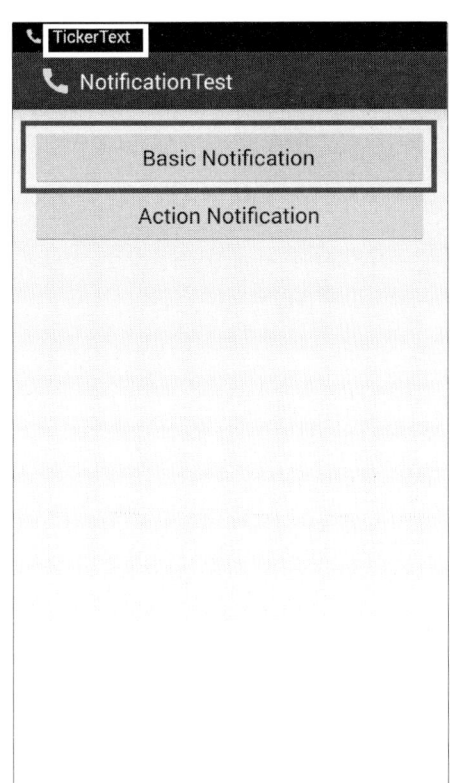
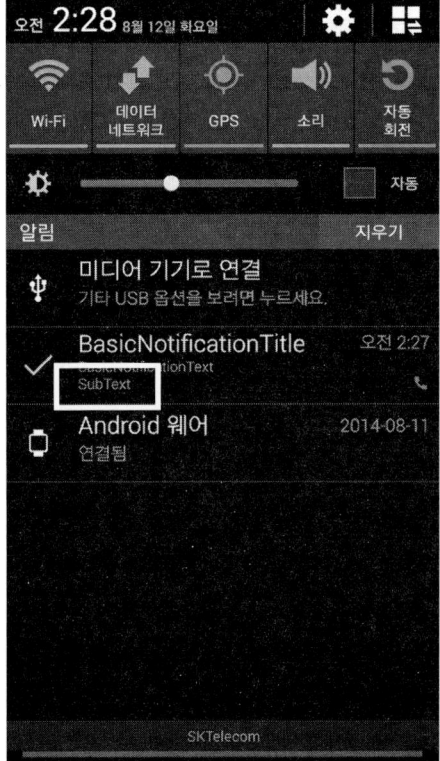

앱에서 [Basic Notification] 버튼을 누르면 왼쪽 그림처럼 상단의 상태바에 알림 빌더에서 설정한 티커 텍스트(TickerText)가 보인다. 상태바를 내려보면, 알림에 추가된 서브텍스트(SubText)도 보인다.

이번에는 시계에서 알림을 확인해보자.

타이틀과 메인 텍스트는 보이지만, 티커 텍스트와 서브 텍스트는 시계에서 보이지 않는다.

2. 우측 텍스트

이번에는 알림 우측에 보이는 텍스트를 살펴보자.

알림의 우측 텍스트 영역은 상단과 하단으로 나뉜다. 상단에는 시간이 표시되며, 하단에는 작은 아이콘, 숫자, 컨텐트 정보가 표시된다. 그림에서 우측 하단의 텍스트를 제어하는 메소드를 테스트하자.

구분	메소드	설명
우측상단/시계	setUsesChronometer(boolean b)	알림 발생 시각으로부터 지난 시간이 보인다.
우측상단	setWhen(long when)	알림 우측에 보이는 시간을 설정한다.
우측하단	setContentInfo(CharSequence info)	알림 오른쪽에 텍스트를 입력한다.
우측하단	setNumber(int number)	알림 오른쪽에 숫자를 지정한다.

아래 소스를 참고하여 우측 텍스트를 구현하자.

com.example.wearable.notificationtest.MyActivity

```
package com.example.wearable.notificationtest;

......
    // Basic Notification 버튼을 누르면 실행되는 메소드이다.
    public void showBasicNotification(View view) {

        // 큰 아이콘을 리소스로부터 가져온다.
        Bitmap largeIcon = BitmapFactory.decodeResource(getResources(), R.drawable.ic_action_accept);

        // 일분 후 시간을 지정한다.
        long afterOneMinute = System.currentTimeMillis() - 60000;

        // 알림(Notification)을 생성한다.
        Notification notification = new NotificationCompat.Builder(this)
                .setContentTitle("BasicNotificationTitle")   // 타이틀
                .setContentText("BasicNotificationText")     // 메인텍스트
                .setSubText("SubText")                       // 서브텍스트
                .setTicker("TickerText")                     // 티커텍스트
                .setUsesChronometer(true)                    // 알림 발생 후 시간 보이기
                .setWhen(beforeOneMinute)                    // 일분 후 시각 표시
                .setNumber(100)                              // 숫자 표시
                .setContentInfo("ContentInfo")               // 우측 하단 텍스트
                .setSmallIcon(R.drawable.ic_action_call)     // 작은 아이콘 설정
                .setLargeIcon(largeIcon)                     // 큰 아이콘 설정
                .build();

        // 알림 매니저 객체를 생성한다.
        NotificationManagerCompat notificationManager = NotificationManagerCompat.from(this);

        // 알림을 보인다.
        notificationManager.notify(BASIC_NOTIFICATION_ID, notification);
    }

    public void showActionNotification(View view) { ... }
}
```

네 가지 옵션을 모두 적용하고 알림을 실행하면 아래와 같이 보인다.

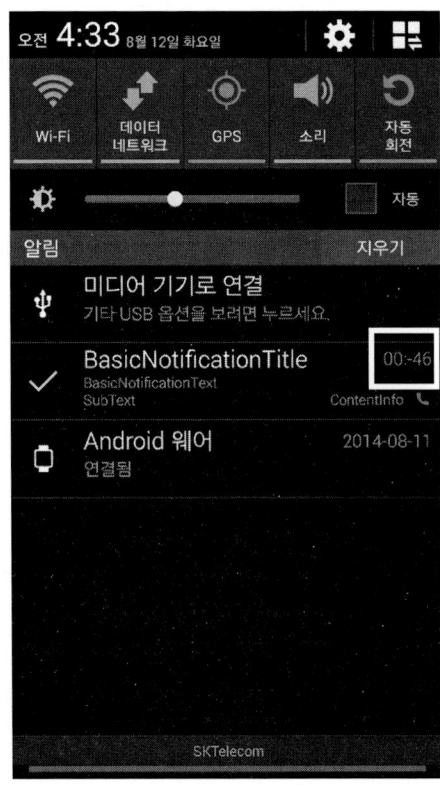

알림 우측 상단에 1분 후까지 남은 46초가 표시되고, 알림 우측 하단에 "ContentInfo"가 출력됐다. 우측에 있는 텍스트 관련 옵션들은 서로 관련되어 동작하기 때문에 케이스별로 테스트하겠다.

1) setNumber() 메소드

```
알림 빌더 테스트 - setNumber(100)
    // 알림(Notification)을 생성한다.
    Notification notification = new NotificationCompat.Builder(this)
        .setContentTitle("BasicNotificationTitle")   // 타이틀
        .setContentText("BasicNotificationText")     // 메인텍스트
        .setSubText("SubText")                        // 서브텍스트
        .setTicker("TickerText")                      // 티커텍스트
        .setNumber(100)                               // 숫자 표시
        .setSmallIcon(R.drawable.ic_action_call)     // 작은 아이콘 설정
        .setLargeIcon(largeIcon)                      // 큰 아이콘 설정
        .build();
```

소스 적용 후 실행한 결과다.

알림 우측 하단에 100 숫자가 표시됐다. 그러나 시계의 알림에는 변화가 없다. 즉, setNumber() 메소드는 스마트폰 알림에만 적용된다.

2) setContentInfo() 메소드

다음으로, setContentInfo() 메소드를 테스트하자.

```
알림 빌더 테스트 - setContentInfo()
    // 알림(Notification)을 생성한다.
    Notification notification = new NotificationCompat.Builder(this)
        .setContentTitle("BasicNotificationTitle")   // 타이틀
        .setContentText("BasicNotificationText")     // 메인텍스트
        .setSubText("SubText")                       // 서브텍스트
        .setTicker("TickerText")                     // 티커텍스트
        .setContentInfo("ContentInfo")               // 우측 하단 텍스트
        .setSmallIcon(R.drawable.ic_action_call)     // 작은 아이콘 설정
        .setLargeIcon(largeIcon)                     // 큰 아이콘 설정
        .build();
```

소스 적용 후 실행한 결과다.

알림 우측 하단에 "ContentInfo" 텍스트가 표시됐다. 그러나 시계의 알림에는 변화가 없다.

setNumber() 메소드와 setContentInfo() 메소드를 동시에 사용할 수 없다. 두 메소드가 같이 사용되면 setNumber() 메소드는 무시된다.

3) setUsesChronometer() 메소드

다음으로, setUsesChronometer() 메소드를 테스트하자.

알림 빌더 테스트 - setUsesChronometer()

```
// 알림(Notification)을 생성한다.
Notification notification = new NotificationCompat.Builder(this)
    .setContentTitle("BasicNotificationTitle")  // 타이틀
    .setContentText("BasicNotificationText")    // 메인텍스트
    .setSubText("SubText")                      // 서브텍스트
    .setTicker("TickerText")                    // 티커텍스트
    .setUsesChronometer(true)                   // 알림 발생 후 시간 보이기
    .setContentInfo("ContentInfo")              // 우측 하단 텍스트
    .setSmallIcon(R.drawable.ic_action_call)    // 작은 아이콘 설정
    .setLargeIcon(largeIcon)                    // 큰 아이콘 설정
    .build();
```

소스 적용 후 실행한 결과다.

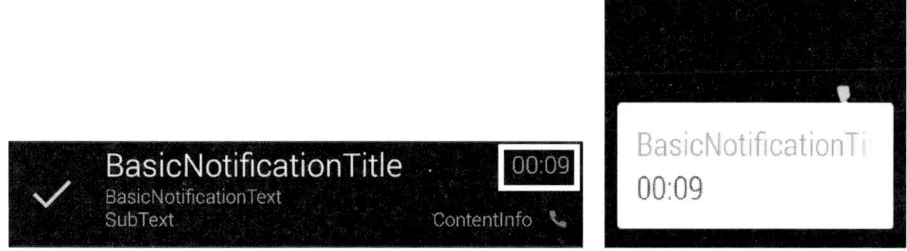

알림이 실행된 후 우측 상단의 시간이 1초마다 갱신된다. 시계에서도 동일하게 시간이 갱신되는 것을 확인할 수 있다. 시계에서는 알림 시간이 경과됐다는 뜻으로 붉은색 글씨로 시간이 표시된다. 알림 우측 하단 메소드들은 setUsesChronometer() 메소드와 같이 적용 가능하다.

4) setWhen() 메소드

다음으로, setWhen() 메소드를 테스트하자.

알림 빌더 테스트 - setWhen()

```
// 한시간 후 시간을 지정한다.
long afterOneHour = System.currentTimeMillis() + 3600000;

// 알림(Notification)을 생성한다.
Notification notification = new NotificationCompat.Builder(this)
        .setContentTitle("BasicNotificationTitle")      // 타이틀
        .setContentText("BasicNotificationText")        // 메인텍스트
        .setSubText("SubText")                          // 서브텍스트
        .setTicker("TickerText")                        // 티커텍스트
        .setWhen(afterOneHour)                          // 한시간 후 시간을 표시
        .setSmallIcon(R.drawable.ic_action_call)        // 작은 아이콘 설정
        .setLargeIcon(largeIcon)                        // 큰 아이콘 설정
        .build();
```

소스 적용 후 실행한 결과다.

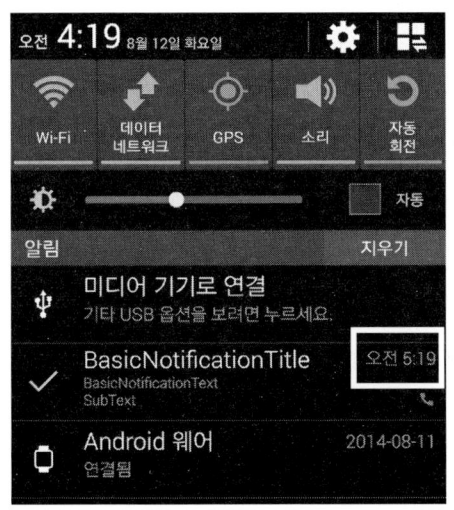 

알림에 있는 시간이 최상단에 표시된 현재 시간보다 1시간 후로 적용돼 있는 것이 보인다. 시계의 알림에는 변화가 없다.

5) setWhen() 메소드와 setUsesChronometer() 메소드

다음으로, setWhen() 메소드와 setUsesChronometer() 메소드를 동시에 적용하여 테스트하자.

알림 빌더 테스트 - setWhen()

```
// 일분 후 시간을 지정한다.
long afterOneMinute = System.currentTimeMillis() - 60000;

// 알림(Notification)을 생성한다.
Notification notification = new NotificationCompat.Builder(this)
        .setContentTitle("BasicNotificationTitle")      // 타이틀
        .setContentText("BasicNotificationText")        // 메인텍스트
        .setSubText("SubText")                          // 서브텍스트
        .setTicker("TickerText")                        // 티커텍스트
        .setUsesChronometer(true)                       // 알림 발생 후 시간 보이기
        .setWhen(beforeOneMinute)                       // 일분 후 시각 표시
        .setContentInfo("ContentInfo")                  // 우측 하단 텍스트
        .setSmallIcon(R.drawable.ic_action_call)        // 작은 아이콘 설정
        .setLargeIcon(largeIcon)                        // 큰 아이콘 설정
        .build();
```

소스 적용 후 실행한 결과다.

스마트폰 알림에 -51초가 보인다. 소스에서 설정한 알림 발생 후 1분이 지난 시각까지 51초가 남았음을 보여준다. 시계 알림에서도 동일하게 표시된다. 우측 상단과 우측 하단 설정은 동시에 적용 가능하기 때문에 setContentInfo() 메소드도 적용됐다.

이상으로, 메인 텍스트와 우측 텍스트를 적용하고 스마트폰과 시계에서 테스트했다.

5.4 스타일 설정

안드로이드에서는 알림에 세 가지 스타일을 제공한다.

스타일 종류는 아래와 같다.

스타일	기능
Big picture style	알림에 큰 사진을 추가한다.
Big text style	알림 내용에 스타일을 적용한다.
Inbox style	알림에 여러 라인의 텍스트를 적용한다.

안드로이드 알림 스타일은 웨어러블 기기가 나오기 전부터 있던 기능들이다. 이번 절에서는 이 스타일들을 적용했을 때 시계에서 어떻게 보이는 지 확인할 것이다.

1) 버튼 및 메소드 생성

예제들을 실행하기 전에 버튼 위젯과 메소드를 만들자. 아래 코드를 참고하여 [activity_my.xml] 소스를 수정하자.

NotificationTest/app/src/main/res/layout/activity_my.xml (계속)

```xml
<RelativeLayout xmlns:android="http://schemas.android.com/apk/res/android"
    xmlns:tools="http://schemas.android.com/tools"
    android:layout_width="match_parent"
    android:layout_height="match_parent"
    android:paddingLeft="@dimen/activity_horizontal_margin"
    android:paddingRight="@dimen/activity_horizontal_margin"
    android:paddingTop="@dimen/activity_vertical_margin"
    android:paddingBottom="@dimen/activity_vertical_margin"
    tools:context=".MyActivity">

    <LinearLayout
        android:layout_width="match_parent"
        android:layout_height="wrap_content"
        android:orientation="vertical">

        <Button ... >

        <Button ... >

        <Button
            android:layout_width="match_parent"
            android:layout_height="wrap_content"
            android:onClick="showBigPictureNotification"
            android:text="Big Picture Notification" />

        <Button
            android:layout_width="match_parent"
            android:layout_height="wrap_content"
            android:onClick="showBigTextNotification"
```

(이어서) NotificationTest/app/src/main/res/layout/activity_my.xml
| ```
        android:text="Big Text Notification" />

    <Button
        android:layout_width="match_parent"
        android:layout_height="wrap_content"
        android:onClick="showInboxNotification"
        android:text="Inbox Notification" />

  </LinearLayout>

</RelativeLayout>
``` |

코딩을 완료하면 [Action Notification] 버튼 아래에 세 개의 버튼이 생성되고 나열된다.

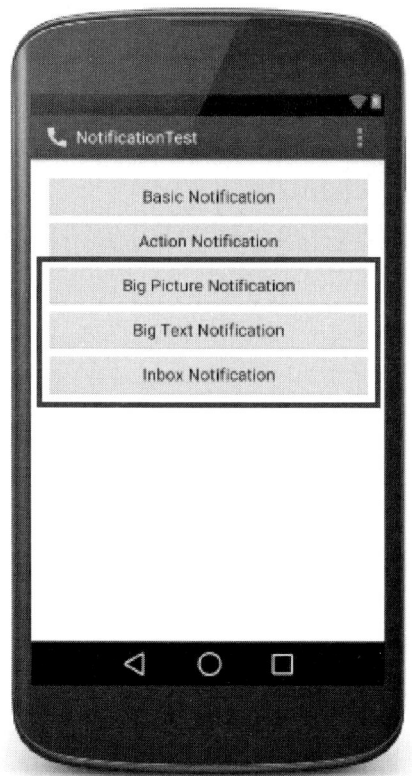

버튼을 눌렀을 때 실행되는 메소드들을 [MyActivity.java] 소스에 만들 차례다. 아래 코드를 참고하자.
```

MyActivity.java

```java
package com.example.wearable.notificationtest;

import ...

public class MyActivity extends Activity {
...
    // Basic Notification 버튼을 누르면 실행되는 메소드이다.
    public void showBasicNotification(View view) { ... }

    public void showActionNotification(View view) { ... }

    // BIg Picture Notification 버튼을 누르면 실행되는 메소드이다.
    public void showBigPictureNotification(View view) {

    }

    // BIg Text Notification 버튼을 누르면 실행되는 메소드이다.
    public void showBigTextNotification(View view) {

    }

    // Inbox Notification 버튼을 누르면 실행되는 메소드이다.
    public void showInboxNotification(View view) {

    }
}
```

새로 만든 버튼을 눌렀을 때 실행되는 메소드들을 만들었다. 이제 이 메소드들을 하나씩 채우며 알림 스타일들을 적용시켜보자.

2) 큰 사진 스타일 코딩하기

큰 사진(Big Picture Style) 스타일은 알림을 두 손가락으로 아래로 내리면 사진이 나타나는 형태다.

코딩을 하기 전에 우선 리소스를 추가하자.

[app/src/main/res]에 [drawable] 폴더를 생성하고, [example_big_picture.jpg]를 추가하자. 사진은 독자들이 마음에 드는 것으로 추가한다.

이제, 아래 코드를 참고하여 [showBigPictureNotification] 메소드를 완성하자.

com.example.wearable.notificationtest.MyActivity (계속)

```
package com.example.wearable.notificationtest;

import ...

public class MyActivity extends Activity {

    static final int BASIC_NOTIFICATION_ID = 0;        // 기본 알림 일련번호
    static final int ACTION_NOTIFICATION_ID = 1;       // 액션 알림 일련번호
    static final int BIG_PICTURE_NOTIFICATION_ID = 3;  // 큰 사진 알림 일련번호
    ......
    // Basic Notification 버튼을 누르면 실행되는 메소드이다.
    public void showBasicNotification(View view) { ... }

    // Action Notification 버튼을 누르면 실행되는 메소드이다.
    public void showActionNotification(View view) { ... }

    // BIg Picture Notification 버튼을 누르면 실행되는 메소드이다.
    public void showBigPictureNotification(View view) {

        // 리소스로부터 사진을 가져온다.
        Bitmap bigPicture = BitmapFactory.decodeResource(getResources(), R.drawable.example_big_picture);

        // 알림을 위한 큰 사진 스타일을 생성한다.
```

5.4 스타일 설정

(이어서) com.example.wearable.notificationtest.MyActivity

```
        NotificationCompat.BigPictureStyle style = new NotificationCompat.BigPictureStyle();
        style.bigPicture(bigPicture);                    // 리소스의 사진을 적용
        style.setBigContentTitle("BigContentTitle"); // 사진을 펼쳤을 때의 타이틀
        style.setSummaryText("SummaryText");         // 사진을 펼쳤을 때이 텍스트

        // 알림(Notification)을 생성한다.
        Notification notification = new NotificationCompat.Builder(this)
                .setContentTitle("Title")                  // 타이틀
                .setContentText("Text")                    // 메인텍스트
                .setSmallIcon(R.drawable.ic_action_call)   // 작은 아이콘 설정
                .setStyle(style)                           // 스타일 적용
                .build();

        // 알림 매니저 객체를 생성하고 실행한다.
        NotificationManagerCompat.from(this).notify(BIG_PICTURE_NOTIFICATION_ID, notification);
    }
    ......
}
```

소스 적용 후 앱을 실행하자.

좌측은 [Big Picture Notification] 버튼을 누르고 상태바를 내린 모습이다. setContentTitle() 메소드와 setContentText() 메소드에 적용한 "Title"과 "Text"가 보인다.

이 알림을 두 손가락으로 아래로 내리면 알림 스타일이 변경된다. 타이틀은 style.setBigContentTitle() 메소드에 적용한 텍스트로 변경되고, 타이틀 아래의 텍스트는 style.setSummaryText() 메소드에 적용한 텍스트가 적용된다. 그리고 알림 아래로 style.bigPicture() 메소드에 적용한 그림이 보인다.

큰 사진 스타일의 알림이 시계에서 어떻게 보이는 지 확인하자.

 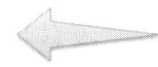

시계에서는 배경이 변경된 알림이 보이며, 우측으로 이동하면 배경 파일만 있는 카드가 추가된다. 시계에 표시된 텍스트를 주의 깊게 살펴보자. 알림 빌더에 적용한 setContentTitle() 메소드와 큰 사진 스타일에 적용한 setSummaryText() 메소드는 무시됐다. 그리고 style.setBigContentTitle() 메소드와 setContentText() 메소드에 적용한 문자들이 시계에 표시됐다.

실행된 내용을 확인했으니 이제 소스를 분석해보자.

```
com.example.wearable.notificationtest.MyActivity (계속)

......
// BIg Picture Notification 버튼을 누르면 실행되는 메소드이다.
public void showBigPictureNotification(View view) {

    // 리소스로부터 사진을 가져온다.
    Bitmap bigPicture = BitmapFactory.decodeResource(getResources(), R.drawable.example_big_picture);

    // 알림을 위한 큰 사진 스타일을 생성한다.
    NotificationCompat.BigPictureStyle style = new NotificationCompat.BigPictureStyle();
    style.bigPicture(bigPicture);          // 리소스의 사진을 적용
```

```
(이어서) com.example.wearable.notificationtest.MyActivity
    style.setBigContentTitle("BigContentTitle");  // 사진을 펼쳤을 때의 타이틀
    style.setSummaryText("SummaryText");          // 사진을 펼쳤을 때이 텍스트

    // 알림(Notification)을 생성한다.
    Notification notification = new NotificationCompat.Builder(this)
        .setContentTitle("Title")                  // 타이틀
        .setContentText("Text")                    // 메인텍스트
        .setSmallIcon(R.drawable.ic_action_call)   // 작은 아이콘 설정
        .setStyle(style)                           // 스타일 적용
        .build();

    // 알림 매니저 객체를 생성하고 실행한다.
    NotificationManagerCompat.from(this).notify(BIG_PICTURE_NOTIFICATION_ID, notification);
    }
......
}
```

우선 큰 사진 스타일(Big Picture Style)에 적용할 사진을 Bitmap으로 가져온다. 이 예제는 기존에 largeIcon을 가져오는 것과 동일하다. 이 소스에서는 앞서 drawable 폴더에 추가한 리소스인 [example_big_picture]를 가져오도록 했다.

그리고 알림을 위한 스타일 객체를 생성한다. NotificationCompat.BigPictureStyle 클래스는 우리가 사용한 큰 사진 스타일 클래스다. 객체를 생성하고 스타일에 bigPicture() 메소드를 실행하여 그림을 넣는다. 그리고 .setBigContentTitle() 메소드와 setSummaryText() 메소드를 실행하여 타이틀과 텍스트를 적용시킨다.

기존과 동일하게 알림 빌더를 생성하며 위에서 생성한 스타일을 setStyle() 메소드에 매개변수로 입력한다.

그리고 알림 매니저 객체를 생성하고 실행한다. notify() 메소드의 첫 번째 매개변수에 BIG_PICTURE_NOTIFICATION_ID 상수를 입력하여 다른 알림과 일련번호가 겹치지 않도록 했다.

3) 큰 텍스트 스타일 소스 분석

알림의 큰 텍스트 스타일(Big Text Style)은 큰 사진 스타일에 큰 텍스트가 입력되는 것이다.

아래 코드를 참고하여 showBigTextStyle() 메소드를 구현하자.

com.example.wearable.notificationtest.MyActivity (계속)

```java
package com.example.wearable.notificationtest;

import ...

import android.text.SpannableStringBuilder;
import android.graphics.Color;
import android.graphics.Typeface;
import android.text.style.ForegroundColorSpan;
import android.text.style.StyleSpan;
import android.text.style.RelativeSizeSpan;

public class MyActivity extends Activity {

    static final int BASIC_NOTIFICATION_ID = 0;          // 기본 알림 일련번호
    static final int ACTION_NOTIFICATION_ID = 1;         // 액션 알림 일련번호
    static final int BIG_PICTURE_NOTIFICATION_ID = 3;    // 큰 사진 알림 일련번호
    static final int BIG_TEXT_NOTIFICATION_ID = 4;       // 큰 글자 알림 일련번호
    ......
    // Basic Notification 버튼을 누르면 실행되는 메소드이다.
    public void showBasicNotification(View view) { ... }

    // Action Notification 버튼을 누르면 실행되는 메소드이다.
    public void showActionNotification(View view) { ... }

    // Big Picture Notification 버튼을 누르면 실행되는 메소드이다.
    public void showBigPictureNotification(View view) { ... }

    // Big Text Notification 버튼을 누르면 실행되는 메소드이다.
    public void showBigTextNotification(View view) {

        // 타이틀을 스타일을 적용하여 생성한다.
        SpannableStringBuilder title = new SpannableStringBuilder();
        title.append("Stylized Title");
        title.setSpan(new RelativeSizeSpan(1.25f), 0, 8, 0);              // Styliezed 크기조정
        title.setSpan(new StyleSpan(Typeface.BOLD_ITALIC), 0, 8, 0);      // 굵게기울기

        // 텍스트를 스타일을 적용하여 생성한다.
        SpannableStringBuilder text = new SpannableStringBuilder();
        text.append("Stylized Text");
        text.setSpan(new RelativeSizeSpan(1.25f), 0, 8, 0);               // Styliezed 크기조정
        text.setSpan(new ForegroundColorSpan(Color.RED), 0, 3, 0);        // Sty 빨간색
        text.setSpan(new ForegroundColorSpan(Color.GREEN), 3, 6, 0);      // liz 녹색
        text.setSpan(new ForegroundColorSpan(Color.BLUE), 6, 8, 0);       // ed 파란색

        // 알림을 위한 큰 글자(Big Text) 스타일을 생성한다.
```

(이어서) com.example.wearable.notificationtest.MyActivity

NotificationCompat.BigTextStyle style = new NotificationCompat.BigTextStyle();
style.setBigContentTitle(title); // 타이틀을 적용한다.
style.bigText(text);   // 내용을 적용한다.
 	
// 알림(Notification)을 생성한다.
Notification notification = new NotificationCompat.Builder(this)
    .setContentTitle("Title")   // 타이틀
    .setContentText("Text")   // 메인텍스트
    .setSmallIcon(R.drawable.ic_action_call) // 작은 아이콘 설정
    .setStyle(style)   // 스타일 적용
    .build();
 	
// 알림 매니저 객체를 생성하고 실행한다.
NotificationManagerCompat.from(this).notify(BIG_TEXT_NOTIFICATION_ID, notification);
}
......
}

코딩이 완료되면 앱을 구동하고 [Big Text Notification] 버튼을 눌러 알림을 실행하자.

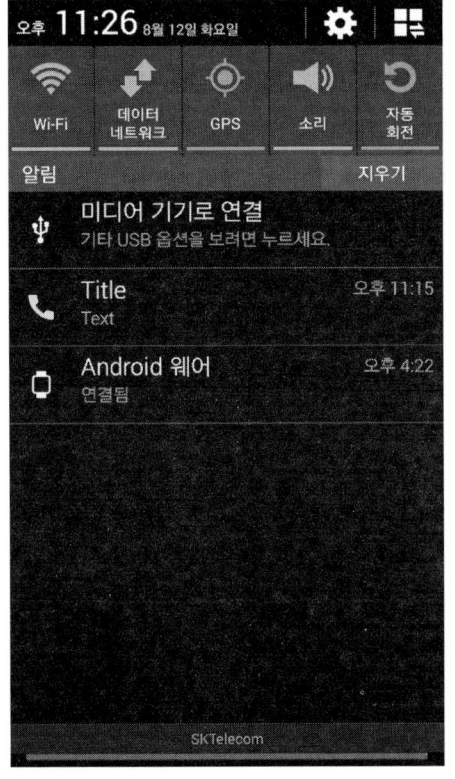
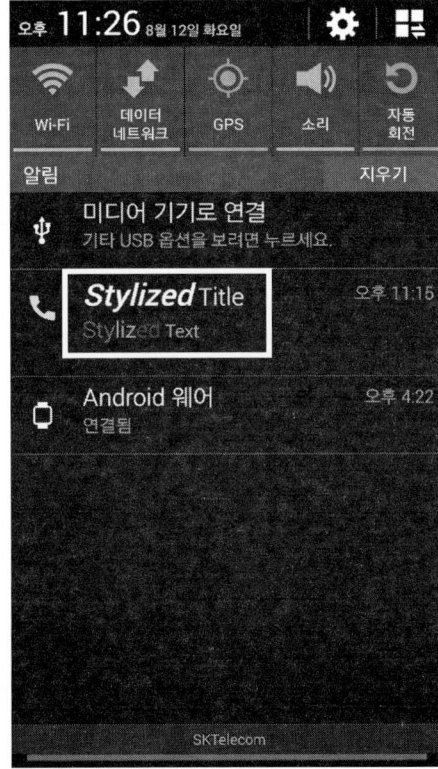

큰 사진 스타일 알림과 동일하게 처음 알림이 보이면 좌측 그림과 같이 기본 타이틀과 텍스트가 보인다. 그리고 두 개의 손가락으로 알림을 아래로 내리면 우측과 같이 큰 텍스트 스타일(Big Text Style) 알림이 보인다.

이제 시계의 알림을 확인해보자.

시계에 보이는 알림에서 텍스트의 모양은 변경됐지만, 크기는 변경되지 않았다.

이제 소스를 분석해보자.

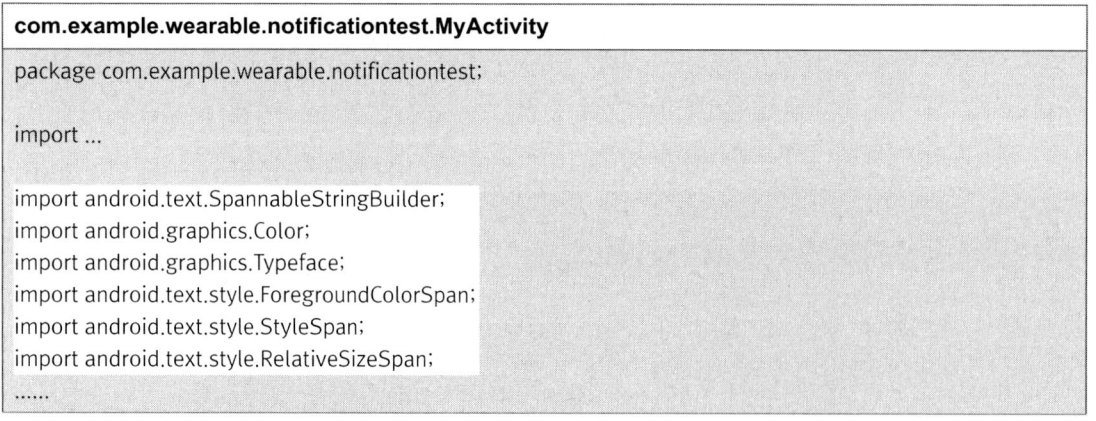

소스의 상단에 import로 여러 개의 라이브러리를 추가했다. SpannableStringBuilder 클래스는 글자에 색상과 모양 등을 지정할 수 있는 클래스다. 이 글자에 색상, 굵기, 모양 등을 적용하기 위해 **android.graphics.*** 클래스와 **android.text.style.*** 클래스가 추가됐다.

그 다음 소스를 살펴보자.

5.4 스타일 설정

```
com.example.wearable.notificationtest.MyActivity

......
    static final int BIG_TEXT_NOTIFICATION_ID = 4; // 큰 글자 알림 일련번호
......
    // 알림 매니저 객체를 생성하고 실행한다.
    NotificationManagerCompat.from(this).notify(BIG_TEXT_NOTIFICATION_ID, notification);
}
......
```

알림을 구분하기 위해 BIG_TEXT_NOTIFICATION_ID 상수를 추가했다. 각 버튼마다 다른 일련번호의 알림을 생성하기 때문에 알림 일련번호가 겹치지 않는다. 그리고 버튼을 여러 번 누르더라도 같은 BIG_TEXT_NOTIFICATION_ID로 알림을 생성하면 중복 생성이 되지 않는다.

그 다음 소스를 살펴보자.

```
com.example.wearable.notificationtest.MyActivity

package com.example.wearable.notificationtest;
......
    // BIg Text Notification 버튼을 누르면 실행되는 메소드이다.
    public void showBigTextNotification(View view) {

        // 타이틀을 스타일을 적용하여 생성한다.
        SpannableStringBuilder title = new SpannableStringBuilder();
        title.append("Stylized Title");
        title.setSpan(new RelativeSizeSpan(1.25f), 0, 8, 0);            // Styliezed 크기조정
        title.setSpan(new StyleSpan(Typeface.BOLD_ITALIC), 0, 8, 0); // 굵게기울기

        // 텍스트를 스타일을 적용하여 생성한다.
        SpannableStringBuilder text = new SpannableStringBuilder();
        text.append("Stylized Text");
        text.setSpan(new RelativeSizeSpan(1.25f), 0, 8, 0);              // Styliezed 크기조정
        text.setSpan(new ForegroundColorSpan(Color.RED), 0, 3, 0);   // Sty 빨간색
        text.setSpan(new ForegroundColorSpan(Color.GREEN), 3, 6, 0); // liz 녹색
        text.setSpan(new ForegroundColorSpan(Color.BLUE), 6, 8, 0);  // ed 파란색
......
}
```

SpannableStringBuilder는 코딩으로 스타일을 만드는 클래스다. 우선 객체를 만들고 append() 메소드로 스타일을 적용할 문자를 추가한다.

setSpan() 메소드에 대한 설명은 아래와 같다.

> **public void setSpan (Object what, int start, int end, int flags)**
>
> 범위를 지정하여 스타일을 적용한다.
>
> 〈 매개변수 〉
> - what: 적용할 스타일 입력
> - start: 스타일 적용 문자 시작
> - end: 스타일 적용 문자 끝
> - flags: start의 시작점 지정

타이틀은 title.append("Stylized Title"); 문장으로 텍스트를 title 객체에 추가한다. 그리고 setSpan() 메소드로 스타일을 적용한다. 0번째부터 8번째 문자인 "Stylized"에 1.25의 글자크기를 적용하고, 굵게 기울이기(BOLD_ITALIC) 스타일을 적용했다.

컨텐트의 내용인 텍스트는 text.append("Stylized Text"); 문장으로 텍스트를 text 객체에 추가한다. 타이틀과 동일하게 0번째부터 8번째 문자인 "Stylized"는 1.25의 글자 크기를 적용한다. 그리고 "Sty"에는 붉은색, "liz"에는 녹색, "ed"에는 파란색을 적용했다.

이제 큰 글자 스타일을 알림에 적용하는 코드를 분석하자.

```
com.example.wearable.notificationtest.MyActivity
……
    // 알림을 위한 큰 글자(Big Text) 스타일을 생성한다.
    NotificationCompat.BigTextStyle style = new NotificationCompat.BigTextStyle();
    style.setBigContentTitle(title);  // 타이틀을 적용한다.
    style.bigText(text);              // 내용을 적용한다.

    // 알림(Notification)을 생성한다.
    Notification notification = new NotificationCompat.Builder(this)
        .setContentTitle("Title")                       // 타이틀
        .setContentText("Text")                         // 메인텍스트
        .setSmallIcon(R.drawable.ic_action_call)        // 작은 아이콘 설정
        .setStyle(style)                                // 스타일 적용
        .build();

    // 알림 매니저 객체를 생성하고 실행한다.
    NotificationManagerCompat.from(this).notify(BIG_TEXT_NOTIFICATION_ID, notification);
}
……
}
```

NotificationCompat.BigTextStyle 클래스로 객체를 생성하고, 위에서 스타일을 적용한 타이틀과 텍스트를 입력한다. 그리고 style 객체를 알림 빌더에 setStyle() 메소드로 적용한다.

마지막으로, 알림 매니저로 알림을 생성한다. BIG_TEXT_NOTIFICATION_ID 상수를 사용했기 때문에 다른 버튼의 알림들과 겹치지 않는다.

4) 인박스 스타일 분석

인박스(Inbox) 단어의 뜻은 받은 편지함이다. 받은 편지함에는 보낸 이의 이름과 제목이 나열되는데, 인박스 스타일은 받은 편지함과 유사한 기능을 제공하기 위한 스타일이라 할 수 있다.

아래 코드를 참고하여 [MyActivity] 소스의 showInboxNotification() 메소드를 완성하자.

com.example.wearable.notificationtest.MyActivity

```java
package com.example.wearable.notificationtest;

import ...

public class MyActivity extends Activity {

    static final int BASIC_NOTIFICATION_ID = 0;        // 기본 알림 일련번호
    static final int ACTION_NOTIFICATION_ID = 1;       // 액션 알림 일련번호
    static final int BIG_PICTURE_NOTIFICATION_ID = 3;  // 큰 사진 알림 일련번호
    static final int BIG_TEXT_NOTIFICATION_ID = 4;     // 큰 글자 알림 일련번호
    static final int INBOX_NOTIFICATION_ID = 5;        // 인박스 알림 일련번호
    ......

    // Inbox Notification 버튼을 누르면 실행되는 메소드이다.
    public void showInboxNotification(View view) {

        // 알림을 위한 인박스(Inbox) 스타일을 생성한다.
        NotificationCompat.InboxStyle style = new NotificationCompat.InboxStyle();
        style.addLine("Inbox Style Text Example Line 1"); // 첫 번째 라인
        style.addLine("Inbox Style Text Example Line 2"); // 두 번째 라인
        style.addLine("Inbox Style Text Example Line 3"); // 세 번째 라인
        style.setBigContentTitle("Inbox Title");          // 인박스 타이틀
        style.setSummaryText("Inbox Text");               // 인박스 텍스트

        // 알림(Notification)을 생성한다.
        Notification notification = new NotificationCompat.Builder(this)
                .setContentTitle("Title")                    // 타이틀
                .setContentText("Text")                      // 메인텍스트
                .setSmallIcon(R.drawable.ic_action_call)     // 작은 아이콘 설정
                .setStyle(style)                             // 스타일 적용
                .build();

        // 알림 매니저 객체를 생성하고 실행한다.
        NotificationManagerCompat.from(this).notify(INBOX_NOTIFICATION_ID, notification);
    }
}
```

소스 적용 후 앱을 실행하자.

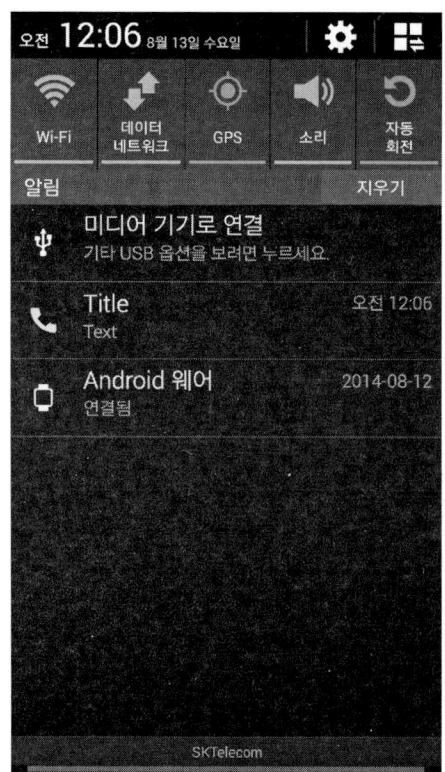 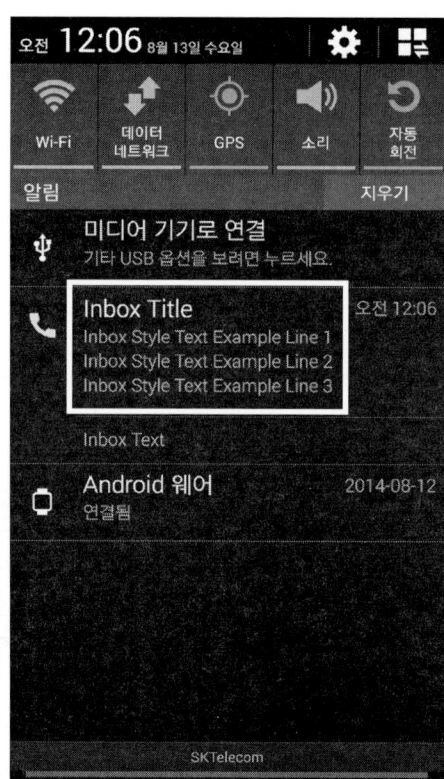

인박스 스타일은 다른 스타일들과 같이 처음 알림이 보이면 좌측 그림과 같이 기본 타이틀과 텍스트가 보인다. 그리고 두 개의 손가락으로 알림을 아래로 내리면 우측과 같이 인박스 스타일(Inbox Style)의 알림이 보인다.

이제 시계의 알림을 확인해보자.

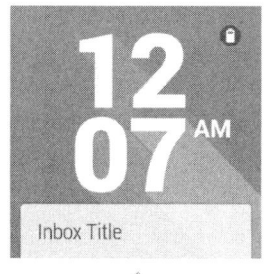 

시계에는 알림 빌더에 적용한 기본 타이틀과 텍스트가 무시되고, 인박스 스타일에 추가한 세 개의 리스트가 보인다.

이제, 소스를 분석해보자.

com.example.wearable.notificationtest.MyActivity

```
......
    static final int INBOX_NOTIFICATION_ID = 5;  // 인박스 알림 일련번호
......
        // 알림 매니저 객체를 생성하고 실행한다.
        NotificationManagerCompat.from(this).notify(INBOX_NOTIFICATION_ID, notification);
    }
}
```

알림을 구분하기 위해 INBOX_NOTIFICATION_ID 상수를 추가했다. 각 버튼마다 다른 일련번호의 알림을 생성하기 때문에 알림 일련번호가 겹치지 않는다. 그리고 [Inbox Notification] 버튼을 여러 번 누르더라도 같은 INBOX_NOTIFICATION_ID로 알림을 생성하면 중복해서 생성되지 않는다.

com.example.wearable.notificationtest.MyActivity (계속)

```
package com.example.wearable.notificationtest;

import ...

public class MyActivity extends Activity {

    static final int BASIC_NOTIFICATION_ID = 0;          // 기본 알림 일련번호
    static final int ACTION_NOTIFICATION_ID = 1;         // 액션 알림 일련번호
    static final int BIG_PICTURE_NOTIFICATION_ID = 3;    // 큰 사진 알림 일련번호
    static final int BIG_TEXT_NOTIFICATION_ID = 4;       // 큰 글자 알림 일련번호
    static final int INBOX_NOTIFICATION_ID = 5;          // 인박스 알림 일련번호
......

    // Inbox Notification 버튼을 누르면 실행되는 메소드이다.
    public void showInboxNotification(View view) {

        // 알림을 위한 인박스(Inbox) 스타일을 생성한다.
        NotificationCompat.InboxStyle style = new NotificationCompat.InboxStyle();
        style.addLine("Inbox Style Text Example Line 1");  // 첫 번째 라인
        style.addLine("Inbox Style Text Example Line 2");  // 두 번째 라인
        style.addLine("Inbox Style Text Example Line 3");  // 세 번째 라인
        style.setBigContentTitle("Inbox Title");           // 인박스 타이틀
        style.setSummaryText("Inbox Text");                // 인박스 텍스트

        // 알림(Notification)을 생성한다.
```

> (이어서) com.example.wearable.notificationtest.MyActivity
>
> ```
>     Notification notification = new NotificationCompat.Builder(this)
>         .setContentTitle("Title")           // 타이틀
>         .setContentText("Text")             // 메인텍스트
>         .setSmallIcon(R.drawable.ic_action_call)  // 작은 아이콘 설정
>         .setStyle(style)                    // 스타일 적용
>         .build();
> 
>     // 알림 매니저 객체를 생성하고 실행한다.
>     NotificationManagerCompat.from(this).notify(INBOX_NOTIFICATION_ID, notification);
>     }
> }
> ```

인박스 스타일 알림은 NotificationCompat.InboxStyle 클래스로 객체를 생성한다. 그리고 addLine() 메소드로 라인을 추가한다.

인박스 스타일 객체가 만들어지면 알림 빌더에 setStye() 메소드로 스타일을 적용하고, 매니저로 알림을 실행한다.

5.5 그룹 설정

하나의 앱에서 여러 개의 알림이 발생했다면 인박스 스타일로 만들면 된다. 인박스 스타일은 알림에 리스트를 넣을 수 있기 때문이다. 리스트의 제목을 볼 수는 있지만 내용을 볼 수는 없다. 그럴 때에는 알림에 그룹을 설정하여 더 상세한 리스트와 정보를 확인할 수 있다.

1) 버튼 및 메소드 생성

아래 소스를 참고하여 activity_my.xml에 그룹 알림 버튼 세 개와 요약 알림 버튼을 만들자.

> NotificationTest/app/src/main/res/layout/activity_my.xml (계속)
>
> ```xml
> <RelativeLayout xmlns:android="http://schemas.android.com/apk/res/android"
>     xmlns:tools="http://schemas.android.com/tools"
>     android:layout_width="match_parent"
>     android:layout_height="match_parent"
>     android:paddingLeft="@dimen/activity_horizontal_margin"
>     android:paddingRight="@dimen/activity_horizontal_margin"
>     android:paddingTop="@dimen/activity_vertical_margin"
>     android:paddingBottom="@dimen/activity_vertical_margin"
>     tools:context=".MyActivity">
> 
>     <LinearLayout
> ```

(이어서) NotificationTest/app/src/main/res/layout/activity_my.xml

```xml
    android:layout_width="match_parent"
    android:layout_height="wrap_content"
    android:orientation="vertical">
......

    <Button
        android:layout_width="match_parent"
        android:layout_height="wrap_content"
        android:onClick="showGroupNotification1"
        android:text="Group Notification 1" />

    <Button
        android:layout_width="match_parent"
        android:layout_height="wrap_content"
        android:onClick="showGroupNotification2"
        android:text="Group Notification 2" />

    <Button
        android:layout_width="match_parent"
        android:layout_height="wrap_content"
        android:onClick="showGroupNotification3"
        android:text="Group Notification 3" />

    <Button
        android:layout_width="match_parent"
        android:layout_height="wrap_content"
        android:onClick="showSummaryNotification"
        android:text="Summary Notification" />

  </LinearLayout>

</RelativeLayout>
```

코딩을 완료하면 아래와 같이 레이아웃에 네 개의 버튼이 추가된다.

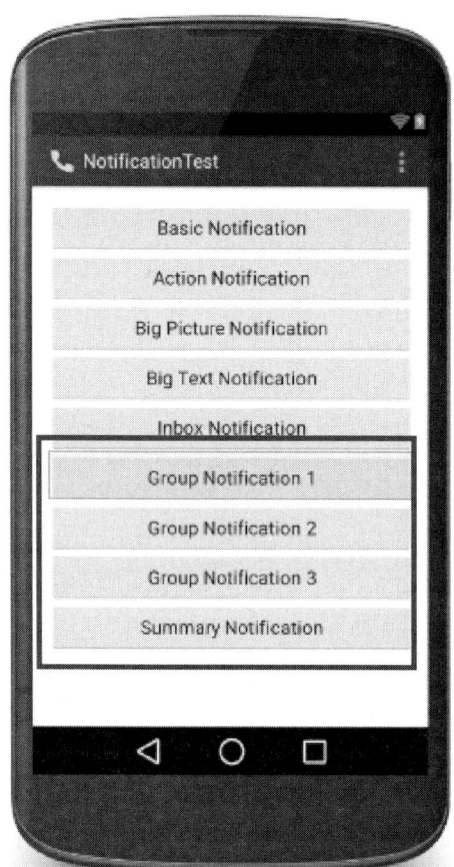

이제, 아래 코드를 참고하여 버튼을 눌렀을 때 실행되는 메소드들을 [MyActivity.java] 소스에 만들자.

MyActivity.java (계속)

```
package com.example.wearable.notificationtest;

import ...

public class MyActivity extends Activity {
    ...
    // Basic Notification 버튼을 누르면 실행되는 메소드이다.
    public void showBasicNotification(View view) { ... }

    public void showActionNotification(View view) { ... }


    // Group Notification 1 버튼을 누르면 실행되는 메소드이다.
    public void showGroupNotification1(View view) {
```

(이어서) MyActivity.java

```java
}
// Group Notification 2 버튼을 누르면 실행되는 메소드이다.
public void showGroupNotification2(View view) {

}

// Group Notification 3 버튼을 누르면 실행되는 메소드이다.
public void showGroupNotification3(View view) {

}

// Summary Notification 버튼을 누르면 실행되는 메소드이다.
public void showSummaryNotification(View view) {

}
}
```

새로 만든 버튼을 눌렀을 때 실행되는 메소드들을 만들었다. 이제 이 메소드들을 하나씩 채우며 그룹 알림을 적용시켜보자.

2) 그룹 버튼 코딩하기

세 개의 그룹 버튼을 코딩할 것이다. 그룹 알림은 스마트폰에서는 보이지 않으며 시계에서 하나의 컨텐트로 묶여서 보인다.

아래 코드를 참고하여 [showGroupNotification1], [showGroupNotification2], [showGroupNotification3] 메소드들을 완성하자.

com.example.wearable.notificationtest.MyActivity (계속)

```java
package com.example.wearable.notificationtest;

import ...

public class MyActivity extends Activity {

    static final int BASIC_NOTIFICATION_ID = 0;      // 기본 알림 일련번호

    static final int ACTION_NOTIFICATION_ID = 1;     // 액션 알림 일련번호
    static final int BIG_PICTURE_NOTIFICATION_ID = 3; // 큰 사진 알림 일련번호
    static final int BIG_TEXT_NOTIFICATION_ID = 4;   // 큰 글자 알림 일련번호
    static final int INBOX_NOTIFICATION_ID = 5;      // 인박스 알림 일련번호
```

(이어서) com.example.wearable.notificationtest.MyActivity (계속)

```java
    static final int GROUP_NOTIFICATION1_ID = 6;      // 그룹 알림1 일련번호
    static final int GROUP_NOTIFICATION2_ID = 7;      // 그룹 알림2 일련번호
    static final int GROUP_NOTIFICATION3_ID = 8;      // 그룹 알림3 일련번호
    final static String GROUP_KEY = "group_key";      // 그룹 키
......

    // Group Notification 1 버튼을 누르면 실행되는 메소드이다.
    public void showGroupNotification1(View view) {

        // 알림(Notification)을 생성한다.
        Notification notification = new NotificationCompat.Builder(this)
                .setContentTitle("Group Title 1")           // 타이틀
                .setContentText("Group Text 1")             // 메인텍스트
                .setSmallIcon(R.drawable.ic_action_call)    // 작은 아이콘 설정
                .setGroup(GROUP_KEY)
                .setSortKey("1")
                .build();

        // 알림 매니저 객체를 생성하고 실행한다.
        NotificationManagerCompat.from(this).notify(GROUP_NOTIFICATION1_ID, notification);
    }

    // Group Notification 2 버튼을 누르면 실행되는 메소드이다.
    public void showGroupNotification2(View view) {

        // 알림(Notification)을 생성한다.
        Notification notification = new NotificationCompat.Builder(this)
                .setContentTitle("Group Title 2")           // 타이틀
                .setContentText("Group Text 2")             // 메인텍스트
                .setSmallIcon(R.drawable.ic_action_call)    // 작은 아이콘 설정
                .setGroup(GROUP_KEY)
                .setSortKey("2")
                .build();

        // 알림 매니저 객체를 생성하고 실행한다.
        NotificationManagerCompat.from(this).notify(GROUP_NOTIFICATION2_ID, notification);
    }

    // Group Notification 3 버튼을 누르면 실행되는 메소드이다.
    public void showGroupNotification3(View view) {

        // 알림(Notification)을 생성한다.
        Notification notification = new NotificationCompat.Builder(this)
                .setContentTitle("Group Title 3")           // 타이틀
```

(이어서) com.example.wearable.notificationtest.MyActivity
| ```
            .setContentText("Group Text 3")         // 메인텍스트
            .setSmallIcon(R.drawable.ic_action_call) // 작은 아이콘 설정
            .setGroup(GROUP_KEY)
            .setSortKey("3")
            .build();

    // 알림 매니저 객체를 생성하고 실행한다.
    NotificationManagerCompat.from(this).notify(GROUP_NOTIFICATION3_ID, notification);
}

// Summary Notification 버튼을 누르면 실행되는 메소드이다.
public void showSummaryNotification(View view) {

}
}
``` |

소스 적용 후 앱을 실행하자.

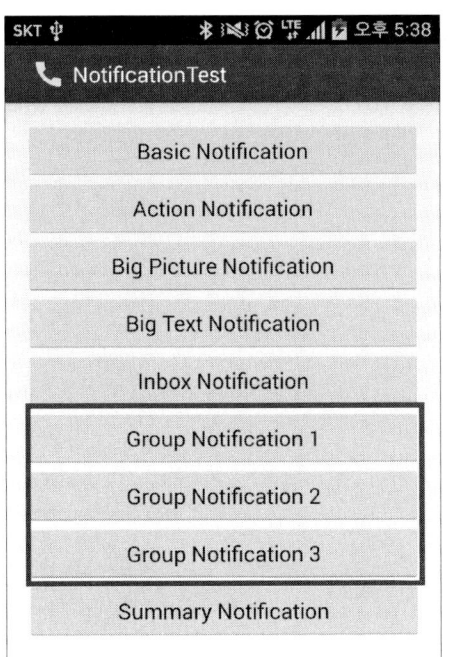

코딩한 [Group Notification 1], [Group Notification 2], [Group Notification 3] 버튼을 눌러보자. 그룹 알림은 스마트폰에서 보이지 않으므로 시계에서 알림을 확인하자.
```

알림으로 [Group Title 1]이 보인다. 내용을 누르면 상세 내역이 보인다.

실행된 내용을 확인했으니 이제 소스를 분석해보자.

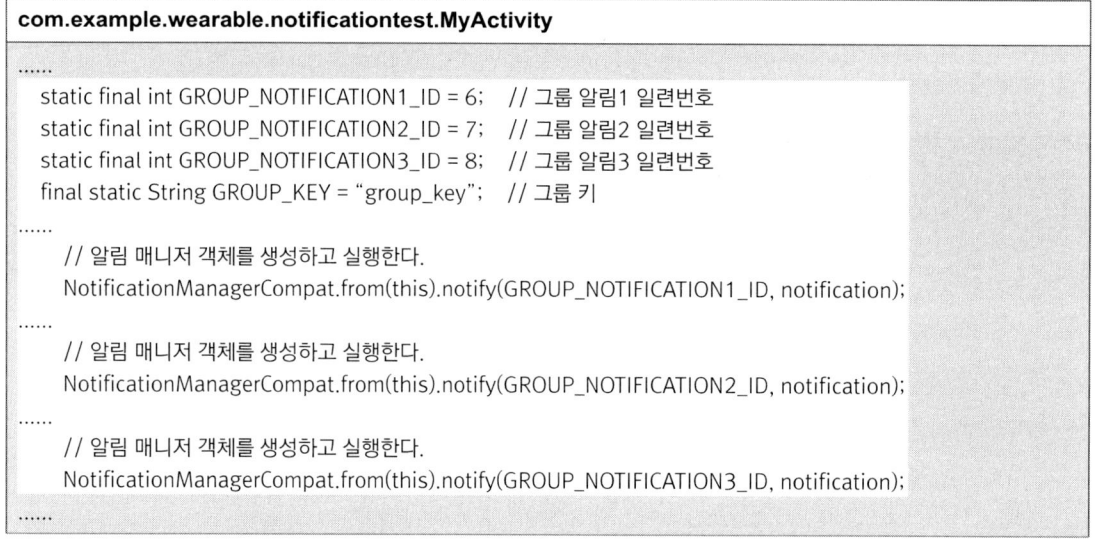

알림을 구분하기 위해 [GROUP_NOTIFICATIONx_ID] 상수들을 추가했다. 각 버튼마다 다른 일련번호의 알림을 생성하기 때문에 알림 일련번호가 겹치지 않는다. 따라서 각 그룹 알림은 개별적으로 동작한다.

문자 상수로 그룹을 지정하는 키인 [GROUP KEY]를 지정했다. 여러 개의 알림에 동일한 그룹을 입력하면, 시계에서 하나의 알림으로 그룹화된다.

com.example.wearable.notificationtest.MyActivity

```java
......
    // Group Notification 1 버튼을 누르면 실행되는 메소드이다.
    public void showGroupNotification1(View view) {

        // 알림(Notification)을 생성한다.
        Notification notification = new NotificationCompat.Builder(this)
                .setContentTitle("Group Title 1")          // 타이틀
                .setContentText("Group Text 1")            // 메인텍스트
                .setSmallIcon(R.drawable.ic_action_call)   // 작은 아이콘 설정
                .setGroup(GROUP_KEY)                       // 그룹 키 지정
                .setSortKey("1")                           // 그룹 알림 정렬 키
                .build();

        // 알림 매니저 객체를 생성하고 실행한다.
        NotificationManagerCompat.from(this).notify(GROUP_NOTIFICATION1_ID, notification);
    }

    // Group Notification 2 버튼을 누르면 실행되는 메소드이다.
    public void showGroupNotification2(View view) {

        // 알림(Notification)을 생성한다.
        Notification notification = new NotificationCompat.Builder(this)
                .setContentTitle("Group Title 2")          // 타이틀
                .setContentText("Group Text 2")            // 메인텍스트
                .setSmallIcon(R.drawable.ic_action_call)   // 작은 아이콘 설정
                .setGroup(GROUP_KEY)                       // 그룹 키 지정
                .setSortKey("2")                           // 그룹 알림 정렬 키
                .build();

        // 알림 매니저 객체를 생성하고 실행한다.
        NotificationManagerCompat.from(this).notify(GROUP_NOTIFICATION2_ID, notification);
    }

    // Group Notification 3 버튼을 누르면 실행되는 메소드이다.
    public void showGroupNotification3(View view) {

        // 알림(Notification)을 생성한다.
        Notification notification = new NotificationCompat.Builder(this)
                .setContentTitle("Group Title 3")          // 타이틀
                .setContentText("Group Text 3")            // 메인텍스트
                .setSmallIcon(R.drawable.ic_action_call)   // 작은 아이콘 설정
                .setGroup(GROUP_KEY)                       // 그룹 키 지정
                .setSortKey("3")                           // 그룹 알림 정렬 키
                .build();

        // 알림 매니저 객체를 생성하고 실행한다.
        NotificationManagerCompat.from(this).notify(GROUP_NOTIFICATION3_ID, notification);
    }
......
```

세 개의 알림에서는 기본 알림에 setGroup() 메소드를 사용하여 그룹을 지정했다. 같은 그룹으로 지정된 알림들은 시계에서 하나의 알림으로 그룹화된다.

그룹 알림은 기본적으로 생성된 순서대로 그룹에 추가된다. 만약 3->1->2 순서대로 알림을 실행하면 마지막에 실행한 2번 알림이 가장 위에 보이고, 기존에 있던 알림들은 순서가 뒤로 밀린다.

아래 예제는 setSortKey() 메소드를 사용하지 않은 상태다.

이 경우 순서가 뒤엉킨 느낌을 받을 수 있다. 이때 setSortKey() 메소드를 사용하면 순서를 개발자 의도대로 지정할 수 있다. 정렬 방법은 setSortKey() 메소드에 문자나 숫자를 넣으면 되고, 오름차순으로 정렬된다.

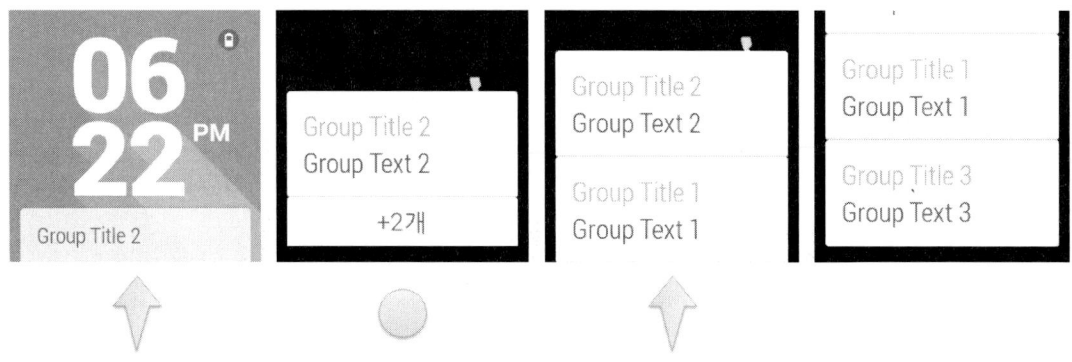

setSortKey() 메소드를 사용하여 다시 정렬한 결과는 아래와 같이 된다.

3) 그룹 요약 버튼 코딩하기

그룹 속성을 사용하면 여러 개의 알림을 시계에서 효과적으로 확인할 수 있다. 그러나 그룹 알림은 시계에만 보이고 스마트폰에서는 보이지 않는다. 스마트폰에는 그룹 속성과 인박스 스타일의 알림으로 요약 알림을 생성할 수 있다.

아래 코드를 참고하여 showSummaryNotification() 메소드를 완성하자.

5.5 그룹 설정

com.example.wearable.notificationtest.MyActivity

```java
package com.example.wearable.notificationtest;

import ...

public class MyActivity extends Activity {

    static final int BASIC_NOTIFICATION_ID = 0;        // 기본 알림 일련번호

    static final int ACTION_NOTIFICATION_ID = 1;       // 액션 알림 일련번호
    static final int BIG_PICTURE_NOTIFICATION_ID = 3;  // 큰 사진 알림 일련번호
    static final int BIG_TEXT_NOTIFICATION_ID = 4;     // 큰 글자 알림 일련번호
    static final int INBOX_NOTIFICATION_ID = 5;        // 인박스 알림 일련번호

    static final int GROUP_NOTIFICATION1_ID = 6;       // 그룹 알림1 일련번호
    static final int GROUP_NOTIFICATION2_ID = 7;       // 그룹 알림2 일련번호
    static final int GROUP_NOTIFICATION3_ID = 8;       // 그룹 알림3 일련번호
    final static String GROUP_KEY = "group_key";       // 그룹 키

    static final int SUMMARY_NOTIFICATION_ID = 9;      // 요약 알림 일련번호

    ......

    // Summary Notification 버튼을 누르면 실행되는 메소드이다.
    public void showSummaryNotification(View view) {

        // 알림을 위한 인박스(Inbox) 스타일을 생성한다.
        NotificationCompat.InboxStyle style =
            new NotificationCompat.InboxStyle();
        style.addLine("Group Text 1");                 // 첫 번째 라인
        style.addLine("Group Text 2");                 // 두 번째 라인
        style.addLine("Group Text 3");                 // 세 번째 라인
        style.setBigContentTitle("Summary Title");     // 인박스 타이틀
        style.setSummaryText("Summary Text");          // 인박스 텍스트

        // 알림(Notification)을 생성한다.
        Notification notification = new NotificationCompat.Builder(this)
            .setContentTitle("Title")                  // 타이틀
            .setContentText("Text")                    // 메인텍스트
            .setSmallIcon(R.drawable.ic_action_call)   // 작은 아이콘 설정
            .setStyle(style)                           // 스타일 적용
            .setGroup(GROUP_KEY)                       // 그룹 키 지정
            .setGroupSummary(true)
            .build();

        // 알림 매니저 객체를 생성하고 실행한다.
        NotificationManagerCompat.from(this).notify(SUMMARY_NOTIFICATION_ID, notification);
    }
}
```

소스를 완성한 후 프로그램을 실행하자. 인박스 스타일의 알림이 보인다.

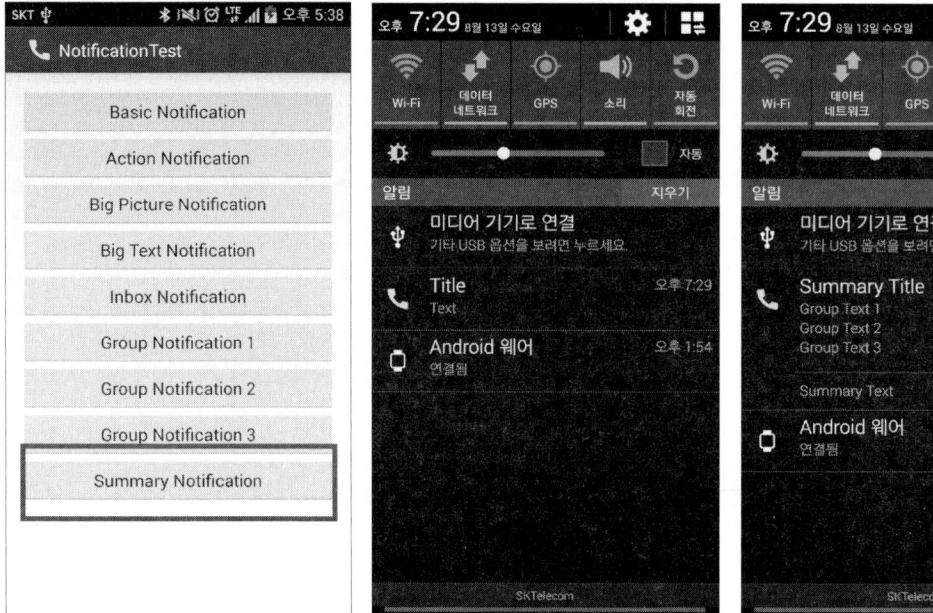

시계의 알림을 확인해보자. 인박스 스타일의 알림이 보인다.

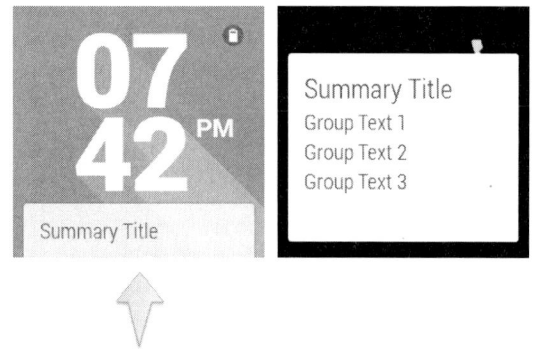

알림을 제거하지 않은 상태로 스마트폰에서 [Group Notification 1], [Group Notification 2], [Group Notification 3] 버튼을 눌러보자.

인박스 스타일의 알림이 사라지고 그룹 알림이 보인다. 물론 스마트폰에는 인박스 스타일의 알림이 남아 있다.

반대로, 그룹 알림을 실행시켜 놓고 요약 알림을 실행하면 시계에 그룹 알림만 보인다.

이제 소스를 살펴보자.

```
com.example.wearable.notificationtest.MyActivity

......
    // Summary Notification 버튼을 누르면 실행되는 메소드이다.
    public void showSummaryNotification(View view) {

        // 알림을 위한 인박스(Inbox) 스타일을 생성한다.
        NotificationCompat.InboxStyle style =
            new NotificationCompat.InboxStyle();
        style.addLine("Group Text 1");              // 첫 번째 라인
        style.addLine("Group Text 2");              // 두 번째 라인
        style.addLine("Group Text 3");              // 세 번째 라인
        style.setBigContentTitle("Summary Title");  // 인박스 타이틀
        style.setSummaryText("Summary Text");       // 인박스 텍스트

        // 알림(Notification)을 생성한다.
        Notification notification = new NotificationCompat.Builder(this)
            .setContentTitle("Title")                   // 타이틀
            .setContentText("Text")                     // 메인텍스트
            .setSmallIcon(R.drawable.ic_action_call)    // 작은 아이콘 설정
            .setStyle(style)                            // 스타일 적용
            .setGroup(GROUP_KEY)                        // 그룹 키 지정
            .setGroupSummary(true)                      // 그룹 요약 설정
            .build();

        // 알림 매니저 객체를 생성하고 실행한다.
        NotificationManagerCompat.from(this).notify(SUMMARY_NOTIFICATION_ID, notification);
    }
}
```

소스를 살펴보면 기존 인박스 스타일 알림에 setGroup() 메소드로 그룹만 지정했다. setGroup() 메소드의 파라미터로 [Group Notification 1], [Group Notification 2], [Group Notification 3]과 동일한

[GROUP_KEY] 그룹 키를 입력했다. 그리고 그룹 요약 설정인 setGroupSummary(true) 메소드를 적용했다. 알림에 그룹 키와 그룹 요약 설정을 지정함으로써 그룹 키로 묶인 그룹들의 요약 알림의 역할을 수행하게 된다.

그룹 알림과 요약 알림을 같이 활용하면 이메일이나 메신저의 알림과 같이 같은 종류의 알림이 자주 발생하는 앱의 알림을 효과적으로 구현할 수 있다.

5.6 여러 개의 액션 추가하기

알림에 여러 개의 액션을 추가할 수 있다. 여러 개의 액션을 추가하면 하나의 알림에서 다양한 액티비티를 실행하거나 다른 동작을 할 수 있다.

아래 소스를 참고하여 [Action Button]을 보강하자.

com.example.wearable.notificationtest.MyActivity (계속)

```java
package com.example.wearable.notificationtest;

import ...

public class MyActivity extends Activity {
......

    // Action Notification 버튼을 누르면 실행되는 메소드이다.
    public void showActionNotification(View view) {

        // 액티비티 인텐트 생성
        Intent viewIntent = new Intent(this, MyActivity.class);

        // 액션을 실행했을 때까지 대기할 팬딩인텐트 생성
        PendingIntent viewPendingIntent =
            PendingIntent.getActivity(this, ACTION_NOTIFICATION_ID, viewIntent, 0);

        // 알림(Notification)을 생성하며, 액션을 추가한다.
        Notification notification = new NotificationCompat.Builder(this)
            .setContentTitle("ActionNotificationTitle")
            .setContentText("ActionNotificationText")
            .setSmallIcon(R.drawable.ic_launcher)
            .addAction(R.drawable.ic_action_call, "Call", viewPendingIntent)
            .addAction(R.drawable.ic_action_cut, "Cut", viewPendingIntent)
            .addAction(R.drawable.ic_action_accept, "Accept", viewPendingIntent)
            .setContentIntent(viewPendingIntent)
            .setAutoCancel(true)
```

(이어서) com.example.wearable.notificationtest.MyActivity

```
        .build();

    // 알림 매니저 객체를 생성하고 실행한다.
    NotificationManagerCompat.from(this).notify(ACTION_NOTIFICATION_ID, notification);
    }
......
```

코딩을 완성하고 앱에서 [Action Notification] 버튼을 누르자.

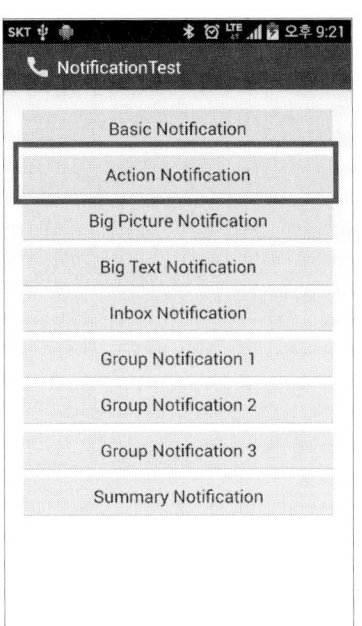 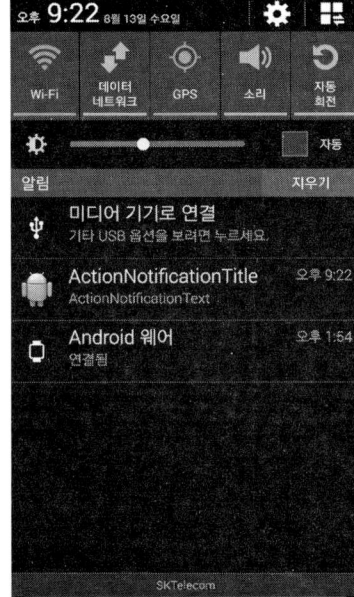 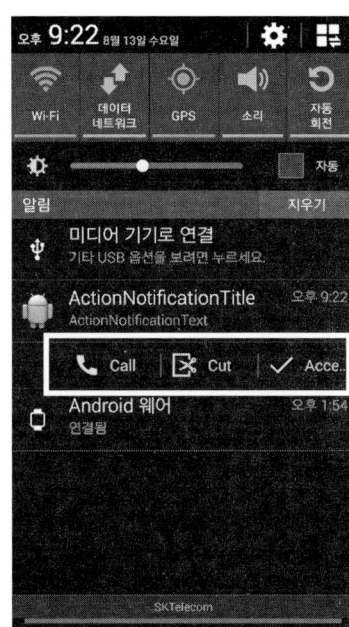

버튼을 누르면 스마트폰에 알림이 보인다. 상태바를 내린 화면에서 알림을 두 손가락으로 내리면 Call, Cut, Accept 액션이 보인다. 알림이나 액션 버튼을 누르면 새로운 NotificationTest 앱이 실행된다.

이제 시계의 알림을 확인하자.

시계에는 총 네 개의 페이지가 추가됐다. 각 액션을 시계에서 누르면 스마트폰에서 NotificationTest의 MyActivity 액티비티가 실행된다.

이제 소스를 검토해보자.

---
com.example.wearable.notificationtest.MyActivity

```
......
    // 액티비티 인텐트 생성
    Intent viewIntent = new Intent(this, MyActivity.class);

    // 액션을 실행했을 때까지 대기할 팬딩인텐트 생성
    PendingIntent viewPendingIntent =
        PendingIntent.getActivity(this, ACTION_NOTIFICATION_ID, viewIntent, 0);
......
```

버튼을 누르면 실행할 인텐트와 팬딩인텐트를 생성했다. 버튼을 눌렀을 때 다른 액티비티를 실행하고 싶다면 MyActivity.class 대신에 다른 액티비티를 넣으면 된다.

다음은 액션을 추가하는 소스다.

---
com.example.wearable.notificationtest.MyActivity (계속)

```
......
    // 알림(Notification)을 생성하며, 액션을 추가한다.
    Notification notification = new NotificationCompat.Builder(this)
        .setContentTitle("ActionNotificationTitle")
        .setContentText("ActionNotificationText")
        .setSmallIcon(R.drawable.ic_launcher)
        .addAction(R.drawable.ic_action_call, "Call", viewPendingIntent)
        .addAction(R.drawable.ic_action_cut, "Cut", viewPendingIntent)
        .addAction(R.drawable.ic_action_accept, "Accept", viewPendingIntent)
        .setContentIntent(viewPendingIntent)
        .setAutoCancel(true)
        .build();

    // 알림 매니저 객체를 생성하고 실행한다.
    NotificationManagerCompat.from(this).notify(ACTION_NOTIFICATION_ID, notification);
}
......
```
---

addAction() 메소드로 액션을 추가했다. addAction() 메소드의 매개변수를 아이콘, 텍스트, 팬딩인텐트 순으로 입력한다.

아래는 추가된 액션들의 그림이다.

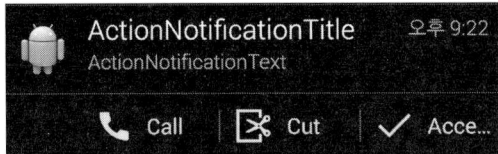  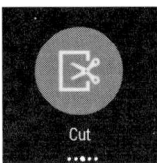 

여러 개의 액션을 넣으면 스마트폰에서는 균등하게 분할되어 보이고, 시계에서는 페이지로 추가되는 것을 확인했다.

setContentIntent() 메소드는 알림 컨텐트를 눌렀을 때 실행되는 인텐트를 지정하는 것이다. 알림 영역을 누르면 setContentIntent()에 지정한 인텐트가 실행된다. 시계에서는 setContentIntent() 메소드로 인해 '휴대전화에서 열기' 페이지가 추가되며, 시계에서 휴대폰 버튼을 누르면 스마트폰에서 MyActivity가 실행된다.

아래 그림은 시계에 추가된 '휴대전화에서 열기' 페이지다.

setAutoCancel(true) 메소드를 실행하여 자동 알림 취소 기능이 적용됐기 때문에, 스마트폰이나 시계에서 알림을 눌러 MyActivity가 실행되면 알림이 자동으로 사라진다.

5.7 마무리

알림 빌더(NotificationBuilder)를 활용한 알림 설정을 알아봤다. 알림 빌더는 스마트폰에서 알림을 효과적으로 보이기 위해 만들어진 클래스인데, 안드로이드 웨어 기기에서도 이 알림빌더의 기능들을 적극 수용했다. 따라서 기존 스마트폰 앱의 알림 빌더를 조금만 수정하면 시계에서도 어느 정도의 기능을 제공할 수 있다.

6

안드로이드 웨어 확장 알림 알아보기

5장에서 알림 빌더로 설정한 알림이 스마트폰과 시계에서 어떻게 보이는 지 알아봤다. 알림 빌더는 기본적으로 스마트폰의 알림을 제어하기 위해 만들어진 클래스이기 때문에 시계의 알림을 완벽하게 제어하지 못한다.

안드로이드 웨어 전용 알림 기능들은 웨어러블 확장(Notification.WearableExtender) 클래스로 알림에 적용할 수 있다. 6장에서는 웨어러블 확장 클래스에 대해 알아보도록 하자.

6.1 웨어러블 확장 알림 옵션 살펴보기

안드로이드 웨어 전용 알림 설정 클래스인 웨어러블 확장 클래스의 메소드들을 살펴보자.

Notification.WearableExtender 메소드는 다음과 같다.

반환값	메소드	설명
Notification.WearableExtender	addAction(Notification.Action action)	알림에 액션을 추가한다.
Notification.WearableExtender	addActions(List⟨Notification.Action⟩ actions)	알림에 액션 리스트를 추가한다.
Notification.WearableExtender	addPage(Notification page)	알림에 페이지를 추가한다.
Notification.WearableExtender	addPages(List⟨Notification⟩ pages)	알림에 페이지들을 추가한다.
Notification.WearableExtender	clearActions()	액션을 초기화한다.
Notification.WearableExtender	clearPages()	페이지를 초기화한다.
Notification.WearableExtender	clone()	객체를 복제한다.
Notification.Builder	extend(Notification.Builder builder)	웨어러블 추가 기능을 적용한 알림 빌더를 생성한다.
List⟨Notification.Action⟩	getActions()	액션 리스트를 가져온다.
Bitmap	getBackground()	배경 이미지를 가져온다.
int	getContentAction()	컨텐트 액션을 가져온다.
int	getContentIcon()	컨텐트 아이콘을 가져온다.
int	getContentIconGravity()	아이콘의 위치(시작/끝)를 가져온다.
boolean	getContentIntentAvailableOffline()	스마트폰과 동기화되지 않았을 때 컨텐트 사용 설정을 가져온다.
int [API 20]	getCustomContentHeight()	커스텀 컨텐트 크기 값을 가져온다.
int [API 20]	getCustomSizePreset()	알림 미리보기 설정을 가져온다.
PendingIntent [API 20]	getDisplayIntent()	알림이 실행될 때 보이는 인텐트를 가져온다.
int	getGravity()	알림의 상하 위치를 가져온다.
boolean	getHintHideIcon()	아이콘 숨김 설정을 가져온다.
boolean	getHintShowBackgroundOnly()	배경만 보이게 하는 효과 설정 유무를 가져온다.
List⟨Notification⟩	getPages()	페이지들을 가져온다.
boolean	getStartScrollBottom()	맨 아래부터 보이기 설정을 가져온다.
Notification.WearableExtender	setBackground(Bitmap background)	배경 이미지를 설정한다.
Notification.WearableExtender	setContentAction(int actionIndex)	컨텐트 액션을 설정한다.

반환값	메소드	설명
Notification.WearableExtender	setContentIcon(int icon)	컨텐트 아이콘을 설정한다.
Notification.WearableExtender	setContentIconGravity(int contentIconGravity)	컨텐트 아이콘 시작 위치를 설정한다. 사용 가능 상수 : Gravity.START, Gravity.END(기본값)
Notification.WearableExtender	setContentIntentAvailableOffline(boolean contentIntentAvailableOffline)	스마트폰과 비동기화 상태일 때 사용 가능하도록 설정한다.
Notification.WearableExtender	setCustomContentHeight(int height)	컨텐트 크기를 설정한다.
Notification.WearableExtender [API 20]	setCustomSizePreset(int sizePreset)	알림 미리보기의 크기를 지정한다. 사용 가능 상수 : WearableExtender.SIZE_DEFAULT, WearableExtender.SIZE_FULL_SCREEN, WearableExtender.SIZE_LARGE, WearableExtender.SIZE_MEDIUM, WearableExtender.SIZE_SMALL, WearableExtender.SIZE_XSMALL
Notification.WearableExtender [API 20]	setDisplayIntent(PendingIntent intent)	알림을 실행하자마자 동시에 실행할 인텐트를 지정한다.
Notification.WearableExtender	setGravity(int gravity)	컨텐트의 상하 위치를 지정한다. 사용 가능 상수 : TOP, CENTER_VERTICAL, BOTTOM(기본값)
Notification.WearableExtender	setHintHideIcon(boolean hintHideIcon)	컨텐트 아이콘을 숨기도록 설정한다.
Notification.WearableExtender	setHintShowBackgroundOnly(boolean hintShowBackgroundOnly)	컨텐트 없이 배경만 보이도록 설정한다.
Notification.WearableExtender	setStartScrollBottom(boolean startScrollBottom)	컨텐트의 최하단에서 시작하도록 설정한다.

알림 빌더(NotificationCompat.Builder)와 유사한 메소드들이 많이 보인다. 이제부터 웨어러블 확장(WearableExtender) 클래스를 활용한 예제를 살펴보자.

> **Note**
>
> 메소드 중 [API 20]으로 표시해 놓은 것들은 안드로이드 4.x 버전의 스마트폰에서 실행할 수 없다. [API 20]으로 표시한 메소드들은 안드로이드 웨어 시계나 추후 발표될 안드로이드L 버전의 스마트폰에서 사용 가능하다. 안드로이드L 버전의 스마트폰에서 사용 가능한 기능들은 현재 테스트 환경이 구축되지 않아 필자가 이 책에서 다루지 못했다.
>
> 시계에서 해당 기능들의 예제가 필요한 독자들은 14장에서 소개하는 구글 샘플 소스 중 Notifications 프로젝트의 웨어러블 모듈을 검토하자.

6.2 웨어러블 확장 알림 코딩 준비하기

6장에서는 4장과 5장에서 활용한 프로젝트를 계속해서 활용할 것이다. 6장을 진행하기 전에 4장과 5장에서 배운 프로젝트를 정리하여 6장의 내용에 집중할 수 있도록 준비하자.

1. 레이아웃에 스크롤 뷰 적용하기

현재 프로젝트 화면에 버튼이 9개가 있기 때문에 몇 개만 더 추가하면 버튼이 화면 하단으로 감춰진다. 이럴 때 스크롤 뷰를 적용하면 버튼을 손가락으로 밀어 올려서 버튼을 누를 수 있다.

아래 예제를 보고 [activity.xml] 파일을 수정하자.

NotificationTest/app/src/main/res/layout/activity_my.xml

```xml
<RelativeLayout xmlns:android="http://schemas.android.com/apk/res/android"
    xmlns:tools="http://schemas.android.com/tools"
    android:layout_width="match_parent"
    android:layout_height="match_parent"
    android:paddingLeft="@dimen/activity_horizontal_margin"
    android:paddingRight="@dimen/activity_horizontal_margin"
    android:paddingTop="@dimen/activity_vertical_margin"
    android:paddingBottom="@dimen/activity_vertical_margin"
    tools:context=".MyActivity">

    <ScrollView
        android:layout_width="match_parent"
        android:layout_height="match_parent">

        <LinearLayout
            android:layout_width="match_parent"
            android:layout_height="wrap_content"
            android:orientation="vertical">

            <Button ... />
            <Button ... />
            <Button ... />
            <Button ... />
            <Button ... />
            <Button ... />
            <Button ... />
            <Button ... />
            <Button ... />

        </LinearLayout>
    </ScrollView>
</RelativeLayout>
```

LinearLayout을 ScrollView로 감쌌다. 이렇게 하면 버튼이 화면을 넘어가더라도 화면을 문질러서 버튼을 누를 수 있다.

2. 버튼 및 메소드 추가하기

6장에서는 총 6개의 버튼을 생성할 것이다. 레이아웃에 버튼 위젯을 추가하고, 버튼을 눌렀을 때 동작하는 메소드들을 액티비티 소스에 생성하자.

아래 코딩을 참고하여 [activity.xml] 소스에 6개의 버튼을 생성하자.

NotificationTest/app/src/main/res/layout/activity_my.xml (계속)

```xml
<RelativeLayout xmlns:android="http://schemas.android.com/apk/res/android"
    xmlns:tools="http://schemas.android.com/tools"
    android:layout_width="match_parent"
    android:layout_height="match_parent"
    android:paddingLeft="@dimen/activity_horizontal_margin"
    android:paddingRight="@dimen/activity_horizontal_margin"
    android:paddingTop="@dimen/activity_vertical_margin"
    android:paddingBottom="@dimen/activity_vertical_margin"
    tools:context=".MyActivity">

    <ScrollView
        android:layout_width="match_parent"
        android:layout_height="match_parent">

        <LinearLayout
            android:layout_width="match_parent"
            android:layout_height="wrap_content"
            android:orientation="vertical">

<!-- 필자는 버튼 캡처를 위해 주석처리하여 5장에서 만든 버튼들을 숨겼다.
            <Button ... />
            <Button ... />
            <Button ... />
            <Button ... />
            <Button ... />
            <Button ... />
            <Button ... />
            <Button ... />
            <Button ... />
-->
            <Button
                android:layout_width="match_parent"
                android:layout_height="wrap_content"
```

(이어서) NotificationTest/app/src/main/res/layout/activity_my.xml

```
            android:onClick="showPageNotification"
            android:text="Page Notification" />

        <Button
            android:layout_width="match_parent"
            android:layout_height="wrap_content"
            android:onClick="showBackgroundNotification"
            android:text="Background Notification" />

        <Button
            android:layout_width="match_parent"
            android:layout_height="wrap_content"
            android:onClick="showIconNotification"
            android:text="Icon Notification" />

        <Button
            android:layout_width="match_parent"
            android:layout_height="wrap_content"
            android:onClick="showGravityNotification"
            android:text="Gravity Notification" />

        <Button
            android:layout_width="match_parent"
            android:layout_height="wrap_content"
            android:onClick="showContentActionNotification"
            android:text="Content Action Notification" />

    </LinearLayout>
  </ScrollView>
</RelativeLayout>
```

필자는 독자들에게 보여줄 캡처를 하기 위해 5장에서 만든 9개의 버튼을 주석처리하여 숨겼다. 독자들도 코딩하기 불편히디면 주석처리하고 다음 코딩을 해보노록 하자.

그리고 6개의 버튼을 생성했다. 버튼을 생성하면 레이아웃이 아래와 같이 보인다.

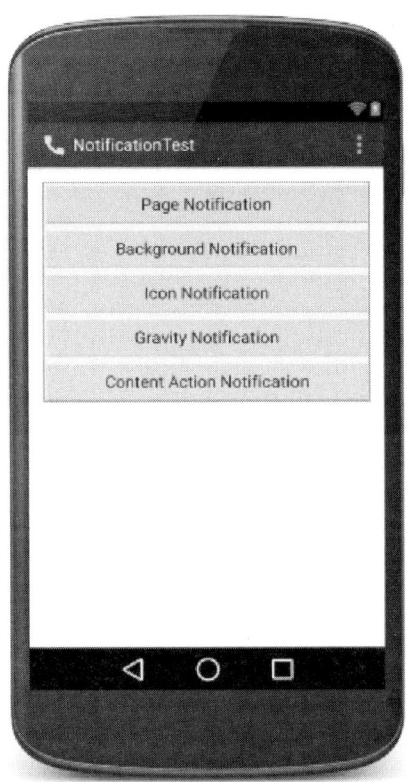

레이아웃 코딩이 완료되면 버튼을 눌렀을 때 실행되는 메소드를 만들자.

아래 코드를 참고하여 [MainActivity.java] 소스를 수정하자.

com.example.wearable.notificationtest.MyActivity (계속)

```
package com.example.wearable.notificationtest;

import ...

import android.support.v4.app.NotificationCompat.WearableExtender;

public class MyActivity extends Activity {
......

    // Summary Notification 버튼을 누르면 실행되는 메소드이다.
    public void showSummaryNotification(View view) { ... }

    // Page Notification 버튼을 누르면 실행되는 메소드이다.
    public void showPageNotification(View view) {

    }
```

```
(이어서) com.example.wearable.notificationtest.MyActivity

    // Background Notification 버튼을 누르면 실행되는 메소드이다.
    public void showBackgroundNotification(View view) {

    }

    // Icon Notification 버튼을 누르면 실행되는 메소드이다.
    public void showIconNotification(View view) {

    }

    // Gravity Notification 버튼을 누르면 실행되는 메소드이다.
    public void showGravityNotification(View view) {

    }

    // Content Action Notification 버튼을 누르면 실행되는 메소드이다.
    public void showContentActionNotification(View view) {

    }
}
```

우선 import 문장으로 이번 장에서 배울 웨어러블 확장 (WearableExtender) 클래스를 추가하자. 그리고 6개의 버튼 메소드를 생성하자. 레이아웃 버튼의 onClick 속성에 지정한 메소드 이름과 MyActivity의 메소드 이름을 동일하게 지정해야 한다는 점을 잊지 말자.

6.3 웨어러블 확장 알림 페이지 추가

알림 빌더를 사용하여 액션을 추가하면 새로운 페이지에 반드시 버튼이 생성된다. 웨어러블 확장 클래스를 활용하면 액션을 추가하지 않고, 새로운 페이지를 추가할 수 있다.

이번 절에서는 웨어러블 확장 클래스를 활용하여 페이지를 추가해 볼 것이다.

```
com.example.wearable.notificationtest.MyActivity (계속)
package com.example.wearable.notificationtest;

import ...

public class MyActivity extends Activity {

...
    static final int SUMMARY_NOTIFICATION_ID = 9;   // 요약 알림 일련번호
    static final int PAGE_NOTIFICATION_ID = 10;     // 페이지 알림 일련번호
```

(이어서) com.example.wearable.notificationtest.MyActivity (계속)

......

```
// Page Notification 버튼을 누르면 실행되는 메소드이다.
public void showPageNotification(View view) {

    // 두 번째 페이지 웨어러블 옵션을 생성한다.
    NotificationCompat.WearableExtender secondWearableExtender =
        new NotificationCompat.WearableExtender()
            .setContentIcon(R.drawable.ic_launcher)
            .setContentIconGravity(Gravity.END);

    // 두 번째 페이지를 생성한다.
    Notification secondPage = new NotificationCompat.Builder(this)
        .setContentTitle("Second Page Title")
        .setContentText("Second Page Text")
        .extend(secondWearableExtender)
        .build();

    // 세 번째 페이지를 생성한다.
    Notification thirdPage = new NotificationCompat.Builder(this)
        .setContentTitle("Third Page Title")
        .setContentText("Third Page Text")
        .extend(new NotificationCompat.WearableExtender()
                .setContentIcon(R.drawable.ic_launcher)
                .setContentIconGravity(Gravity.END))
        .build();

    // 첫 번째 페이지의 웨어러블 옵션 객체를 생성한다.
    // 두 번째, 세 번째 페이지를 추가한다.
    NotificationCompat.WearableExtender wearableOptions =
        new NotificationCompat.WearableExtender()
            .setContentIcon(R.drawable.ic_launcher)
            .setContentIconGravity(Gravity.END)
            .addPage(secondPage)
            .addPage(thirdPage);

    // 웨어러블 옵션을 적용한 알림을 생성한다.
    Notification notification = new NotificationCompat.Builder(this)
        .setContentTitle("Page Title")
        .setContentText("Page Text")
        .setSmallIcon(R.drawable.ic_launcher)
        .extend(wearableOptions)
```

(이어서) com.example.wearable.notificationtest.MyActivity
| ```
        .build();

// 알림 매니저 객체를 생성하고 실행한다.
NotificationManagerCompat.from(this).notify(PAGE_NOTIFICATION_ID, notification);
    }

......
}
``` |

코딩을 완성한 후 앱의 [Page Notification] 버튼을 눌러 알림을 실행하자.

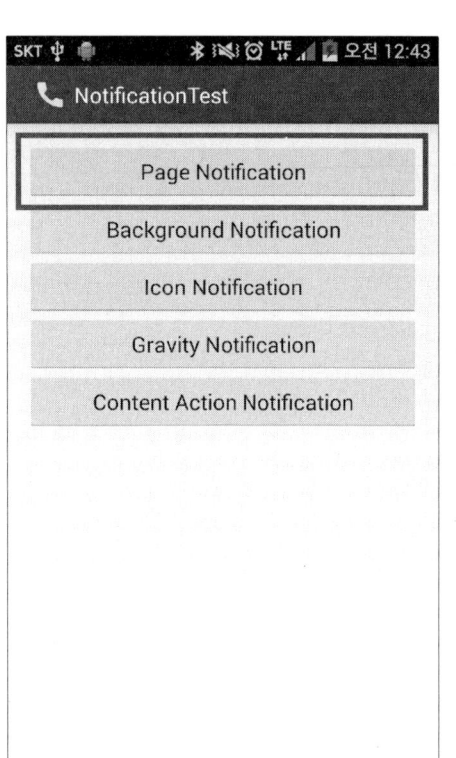 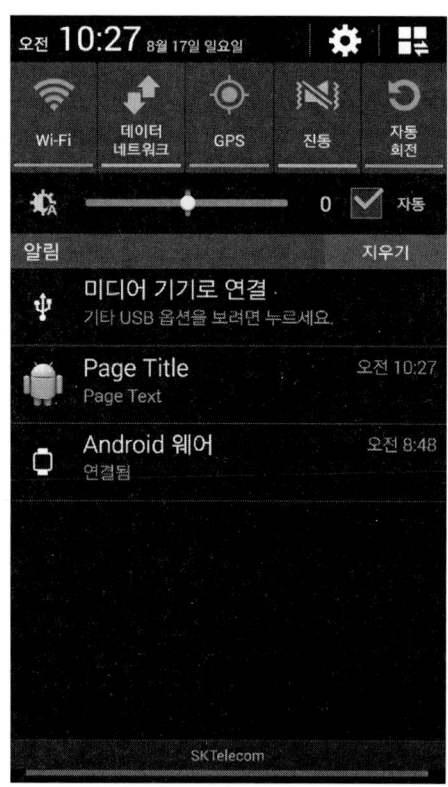

스마트폰에는 알림이 발생하며, 기존 알림과 동일하게 보인다. 그러나 큰스타일(Big Style)과 같은 알림 스타일을 사용하지 않았기 때문에 두 손가락으로 알림을 밀어 내리더라도 반응하지 않는다.

이제 시계에서 알림을 확인하자.
```

 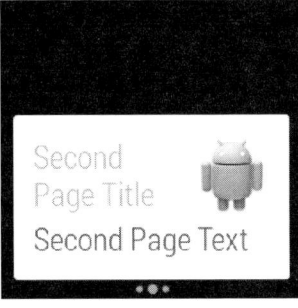 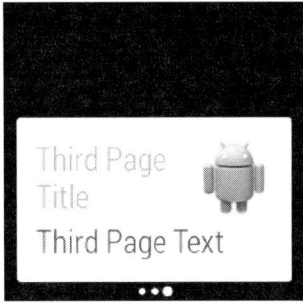

액션이 아닌 두 개의 페이지가 생성됐다. 페이지에는 설정한 안드로이드 아이콘이 보인다.

이제 코드를 살펴보자.

---

com.example.wearable.notificationtest.MyActivity

```
......
    static final int SUMMARY_NOTIFICATION_ID = 9;   // 요약 알림 일련번호
    static final int PAGE_NOTIFICATION_ID = 10;     // 페이지 알림 일련번호
......
```

다른 알림들과 마찬가지로 페이지 알림을 위한 고유한 일련번호를 만든다. 다른 알림과 겹치지 않도록 숫자를 부여한다.

다음으로, 웨어러블 확장 옵션을 적용하는 코딩을 살펴보자.

---

com.example.wearable.notificationtest.MyActivity (계속)

```
......
    // Page Notification 버튼을 누르면 실행되는 메소드이다.
    public void showPageNotification(View view) {

        // 두 번째 페이지 웨어러블 확장 옵션을 생성한다.
        NotificationCompat.WearableExtender secondWearableExtender =
            new NotificationCompat.WearableExtender()
                .setContentIcon(R.drawable.ic_launcher)
                .setContentIconGravity(Gravity.END);

        // 두 번째 페이지를 생성한다.
        Notification secondPage = new NotificationCompat.Builder(this)
            .setContentTitle("Second Page Title")
            .setContentText("Second Page Text")
            .extend(secondWearableExtender)
            .build();

        // 세 번째 페이지를 생성한다.
```

(이어서) com.example.wearable.notificationtest.MyActivity

```
Notification thirdPage = new NotificationCompat.Builder(this)
    .setContentTitle("Third Page Title")
    .setContentText("Third Page Text")
    .extend(new NotificationCompat.WearableExtender()
            .setContentIcon(R.drawable.ic_launcher)
            .setContentIconGravity(Gravity.END))
    .build();
......
```

두 번째 페이지를 위한 웨어러블 확장 클래스 (NotificationCompat.WearableExtender)로 second WearableExtender 객체를 생성하고, 간단한 아이콘 옵션들을 추가했다. 그리고 알림(Notification) 객체인 secondPage를 생성하며 extend() 메소드로 확장 옵션 객체를 적용했다. 이렇게 하면 두 번째 페이지가 완성된다.

세 번째 페이지를 생성하는 원리도 동일하다. 하지만 코딩을 축약하기 위해 웨어러블 확장 객체를 변수로 따로 생성하지 않고 extend() 메소드에 확장 알림 객체를 생성하며 직접 매개변수로 입력했다. 이 책에서는 세 번째 페이지를 생성한 것처럼 축약된 코딩 방법을 사용할 것이므로 숙지하도록 하자.

이제 두 개의 페이지를 추가하여 알림을 만드는 코딩을 살펴보자.

com.example.wearable.notificationtest.MyActivity

```
......
    // 첫 번째 페이지의 웨어러블 옵션 객체를 생성한다.
    // 두 번째, 세 번째 페이지를 추가한다.
    NotificationCompat.WearableExtender wearableOptions =
        new NotificationCompat.WearableExtender()
            .setContentIcon(R.drawable.ic_launcher)
            .setContentIconGravity(Gravity.END)
            .addPage(secondPage)
            .addPage(thirdPage);

    // 웨어러블 옵션을 적용한 알림을 생성한다.
    Notification notification = new NotificationCompat.Builder(this)
        .setContentTitle("Page Title")
        .setContentText("Page Text")
        .setSmallIcon(R.drawable.ic_launcher)
        .extend(wearableOptions)
        .build();

    // 알림 매니저 객체를 생성하고 실행한다.
    NotificationManagerCompat.from(this).notify(PAGE_NOTIFICATION_ID, notification);
}
......
```

첫 번째 페이지 웨어러블 확장 객체를 만든다. 이 객체는 첫 번째 페이지의 옵션을 지정하며, 두 번째와 세 번째 페이지를 addPage() 메소드로 삽입한다.

생성한 첫 번째 페이지인 notification 알림 객체에 extend() 메소드의 매개변수로 웨어러블 확장 객체를 입력하며 notification 알림 객체를 생성하고 알림 매니저로 알림을 실행한다.

구성을 살펴보면 아래와 같다.

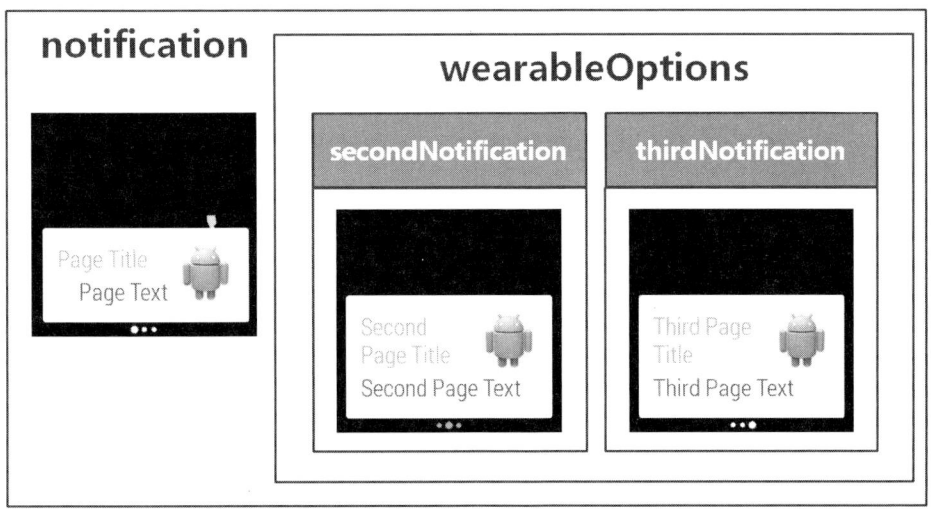

두 개의 페이지를 생성하여 wearableOption 객체에 넣고, notification 객체에 extend() 메소드로 적용시켰다. 6장에서는 이 구성대로 페이지를 추가하며 웨어러블 확장 옵션들을 살펴볼 것이다.

6.4 웨어러블 확장 알림 배경 설정

웨어러블 확장 클래스를 활용하면 페이지마다 다른 배경을 지정할 수 있다.

우선 아래의 웨어러블 확장 알림 배경 관련 메소드를 보자.

반환값	메소드	설명
Bitmap	getBackground()	배경 이미지를 가져온다.
Notification.WearableExtender	setBackground(Bitmap background)	배경 이미지를 설정한다.
boolean	getHintShowBackgroundOnly()	배경만 보이게 하는 효과 설정 유무를 가져온다.
Notification.WearableExtender	setHintShowBackgroundOnly(boolean hintShowBackgroundOnly)	컨텐트 없이 배경만 보이도록 설정한다.

배경을 지정하고, 지정한 배경을 다시 반환받는 메소드와 배경만 보이게 하고 속성 값을 가져오는 메소드가 있다.

코딩을 하기 전에 세 개의 배경 이미지를 만들어 drawable 폴더에 넣자. 독자들이 원하는 이미지들을 넣도록 하자. 확장자는 jpg나 png를 추천한다.

필자는 drawable 폴더에 세 개의 이미지를 추가했다.

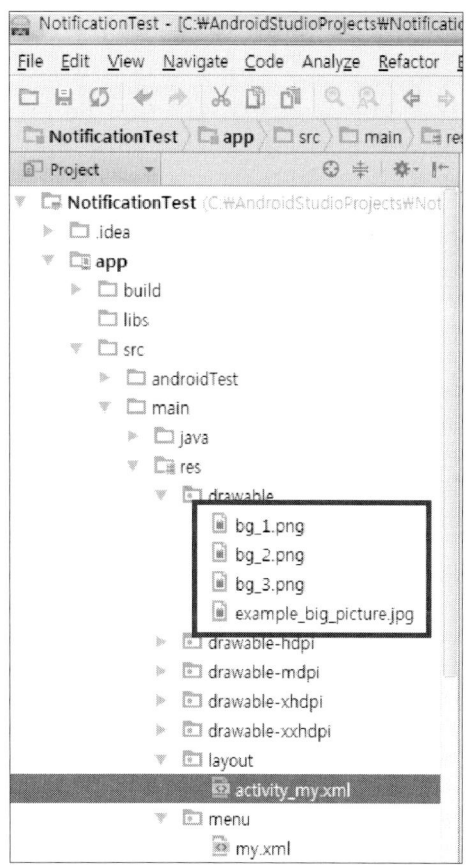

이제 코딩을 진행해보자. 아래 코드를 참고하여 [MyActivity.java] 파일을 수정하자.

com.example.wearable.notificationtest.MyActivity (계속)

```
package com.example.wearable.notificationtest;

import ...

public class MyActivity extends Activity {

...
    static final int PAGE_NOTIFICATION_ID = 10;        // 페이지 알림 일련번호
    static final int BACKGROUND_NOTIFICATION_ID = 11;  // 배경 알림 일련번호
......

    // Background Notification 버튼을 누르면 실행되는 메소드이다.
    public void showBackgroundNotification(View view) {

        // 리소스로부터 사진을 가져온다.
        Bitmap background1 = BitmapFactory.decodeResource(getResources(), R.drawable.bg_1);
        Bitmap background2 = BitmapFactory.decodeResource(getResources(), R.drawable.bg_2);
        Bitmap background3 = BitmapFactory.decodeResource(getResources(), R.drawable.bg_3);

        // 두 번째 페이지를 생성한다.
        Notification secondPage = new NotificationCompat.Builder(this)
            .setContentTitle("Background2 Title")
            .setContentText("setHintShowBackgroundOnly(false)")
            .extend(new NotificationCompat.WearableExtender()
                    .setBackground(background2)
                    .setHintShowBackgroundOnly(false))
            .build();

        // 세 번째 페이지를 생성한다.
        Notification thirdPage = new NotificationCompat.Builder(this)
            .setContentTitle("Background3 Title")
            .setContentText("setHintShowBackgroundOnly(true)")
            .extend(new NotificationCompat.WearableExtender()
                    .setBackground(background3)
                    .setHintShowBackgroundOnly(true))
            .build();

        // 첫 번째 페이지의 웨어러블 옵션 객체를 생성한다.
        // 두 번째, 세 번째 페이지를 추가한다.
        NotificationCompat.WearableExtender wearableOptions = new NotificationCompat.WearableExtender()
                .setBackground(background1)
                .addPage(secondPage)
                .addPage(thirdPage);

        // 웨어러블 옵션을 적용한 알림을 생성한다.
```

(이어서) com.example.wearable.notificationtest.MyActivity

```
    Notification notification = new NotificationCompat.Builder(this)
        .setContentTitle("Background1 Title")
        .setContentText("Background1 Text")
        .setSmallIcon(R.drawable.ic_launcher)
        .extend(wearableOptions)
        .build();

    // 알림 매니저 객체를 생성하고 실행한다.
    NotificationManagerCompat.from(this).notify(BACKGROUND_NOTIFICATION_ID, notification);
    }
......
}
```

코딩을 완성하고 앱을 실행하여 [Background Notification] 버튼을 누르자. 스마트폰에는 특별한 스타일을 지정하지 않았으므로 기본 알림이 발생한다. 때문에 스마트폰에서는 알림을 확인하지 않고, 시계에서 발생한 알림을 살펴보자.

시계의 알림에 페이지마다 각각 다른 이미지의 배경이 만들어졌다. 첫 번째와 두 번째 페이지에는 컨텐트가 나오고, 세 번째 페이지에는 컨텐트가 없다.

이제 소스 코드를 살펴보자.

com.example.wearable.notificationtest.MyActivity (계속)

```
package com.example.wearable.notificationtest;

import ...

public class MyActivity extends Activity {

...
    static final int PAGE_NOTIFICATION_ID = 10;            // 페이지 알림 일련번호
    static final int BACKGROUND_NOTIFICATION_ID = 11;  // 배경 알림 일련번호
```

```
(이어서) com.example.wearable.notificationtest.MyActivity

......
    // 알림 매니저 객체를 생성하고 실행한다.
    NotificationManagerCompat.from(this).notify(BACKGROUND_NOTIFICATION_ID, notification);
}
......
}
```

기존에 만든 알림들과 마찬가지로 다른 알림들과 겹치지 않게 BACKGROUND_NOTIFICATION_ID 일련 번호 상수를 만들고 알림 매니저에 넣어 알림을 실행한다.

이제 웨어러블 확장 알림 배경 세팅 코드를 살펴보자.

```
com.example.wearable.notificationtest.MyActivity (계속)

......
    // Background Notification 버튼을 누르면 실행되는 메소드이다.
    public void showBackgroundNotification(View view) {

        // 리소스로부터 사진을 가져온다.
        Bitmap background1 = BitmapFactory.decodeResource(getResources(), R.drawable.bg_1);
        Bitmap background2 = BitmapFactory.decodeResource(getResources(), R.drawable.bg_2);
        Bitmap background3 = BitmapFactory.decodeResource(getResources(), R.drawable.bg_3);

        // 두 번째 페이지를 생성한다.
        Notification secondPage = new NotificationCompat.Builder(this)
                .setContentTitle("Background2 Title")
                .setContentText("setHintShowBackgroundOnly(false)")
                .extend(new NotificationCompat.WearableExtender()
                        .setBackground(background2)
                        .setHintShowBackgroundOnly(false))
                .build();

        // 세 번째 페이지를 생성한다.
        Notification thirdPage = new NotificationCompat.Builder(this)
                .setContentTitle("Background3 Title")
                .setContentText("setHintShowBackgroundOnly(true)")
                .extend(new NotificationCompat.WearableExtender()
                        .setBackground(background3)
                        .setHintShowBackgroundOnly(true))
                .build();

        // 첫 번째 페이지의 웨어러블 옵션 객체를 생성한다.
        // 두 번째, 세 번째 페이지를 추가한다.
```

(이어서) com.example.wearable.notificationtest.MyActivity

```
        NotificationCompat.WearableExtender wearableOptions = new NotificationCompat.WearableExtender()
                .setBackground(background1)
                .addPage(secondPage)
                .addPage(thirdPage);

        // 웨어러블 옵션을 적용한 알림을 생성한다.
        Notification notification = new NotificationCompat.Builder(this)
                .setContentTitle("Background1 Title")
                .setContentText("Background1 Text")
                .setSmallIcon(R.drawable.ic_launcher)
                .extend(wearableOptions)
                .build();

        // 알림 매니저 객체를 생성하고 실행한다.
        NotificationManagerCompat.from(this).notify(BACKGROUND_NOTIFICATION_ID, notification);
    }
    ......
}
```

앞서 추가한 배경 이미지 리소스 세 개를 각각 background1, background2, background3 비트맵 객체로 만들었다. setBackground() 메소드를 활용하여 background1, background2, background3 비트맵 객체를 웨어러블 확장 객체에 입력한다.

세 개의 알림을 페이지로 만드는 setHintShowBackgroundOnly() 메소드에 true 값을 입력해서 컨텐트가 보이지 않도록 설정한다. 두 번째 페이지에는 setHintShowBackgroundOnly() 메소드에 false 값을 넣어 컨텐트가 보이도록 했다. 첫 번째 페이지에는 setHintShowBackgroundOnly() 메소드를 사용하지 않았지만 기본값인 false가 적용돼 배경과 같이 컨텐트가 보이도록 설정됐다.

6.5 웨어러블 확장 알림 아이콘 설정

컨텐트에 문자만 있는 것보다 직관적인 아이콘이 있는 것이 사용자의 편의성에 훨씬 더 좋다. 웨어러블 확장 알림에는 아이콘을 넣고 위치를 지정할 수 있다.

웨어러블 확장 클래스의 아이콘 관련 메소드를 살펴보자.

반환값	메소드	설명
int	getContentIcon()	컨텐트 아이콘을 가져온다.
Notification.WearableExtender	setContentIcon(int icon)	컨텐트 아이콘을 설정한다.

반환값	메소드	설명
int	getContentIconGravity()	아이콘의 위치(좌/우)를 가져온다.
Notification. WearableExtender	setContentIconGravity(int contentIconGravity)	컨텐트 아이콘 시작 위치를 설정한다. 사용 가능 상수 : Gravity.START, Gravity.END(기본값)
boolean	getHintHideIcon()	아이콘 숨김 설정을 가져온다.
Notification. WearableExtender	setHintHideIcon(boolean hintHideIcon)	컨텐트 아이콘을 숨기도록 설정한다.

웨어러블 확장 클래스를 사용하면 컨텐트의 아이콘 이미지 제어, 아이콘 위치 조정, 아이콘 숨김 설정을 할 수 있다.

이제 웨어러블 확장 클래스를 활용하여 아이콘을 제어해 보자. 아래 코드를 참고하여 [MyActivity.java] 파일을 수정하자.

com.example.wearable.notificationtest.MyActivity (계속)

```java
package com.example.wearable.notificationtest;

import ...

public class MyActivity extends Activity {

...
    static final int PAGE_NOTIFICATION_ID = 10;         // 페이지 알림 일련번호
    static final int BACKGROUND_NOTIFICATION_ID = 11;   // 배경 알림 일련번호
    static final int ICON_NOTIFICATION_ID = 12;         // 아이콘 알림 일련번호
......

    // Icon Notification 버튼을 누르면 실행되는 메소드이다.
    public void showIconNotification(View view) {

        // 두 번째 페이지를 생성한다.
        Notification secondPage = new NotificationCompat.Builder(this)
                .setContentTitle("IconGravity Title")
                .setContentText("Gravity.START")
                .extend(new NotificationCompat.WearableExtender()
                        .setContentIcon(R.drawable.ic_launcher)
                        .setContentIconGravity(Gravity.START))
                .build();

        // 세 번째 페이지를 생성한다.
        Notification thirdPage = new NotificationCompat.Builder(this)
```

(이어서) com.example.wearable.notificationtest.MyActivity

```java
        .setContentTitle("IconGravity Title")
        .setContentText("Gravity.END")
        .extend(new NotificationCompat.WearableExtender()
                .setContentIcon(R.drawable.ic_launcher)
                .setContentIconGravity(Gravity.END))
        .build();

// 첫 번째 페이지의 웨어러블 옵션 객체를 생성한다.
// 두 번째, 세 번째 페이지를 추가한다.
// 우측 상단 힌트 아이콘을 숨긴다.
NotificationCompat.WearableExtender wearableOptions = new NotificationCompat.WearableExtender()
        .setHintHideIcon(true)
        .addPage(secondPage)
        .addPage(thirdPage);

// 웨어러블 옵션을 적용한 알림을 생성한다.
Notification notification = new NotificationCompat.Builder(this)
        .setContentTitle("Icon Title")
        .setContentText("Icon Text")
        .setSmallIcon(R.drawable.ic_launcher)
        .extend(wearableOptions)
        .build();

// 알림 매니저 객체를 생성하고 실행한다.
NotificationManagerCompat.from(this).notify(ICON_NOTIFICATION_ID, notification);
    }
    ......
}
```

코딩을 완성하고 실행한 후 앱에서 [Icon Notification] 버튼을 누르자. 스마트폰의 알림은 동일하기 때문에 시계의 알림을 확인하자.

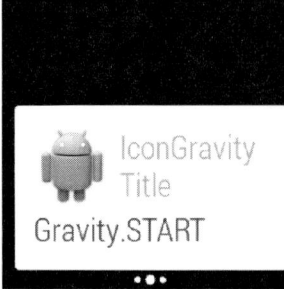
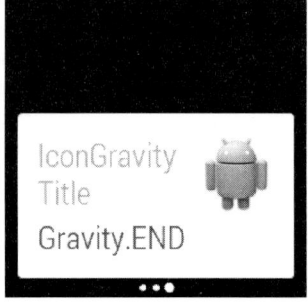

첫 번째 알림에서는 전화기 모양의 액티비티 아이콘이 사라졌다. 그리고 두 번째 페이지에서는 컨텐트 아

아이콘이 좌측으로 이동하고, 세 번째 페이지에서는 컨텐트 아이콘이 우측으로 이동된 것을 확인할 수 있다.

이제 소스 코드를 살펴보자.

com.example.wearable.notificationtest.MyActivity

```java
......
    static final int PAGE_NOTIFICATION_ID = 10;         // 페이지 알림 일련번호
    static final int BACKGROUND_NOTIFICATION_ID = 11;   // 배경 알림 일련번호
    static final int ICON_NOTIFICATION_ID = 12;         // 아이콘 알림 일련번호
......
    // 알림 매니저 객체를 생성하고 실행한다.
    NotificationManagerCompat.from(this).notify(ICON_NOTIFICATION_ID, notification);
......
```

기존에 만든 알림들과 마찬가지로 다른 알림들과 겹치지 않게 ICON_NOTIFICATION_ID 일련번호 상수를 만들고 알림 매니저에 넣어 알림을 실행한다.

이제 웨어러블 확장 알림 아이콘 세팅 코드를 살펴보자.

com.example.wearable.notificationtest.MyActivity (계속)

```java
......
    // Icon Notification 버튼을 누르면 실행되는 메소드이다.
    public void showIconNotification(View view) {

        // 두 번째 페이지를 생성한다.
        Notification secondPage = new NotificationCompat.Builder(this)
            .setContentTitle("IconGravity Title")
            .setContentText("Gravity.START")
            .extend(new NotificationCompat.WearableExtender()
                    .setContentIcon(R.drawable.ic_launcher)
                    .setContentIconGravity(Gravity.START))
            .build();

        // 세 번째 페이지를 생성한다.
        Notification thirdPage = new NotificationCompat.Builder(this)
            .setContentTitle("IconGravity Title")
            .setContentText("Gravity.END")
            .extend(new NotificationCompat.WearableExtender()
                    .setContentIcon(R.drawable.ic_launcher)
                    .setContentIconGravity(Gravity.END))
            .build();

        // 첫 번째 페이지의 웨어러블 옵션 객체를 생성한다.
```

```
(이어서) com.example.wearable.notificationtest.MyActivity
    // 두 번째, 세 번째 페이지를 추가한다.
    // 우측 상단 힌트 아이콘을 숨긴다.
    NotificationCompat.WearableExtender wearableOptions = new NotificationCompat.WearableExtender()
            .setHintHideIcon(true)
            .addPage(secondPage)
            .addPage(thirdPage);

    // 웨어러블 옵션을 적용한 알림을 생성한다.
    Notification notification = new NotificationCompat.Builder(this)
        .setContentTitle("Icon Title")
        .setContentText("Icon Text")
        .setSmallIcon(R.drawable.ic_launcher)
        .extend(wearableOptions)
        .build();

    // 알림 매니저 객체를 생성하고 실행한다.
    NotificationManagerCompat.from(this).notify(ICON_NOTIFICATION_ID, notification);
}
......
```

두 번째 페이지와 세 번째 페이지를 생성하고, setContentIcon() 메소드로 안드로이드 로봇 아이콘을 넣었다. 그리고 두 번째 페이지에서는 setContentIconGravity() 메소드에 Gravity.START 값을 넣고, 세 번째 페이지에서는 setContentIconGravity() 메소드에 Gravity.END 값을 넣어서 아이콘의 위치를 각각 정했다. setContentIconGravity() 메소드의 기본값은 Gravity.END이기 때문에 setContentIconGravity() 메소드를 사용하지 않으면 아이콘이 우측에 보이게 된다.

첫 번째 페이지에는 setHintHideIcon() 메소드에 true 값을 적용하여 컨텐트 상단의 액티비티 아이콘을 사라지게 했다.

아래 그림을 보자.

[setHintHideIcon(true) 적용]

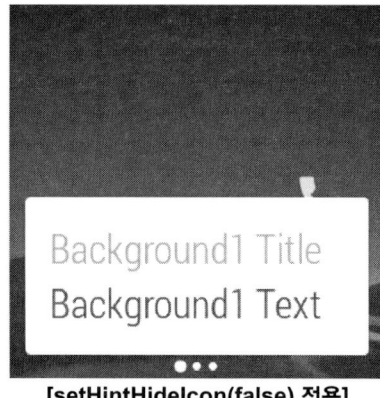
[setHintHideIcon(false) 적용]

좌측 그림에서는 setHintHideIcon() 메소드에 true 값을 넣어 액티비티 아이콘이 사라졌다. 우측 그림은 앞 절에서 만든 알림인데, setHintHideIcon() 메소드를 적용하지 않아 기본값인 false가 적용되어서 액티비티 아이콘인 전화기 모양이 컨텐트 우측 상단에 표시된다.

6.6 웨어러블 확장 알림 정렬 설정

지금까지 생성한 알림의 컨텐트는 모두 아래에 배치돼 있었다. 웨어러블 확장 클래스를 활용하면 컨텐트의 위치를 상, 중, 하로 설정할 수 있다.

웨어러블 확장 클래스 메소드 중 알림 컨텐트의 상/하 위치 관련 메소드들을 살펴보자.

반환값	메소드	설명
int	getGravity()	알림의 상하 위치를 가져온다.
Notification.WearableExtender	setGravity(int gravity)	컨텐트의 상/하 위치를 지정한다. 사용 가능 상수 : TOP, CENTER_VERTICAL, BOTTOM(기본값)

컨텐트의 위치를 지정하는 setGravitiy() 메소드와 설정된 컨텐트 위치 값을 가져오는 getGravity() 메소드가 있다.

이제, 웨어러블 확장 클래스를 활용하여 컨텐트 위치를 제어하자. 아래 코드를 참고하여 [MyActivity.java] 파일을 수정하자.

com.example.wearable.notificationtest.MyActivity (계속)

```
package com.example.wearable.notificationtest;

import ...

public class MyActivity extends Activity {

...
    static final int PAGE_NOTIFICATION_ID = 10;         // 페이지 알림 일련번호
    static final int BACKGROUND_NOTIFICATION_ID = 11;   // 배경 알림 일련번호
    static final int ICON_NOTIFICATION_ID = 12;         // 아이콘 알림 일련번호
    static final int GRAVITY_NOTIFICATION_ID = 13;      // 정렬 알림 일련번호
......
    // Gravity Notification 버튼을 누르면 실행되는 메소드이다.
    public void showGravityNotification(View view) {

        // 두 번째 페이지를 생성한다.
```

(이어서) com.example.wearable.notificationtest.MyActivity

```
        Notification secondPage = new NotificationCompat.Builder(this)
            .setContentTitle("Gravity Title")
            .setContentText("Gravity.CENTER_VERTICAL")
            .extend(new NotificationCompat.WearableExtender()
                    .setGravity(Gravity.CENTER_VERTICAL))
            .build();

        // 세 번째 페이지를 생성한다.
        Notification thirdPage = new NotificationCompat.Builder(this)
            .setContentTitle("Gravity Title")
            .setContentText("Gravity.BOTTOM")
            .extend(new NotificationCompat.WearableExtender()
                    .setGravity(Gravity.BOTTOM))
            .build();

        // 첫 번째 페이지의 웨어러블 옵션 객체를 생성한다.
        // 두 번째, 세 번째 페이지를 추가한다.
        NotificationCompat.WearableExtender wearableOptions = new NotificationCompat.WearableExtender()
                .setGravity(Gravity.TOP)
                .addPage(secondPage)
                .addPage(thirdPage);

        // 웨어러블 옵션을 적용한 알림을 생성한다.
        Notification notification = new NotificationCompat.Builder(this)
            .setContentTitle("Gravity Title")
            .setContentText("Gravity.TOP")
            .setSmallIcon(R.drawable.ic_launcher)
            .extend(wearableOptions)
            .build();

        // 알림 매니저 객체를 생성하고 실행한다.
        NotificationManagerCompat.from(this).notify(GRAVITY_NOTIFICATION_ID, notification);
    }
......
}
```

코딩을 완성하고 실행한 후 앱에서 [Gravity Notification] 버튼을 누르자. 스마트폰의 알림은 동일하기 때문에 시계의 알림을 확인하자.

 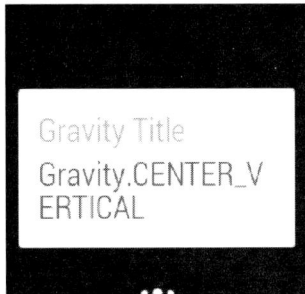 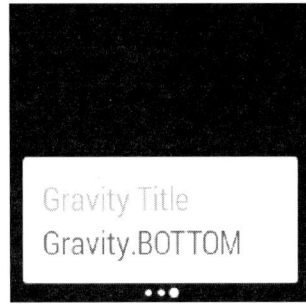

페이지 순서대로 TOP(상), CENTER_VERTICAL(중), BOTTOM(하)의 정렬된 알림을 볼 수 있다.

이제 소스 코드를 살펴보자.

```
com.example.wearable.notificationtest.MyActivity

......
    static final int PAGE_NOTIFICATION_ID = 10;          // 페이지 알림 일련번호
    static final int BACKGROUND_NOTIFICATION_ID = 11;    // 배경 알림 일련번호
    static final int ICON_NOTIFICATION_ID = 12;          // 아이콘 알림 일련번호
    static final int GRAVITY_NOTIFICATION_ID = 13;       // 정렬 알림 일련번호
......
    // 알림 매니저 객체를 생성하고 실행한다.
        NotificationManagerCompat.from(this).notify(GRAVITY_NOTIFICATION_ID, notification);
......
```

기존에 만든 알림들과 마찬가지로 다른 알림들과 겹치지 않게 GRAVITY_NOTIFICATION_ID 일련번호 상수를 만들고 알림 매니저에 넣어 알림을 실행한다.

이제 웨어러블 확장 알림 정렬 세팅 코드를 살펴보자.

```
com.example.wearable.notificationtest.MyActivity (계속)

......
    // Gravity Notification 버튼을 누르면 실행되는 메소드이다.
    public void showGravityNotification(View view) {

        // 두 번째 페이지를 생성한다.
        Notification secondPage = new NotificationCompat.Builder(this)
            .setContentTitle("Gravity Title")
            .setContentText("Gravity.CENTER_VERTICAL")
            .extend(new NotificationCompat.WearableExtender()
                .setGravity(Gravity.CENTER_VERTICAL))
            .build();
```

(이어서) com.example.wearable.notificationtest.MyActivity

```java
// 세 번째 페이지를 생성한다.
Notification thirdPage = new NotificationCompat.Builder(this)
    .setContentTitle("Gravity Title")
    .setContentText("Gravity.BOTTOM")
    .extend(new NotificationCompat.WearableExtender()
            .setGravity(Gravity.BOTTOM))
    .build();

// 첫 번째 페이지의 웨어러블 옵션 객체를 생성한다.
// 두 번째, 세 번째 페이지를 추가한다.
NotificationCompat.WearableExtender wearableOptions =
    new NotificationCompat.WearableExtender()
        .setGravity(Gravity.TOP)
        .addPage(secondPage)
        .addPage(thirdPage);

// 웨어러블 옵션을 적용한 알림을 생성한다.
Notification notification = new NotificationCompat.Builder(this)
    .setContentTitle("Gravity Title")
    .setContentText("Gravity.TOP")
    .setSmallIcon(R.drawable.ic_launcher)
    .extend(wearableOptions)
    .build();

// 알림 매니저 객체를 생성하고 실행한다.
NotificationManagerCompat.from(this).notify(GRAVITY_NOTIFICATION_ID, notification);
}
......
```

페이지들을 생성하고, setGravity() 메소드로 컨텐트의 위치를 지정했다. setGravity() 메소드에 Gravity. TOP(상), Gravity.CENTER_VERTICAL(중), Gravity.BOTTOM(하) 값을 넣을 수 있으며, 기본 값은 Gravity.BOTTOM이기 때문에 setGravity() 메소드를 사용하지 않으면 하단으로 정렬된다.

6.7 웨어러블 확장 알림 액션

지금까지 소스를 살펴보면, 알림 빌더를 사용하여 페이지를 추가했다. 그리고 페이지의 버튼을 누르면 인텐트를 실행하는 액션이 가능했다. 웨어러블 확장 알림을 활용하면 페이지의 컨텐트를 눌렀을 때 이벤트를 발생시킬 수 있다.

웨어러블 확장 클래스에서 액션 관련 메소드들을 살펴보자.

반환값	메소드	설명
Notification.WearableExtender	addAction(Notification.Action action)	알림에 액션을 추가한다.
Notification.WearableExtender	addActions(List⟨Notification.Action⟩ actions)	알림에 액션 리스트를 추가한다.
Notification.WearableExtender	clearActions()	액션을 초기화한다.
List⟨Notification.Action⟩	getActions()	액션 리스트를 가져온다.
int	getContentAction()	컨텐트 액션을 가져온다.
Notification.WearableExtender	setContentAction(int actionIndex)	컨텐트 액션을 설정한다.

웨어러블 확장 클래스에 액션을 추가하고, 가져오고, 삭제하는 메소드와 컨텐트에 액션을 연결하는 메소드가 있다.

이제, 웨어러블 확장 클래스를 활용하여 컨텐트 액션을 제어해 보자. 아래 코드를 참고하여 [MyActivity.java] 파일을 수정한다.

com.example.wearable.notificationtest.MyActivity (계속)

```java
package com.example.wearable.notificationtest;

import ...

public class MyActivity extends Activity {

...
    static final int PAGE_NOTIFICATION_ID = 10;             // 페이지 알림 일련번호
    static final int BACKGROUND_NOTIFICATION_ID = 11;       // 배경 알림 일련번호
    static final int ICON_NOTIFICATION_ID = 12;             // 아이콘 알림 일련번호
    static final int GRAVITY_NOTIFICATION_ID = 13;          // 정렬 알림 일련번호
    static final int CONTENT_ACTION_NOTIFICATION_ID = 14;   // 컨텐트 액션 알림 일련번호
......
    // Content Action Notification 버튼을 누르면 실행되는 메소드이다.
    public void showContentActionNotification(View view) {

        // 액티비티 인텐트 생성
        Intent viewIntent = new Intent(this, MyActivity.class);

        // 액션을 실행했을 때까지 대기할 팬딩인텐트 생성
        PendingIntent viewPendingIntent =
            PendingIntent.getActivity(this, ACTION_NOTIFICATION_ID, viewIntent, 0);
```

(이어서) com.example.wearable.notificationtest.MyActivity (계속)

```java
// 첫 번째 액션을 생성한다.
NotificationCompat.Action action1 = new NotificationCompat.Action.Builder(
    R.drawable.ic_launcher, "Action1", viewPendingIntent)
    .build();

// 두 번째 액션을 생성한다.
NotificationCompat.Action action2 =
    new NotificationCompat.Action.Builder(R.drawable.ic_launcher, "Action2", viewPendingIntent)
    .build();

// 두 번째 페이지를 생성한다.
Notification secondPage = new NotificationCompat.Builder(this)
    .setContentTitle("Action 1 Title")
    .setContentText("Action 1 Text")
    .extend(new NotificationCompat.WearableExtender()
        .setContentAction(0))
    .build();

// 세 번째 페이지를 생성한다.
Notification thirdPage = new NotificationCompat.Builder(this)
    .setContentTitle("Action 2 Title")
    .setContentText("Action 2 Text")
    .extend(new NotificationCompat.WearableExtender()
        .setContentAction(1))
    .build();

// 첫 번째 페이지의 웨어러블 옵션 객체를 생성한다.
// 두 번째, 세 번째 페이지를 추가한다.
// 우측 상단 힌트 아이콘을 숨겼다.
NotificationCompat.WearableExtender wearableOptions = new NotificationCompat.WearableExtender()
        .setHintHideIcon(true)
        .addAction(action1) // action[0]
        .addAction(action2) // action[1]
        .addAction(action2) // action[2]
        .addPage(secondPage)
        .addPage(thirdPage)
        .setContentAction(2);

// 웨어러블 옵션을 적용한 알림을 생성한다.
Notification notification = new NotificationCompat.Builder(this)
    .setContentTitle("Content Action Title")
    .setContentText("Content Action Text")
    .setSmallIcon(R.drawable.ic_launcher)
    .extend(wearableOptions)
```

(이어서) com.example.wearable.notificationtest.MyActivity
| ```
        .build();

    // 알림 매니저 객체를 생성하고 실행한다.
    NotificationManagerCompat.from(this).notify(CONTENT_ACTION_NOTIFICATION_ID, notification);
    }
......
}
``` |

코딩을 완성하고 실행한 후 앱에서 [Content Action Notification] 버튼을 누르자. 스마트폰의 알림은 동일하기 때문에 시계의 알림을 확인하자.

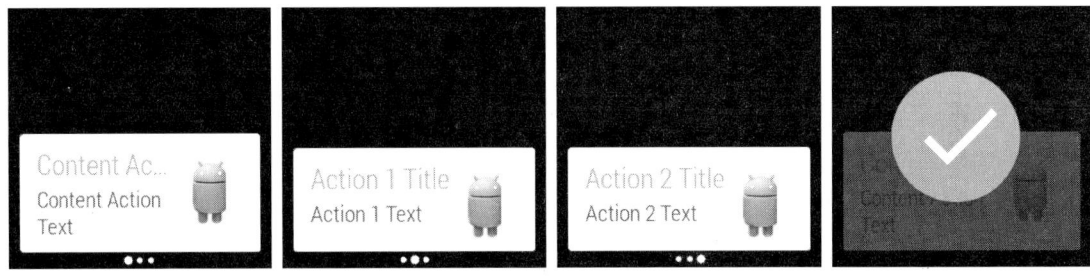

페이지마다 컨텐트가 생성됐다. 그리고 컨텐트를 누르면 각 액션이 실행된다.

이제 소스 코드를 살펴보자.

com.example.wearable.notificationtest.MyActivity
| ```
package com.example.wearable.notificationtest;

import ...

public class MyActivity extends Activity {

...
    static final int CONTENT_ACTION_NOTIFICATION_ID = 14; // 컨텐트 액션 알림 일련번호
......
        // 알림 매니저 객체를 생성하고 실행한다.
        NotificationManagerCompat.from(this).notify(CONTENT_ACTION_NOTIFICATION_ID, notification);
......
}
``` |

기존에 만든 알림들과 마찬가지로 다른 알림들과 겹치지 않게 CONTENT_ACTION_NOTIFICATION_ID 일련번호 상수를 만들고 알림 매니저에 넣어 알림을 실행한다.

이제, 웨어러블 확장 알림 액션 세팅 코드를 살펴보자.

com.example.wearable.notificationtest.MyActivity

```java
……
    // Content Action Notification 버튼을 누르면 실행되는 메소드이다.
    public void showContentActionNotification(View view) {

        // 액티비티 인텐트 생성
        Intent viewIntent = new Intent(this, MyActivity.class);

        // 액션을 실행했을 때까지 대기할 팬딩인텐트 생성
        PendingIntent viewPendingIntent =
            PendingIntent.getActivity(this, ACTION_NOTIFICATION_ID, viewIntent, 0);

        // 첫 번째 액션을 생성한다.
        NotificationCompat.Action action1 =
            new NotificationCompat.Action.Builder(R.drawable.ic_launcher, "Action1", viewPendingIntent)
                .build();

        // 두 번째 액션을 생성한다.
        NotificationCompat.Action action2 =
            new NotificationCompat.Action.Builder(R.drawable.ic_launcher, "Action2", viewPendingIntent)
                .build();
……
```

5장에서 만든 것과 동일하게 액션을 두 개 만든다. 이 두 액션은 동일한 액티비티를 가리키고 있기 때문에 기능적인 측면에서는 동일하다.

이제 액션을 알림에 적용하는 소스를 살펴보자.

com.example.wearable.notificationtest.MyActivity (계속)

```java
……
        // 두 번째 페이지를 생성한다.
        Notification secondPage = new NotificationCompat.Builder(this)
            .setContentTitle("Action 1 Title")
            .setContentText("Action 1 Text")
            .extend(new NotificationCompat.WearableExtender()
                    .setContentAction(0))
            .build();

        // 세 번째 페이지를 생성한다.
        Notification thirdPage = new NotificationCompat.Builder(this)
            .setContentTitle("Action 2 Title")
            .setContentText("Action 2 Text")
            .extend(new NotificationCompat.WearableExtender()
```

(이어서) com.example.wearable.notificationtest.MyActivity

```
                .setContentAction(1))
        .build();

// 첫 번째 페이지의 웨어러블 옵션 객체를 생성한다.
// 두 번째, 세 번째 페이지를 추가한다.
// 우측 상단 힌트 아이콘을 숨겼다.
NotificationCompat.WearableExtender wearableOptions =
    new NotificationCompat.WearableExtender()
        .setHintHideIcon(true)
        .addAction(action1) // action[0]
        .addAction(action2) // action[1]
        .addAction(action2) // action[2]
        .addPage(secondPage)
        .addPage(thirdPage)
        .setContentAction(2);

// 웨어러블 옵션을 적용한 알림을 생성한다.
Notification notification = new NotificationCompat.Builder(this)
        .setContentTitle("Content Action Title")
        .setContentText("Content Action Text")
        .setSmallIcon(R.drawable.ic_launcher)
        .extend(wearableOptions)
        .build();

// 알림 매니저 객체를 생성하고 실행한다.
NotificationManagerCompat.from(this).notify(CONTENT_ACTION_NOTIFICATION_ID, notification);
    }
......
}
```

웨어러블 확장 객체에 알림을 추가하고, 컨텐트에 액션을 연결했다. 아래 그림을 살펴보자.

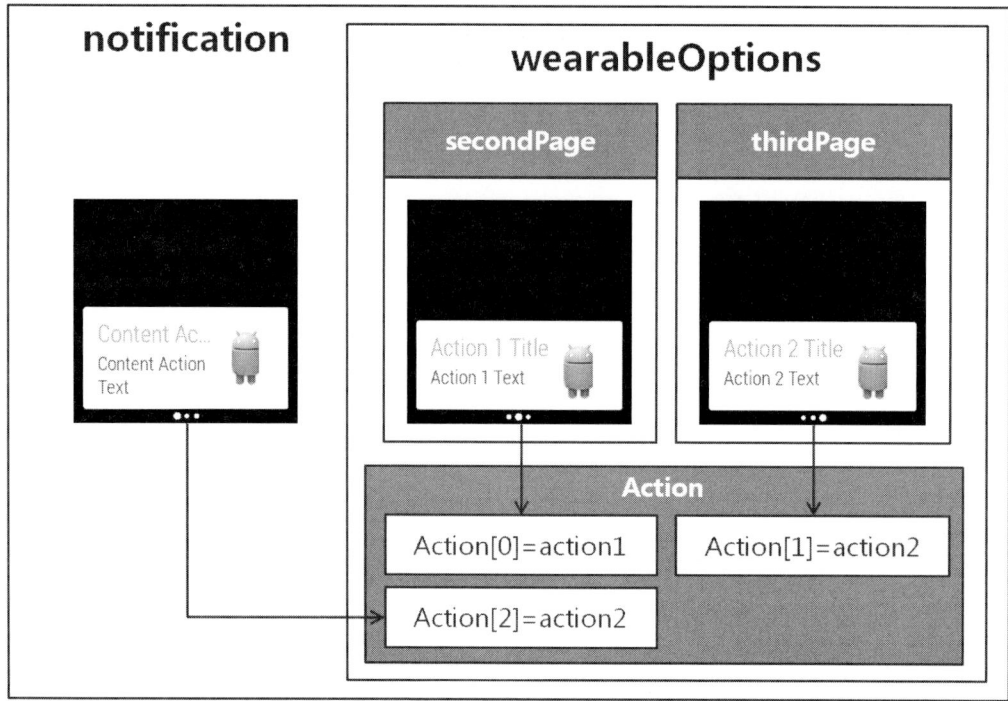

첫 번째 페이지 옵션인 wearableOption 객체에 세 개의 액션 배열을 생성한다. action[0]에는 위에서 생성한 action1 객체를 넣는다. 그리고 action[1]과 action[2]에는 action2 객체를 넣는다.

두 번째 페이지(secondPage)는 객체를 만들며 setContentAction(0) 메소드로 0번 인덱스의 액션을 지정한다. 따라서 두 번째 페이지의 컨텐트를 클릭하면 0번 인덱스의 action1이 실행된다.

세 번째 페이지(thirdPage)는 객체를 만들며 setContentAction(1) 메소드로 1번 인덱스의 액션을 지정한다. 따라서 세 번째 페이지의 컨텐트를 클릭하면 1번 인덱스의 action2가 실행된다.

그리고 첫 번째 페이지에는 setContentAction(2) 메소드로 2번 인덱스의 액션을 지정한다.

독자들의 이해를 돕기 위해 코딩 순서와 다르게 설명했다. 코딩의 순서와 설명의 순서에 약간 차이가 있지만 전체 구조는 위의 다이어그램과 같다. 그림과 같이 액션을 지정함으로써 액션 버튼 페이지를 생성하지 않고 컨텐트를 누를 때 액션이 실행되게 할 수 있다.

6.8 마무리

아래 그림은 6장에서 만든 버튼들의 캡처 화면이다.

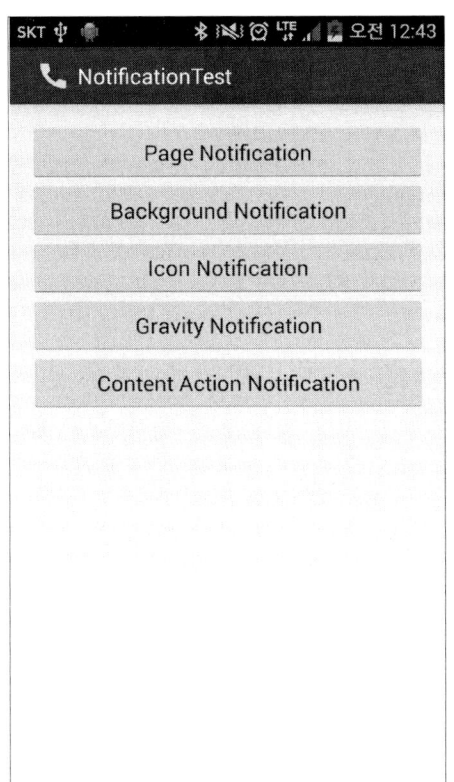

6장에서 6개의 버튼을 만들며 웨어러블 확장 클래스의 기능들을 알아봤다. 5장에서 배운 알림 빌더와 6장에서 배운 웨어러블 확장 클래스를 활용하면 스마트폰에서 시계로 적절한 정보를 전달할 수 있다.

7

안드로이드 웨어 액션 응답

5장과 6장에서 알림을 활용하여 스마트폰에서 시계로 적절한 정보를 효과적으로 보내는 방법을 알아봤다. 그러나 지금까지 시계에서 스마트폰으로 응답을 보내는 방법에 대해서는 알림의 액션으로 액티비티를 실행시키는 것뿐이었다.

7장에서는 시계에 보이는 알림에서 스마트폰으로 응답을 보내는 액션에 대해 집중적으로 알아볼 것이다. 이번 장의 예제들을 활용하면 시계 알림의 액션으로 스마트폰 액티비티에 사용자가 음성으로 입력한 값을 전달할 수 있다.

7.1 액션 코딩 준비하기

안드로이드 웨어 액션에 대한 응답을 최소한의 코딩으로 이해하기 위해 기존 프로젝트에 액티비티를 생성하고, 액션을 연결한 예제를 생성할 것이다.

7장에서도 5장과 6장에서 만든 프로젝트를 그대로 활용한다. 아래 순서를 따라 웨어러블 액션 코딩을 준비하자.

1. 버튼 및 메소드 추가하기

7장에서는 총 네 개의 버튼을 생성할 것이다. 레이아웃에 버튼 위젯을 추가하고, 액티비티 소스에 버튼을 눌렀을 때 동작하는 메소드들을 생성하자.

아래 코딩을 참고하여 [activity.xml] 소스에 네 개의 버튼을 생성하자.

NotificationTest/app/src/main/res/layout/activity_my.xml (계속)

```xml
<RelativeLayout xmlns:android="http://schemas.android.com/apk/res/android"
    xmlns:tools="http://schemas.android.com/tools"
    android:layout_width="match_parent"
    android:layout_height="match_parent"
    android:paddingLeft="@dimen/activity_horizontal_margin"
    android:paddingRight="@dimen/activity_horizontal_margin"
    android:paddingTop="@dimen/activity_vertical_margin"
    android:paddingBottom="@dimen/activity_vertical_margin"
    tools:context=".MyActivity">

    <ScrollView
        android:layout_width="match_parent"
        android:layout_height="match_parent">

        <LinearLayout
            android:layout_width="match_parent"
            android:layout_height="wrap_content"
            android:orientation="vertical">

<!-- 필자는 버튼 캡처를 위해 주석처리하여 5장, 6장에서 만든 버튼들을 숨겼다.
        <Button ... /> ......
-->

            <Button
                android:layout_width="match_parent"
                android:layout_height="wrap_content"
                android:onClick="showBasicReceiveNotification"
                android:text="Basic Receive Notification" />

            <Button
                android:layout_width="match_parent"
                android:layout_height="wrap_content"
                android:onClick="showVoiceReceiveNotification"
                android:text="Voice Receive Notification" />

            <Button
                android:layout_width="match_parent"
                android:layout_height="wrap_content"
                android:onClick="showChoiceReceiveNotification"
```

(이어서) NotificationTest/app/src/main/res/layout/activity_my.xml
| ``` 
            android:text="Choice Receive Notification" />

        <Button
            android:layout_width="match_parent"
            android:layout_height="wrap_content"
            android:onClick="showBroadcastReceiverNotification"
            android:text="BroadcastReceiver Notification" />

    </LinearLayout>
  </ScrollView>
</RelativeLayout>
``` |

필자는 독자들에게 보여줄 캡처를 하기 위해 5장과 6장에서 만든 버튼들을 주석처리하여 숨겼다. 독자들도 코딩하기 불편하다면 주석처리하고 다음 코딩을 해보도록 하자.

그리고 네 개의 버튼을 생성했다. 버튼을 생성하면 레이아웃이 아래와 같이 보인다.

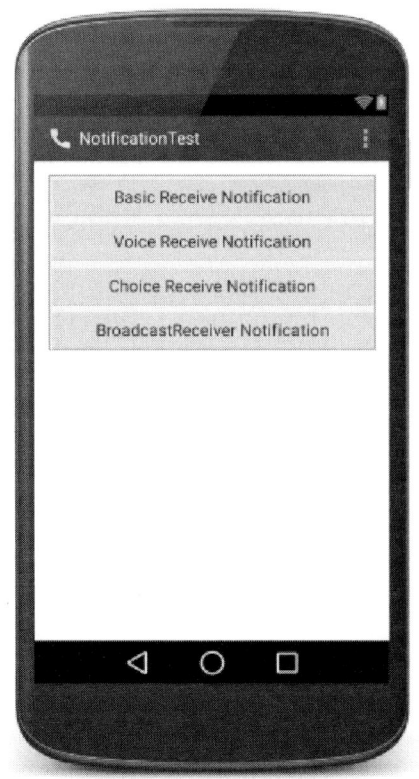

레이아웃 코딩이 완료되었으면 버튼을 눌렀을 때 실행되는 메소드를 만들자.
```

아래 코드를 참고하여 [MainActivity.java] 소스를 수정하자.

com.example.wearable.notificationtest.MyActivity

```java
package com.example.wearable.notificationtest;

import ...

public class MyActivity extends Activity {
......

    // Basic Receive Notification 버튼을 누르면 실행되는 메소드이다.
    public void showBasicReceiveNotification (View view){

    }

    // Voice Receive Notification 버튼을 누르면 실행되는 메소드이다.
    public void showVoiceReceiveNotification (View view){

    }

    // Choice Receive Notification 버튼을 누르면 실행되는 메소드이다.
    public void showChoiceReceiveNotification (View view){

    }

    // BroadcastReceiver Notification 버튼을 누르면 실행되는 메소드이다.
    public void showBroadcastReceiverNotification (View view){

    }
}
```

버튼을 눌렀을 때 실행할 메소드들을 생성한다. 레이아웃의 onClick 속성에 있는 메소드 이름과 액티비티의 메소드 이름이 같아야 한다는 점에 주의하여 코딩하자.

2. 액티비티 생성

6장까지는 하나의 액티비티로 프로그램을 진행해왔지만, 7장에서는 액션의 응답을 받을 새로운 액티비티를 만들어서 액션의 응답을 받을 것이다.

아래 과정을 따라서 ReceiveActivity를 생성하자.

1) [app] 모듈에 마우스 커서를 놓고 오른쪽 버튼 클릭

2) [New] -> [Activity] -> [Blank Activity] 선택

아래 그림대로 [NotificationTest] 프로젝트의 [app] 모듈에 마우스 커서를 놓고 마우스 오른쪽 버튼을 누른다. 그리고 [New] -> [Activity] -> [Blank Activity]를 선택한다.

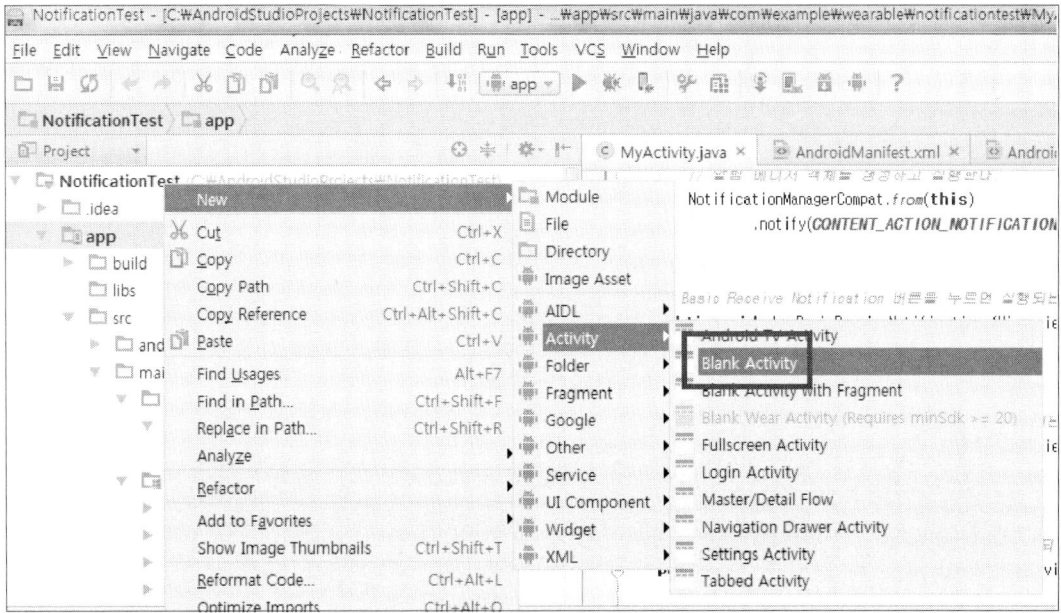

3) 액티비티 정보 입력

아래의 표를 참고하여 새로 생성할 액티비티의 정보를 입력한다. 그리고 [Finish] 버튼을 눌러 액티비티를 생성한다.

항목	값
Activity Name	ReceiveActivity
Layout Name	activity_receive
Title	ReceiveActivity
Launcher Activity	〈체크안함〉
Hierarchical Parent	〈입력안함〉
Package name	com.example.wearable.notificationtest
Target Source Set	main

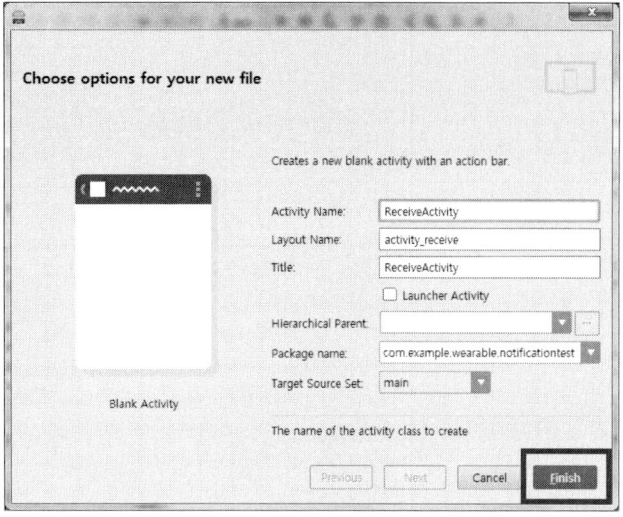

4) 추가된 소스 파일 및 안드로이드 메니페스트 확인

두 개의 추가된 소스 파일을 확인하자.

main/com.example.wearble.notificationtest/ReceiveActivity.java
main/res/layout/activity_receive.xml

다음으로, [AndroidManifest.xml] 파일을 열어 새로운 액티비티 내용을 확인하자.

app/src/main/AndroidManifest.xml

```xml
<?xml version="1.0" encoding="utf-8"?>
<manifest xmlns:android="http://schemas.android.com/apk/res/android"
    package="com.example.wearable.notificationtest" >

    <application
        android:allowBackup="true"
        android:icon="@drawable/ic_action_call"
        android:label="@string/app_name"
        android:theme="@style/AppTheme" >
        <activity
            android:name=".MyActivity"
            android:label="@string/app_name" >
            <intent-filter>
                <action android:name="android.intent.action.MAIN" />

                <category android:name="android.intent.category.LAUNCHER" />
            </intent-filter>
        </activity>
        <activity
            android:name=".ReceiveActivity"
            android:label="@string/title_activity_receive" >
        </activity>
    </application>

</manifest>
```

액티비티가 안드로이드 매니페스트 파일에 추가된 것을 확인할 수 있다.

5) 레이아웃 소스 수정

새로 만든 레이아웃 소스에는 하나의 텍스트 뷰(TextView)가 있다. 앞으로 이 텍스트 뷰를 액티비티 소스에서 활용하기 위해서 아이디(id) 속성을 지정하자.

아래 소스를 참고하여 [activity_receive.xml] 레이아웃 소스를 수정하자.

NotificationTest/app/src/main/res/layout/activity_receive.xml

```
<RelativeLayout xmlns:android="http://schemas.android.com/apk/res/android"
    xmlns:tools="http://schemas.android.com/tools"
    android:layout_width="match_parent"
    android:layout_height="match_parent"
    android:paddingLeft="@dimen/activity_horizontal_margin"
    android:paddingRight="@dimen/activity_horizontal_margin"
    android:paddingTop="@dimen/activity_vertical_margin"
    android:paddingBottom="@dimen/activity_vertical_margin"
    tools:context="com.example.wearable.notificationtest.ReceiveActivity">

    <TextView
        android:id="@+id/receiveText"
        android:text="@string/hello_world"
        android:layout_width="wrap_content"
        android:layout_height="wrap_content" />

</RelativeLayout>
```

아이디 속성을 입력하면 액티비티 자바 소스에서 텍스트 뷰를 제어할 수 있다.

이것으로 액션 응답을 알아보기 위한 코딩 준비가 끝났다. 이제부터 액션에 대한 응답에 집중하여 학습하자.

7.2 기본 액션 응답

5장에서 여러 개의 액션을 만들어 스마트폰과 시계에 보이도록 코딩했다.

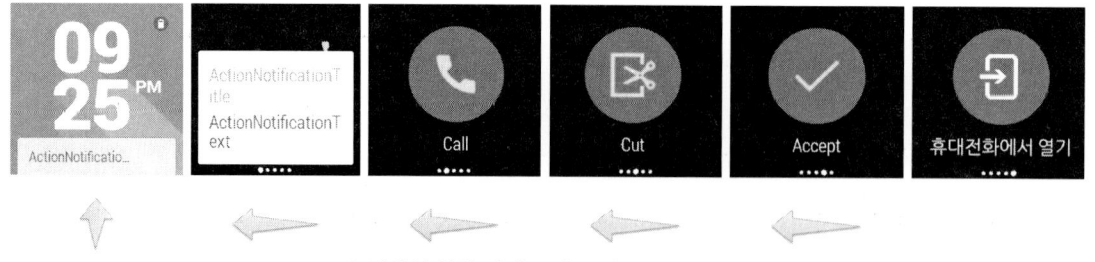

[5장에서 알림 빌더로 만든 액션]

각 액션 버튼을 누르면 모두 [MyActivity]를 실행하도록 구현됐다. 각 액션들은 구분이 없이 모두 같은 동작을 한다. 기존에 만들었던 액션 소스를 보강하여 어떤 버튼을 눌렀는지 알 수 있도록 해보자.

1. 반응 가능한 액션 코딩하기

아래 소스를 참고하여 [MyActivity.java] 소스를 수정하자.

---

com.example.wearable.notificationtest.MyActivity (계속)

```
package com.example.wearable.notificationtest;

import ...

public class MyActivity extends Activity {

......
    static final int BASIC_RECEIVE_NOTIFICATION_ID =15;        // 기본 응답 알림 일련번호
    static final String EXTRA_RESULT_KEY ="extra_result_key";  // 인텐트 전달 키
    static final int BASIC_RECEIVE_ACTION1_ID = 0;             // 기본 응답 액션1 일련번호
    static final int BASIC_RECEIVE_ACTION2_ID = 1;             // 기본 응답 액션2 일련번호
    static final int BASIC_RECEIVE_ACTION3_ID = 2;             // 기본 응답 액션3 일련번호

......
    // Basic Receive Notification 버튼을 누르면 실행되는 메소드이다.
    public void showBasicReceiveNotification (View view){

        // 리시브 액티비티 인텐트 생성
        Intent receiveIntent = new Intent(this, ReceiveActivity.class);

        // 액션 1을 눌렀을 때 받을 ReceiveText 값을 입력
        receiveIntent.putExtra(EXTRA_RESULT_KEY, "Call Action Click!");

        // 액션 1을 실행할 때까지 대기할 팬딩인텐트 생성
        PendingIntent viewPendingIntent1 =
            PendingIntent.getActivity(this, BASIC_RECEIVE_ACTION1_ID,
                receiveIntent, PendingIntent.FLAG_UPDATE_CURRENT);

        // 액션 2를 눌렀을 때 받을 ReceiveText 값을 입력
        receiveIntent.putExtra(EXTRA_RESULT_KEY, "Cut Action Click!");

        // 액션 2를 실행할 때까지 대기할 팬딩인텐트 생성
        PendingIntent viewPendingIntent2 =
            PendingIntent.getActivity(this, BASIC_RECEIVE_ACTION2_ID,
                receiveIntent, PendingIntent.FLAG_UPDATE_CURRENT);

        // 액션 3을 눌렀을 때 받을 ReceiveText 값을 입력
```

(이어서) com.example.wearable.notificationtest.MyActivity
| ```java
    receiveIntent.putExtra(EXTRA_RESULT_KEY, "Accept Action Click!");

    // 액션 3을 실행할 때까지 대기할 팬딩인텐트 생성
    PendingIntent viewPendingIntent3 =
        PendingIntent.getActivity(this, BASIC_RECEIVE_ACTION3_ID,
            receiveIntent, PendingIntent.FLAG_UPDATE_CURRENT);

    // 알림(Notification)을 생성하며, 액션을 추가한다.
    Notification notification = new NotificationCompat.Builder(this)
        .setContentTitle("Basic Receive Title")
        .setContentText("Basic Receive Text")
        .setSmallIcon(R.drawable.ic_launcher)
        .addAction(R.drawable.ic_action_call, "Call", viewPendingIntent1)
        .addAction(R.drawable.ic_action_cut, "Cut", viewPendingIntent2)
        .addAction(R.drawable.ic_action_accept, "Accept", viewPendingIntent3)
        .setAutoCancel(true)
        .build();

    // 알림 매니저 객체를 생성하고 실행한다.
    NotificationManagerCompat.from(this).notify(BASIC_RECEIVE_NOTIFICATION_ID, notification);
  }
......
}
``` |

이번에는 아래 소스를 참고하여 [ReceiveActivity.java] 소스를 수정하자.

com.example.wearable.notificationtest.ReceiveActivity (계속)
| ```java
package com.example.wearable.notificationtest;

import android.app.Activity;
import android.os.Bundle;
import android.view.Menu;
import android.view.MenuItem;

import android.content.Intent;
import android.widget.TextView;

public class ReceiveActivity extends Activity {

    @Override
``` |

> **(이어서) com.example.wearable.notificationtest.ReceiveActivity**
>
> ```
> protected void onCreate(Bundle savedInstanceState) {
>     super.onCreate(savedInstanceState);
>     setContentView(R.layout.activity_receive);
>
>     // 알림에서 호출한 인텐트를 가져온다.
>     Intent intent = this.getIntent();
>
>     // 인텐트에 포함된 값을 가져온다.
>     String extraMessage =intent.getStringExtra(MyActivity.EXTRA_RESULT_KEY);
>
>     // 레이아웃의 텍스트뷰를 가져온다.
>     TextView textView = (TextView) findViewById(R.id.receiveText);
>
>     // 레이아웃에 출력할 텍스트를 생성한다.
>     String outputText = "ExtraMessage : " + extraMessage;
>
>     // 텍스트를 텍스트뷰에 출력한다.
>     textView.setText(outputText);
> }
>
> @Override
> public boolean onCreateOptionsMenu(Menu menu) { ... }
>
> @Override
> public boolean onOptionsItemSelected(MenuItem item) { ... }
> }
> ```

[MyActivity.java]와 [ReceiveActivity.java] 소스를 수정했다면 이제 앱을 실행하자.

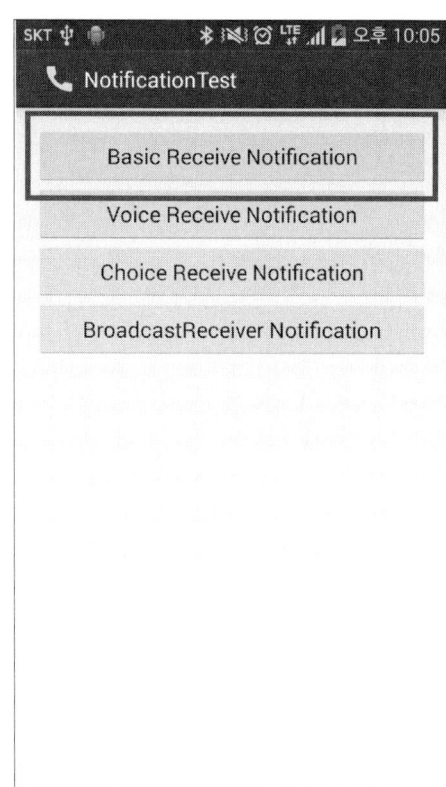 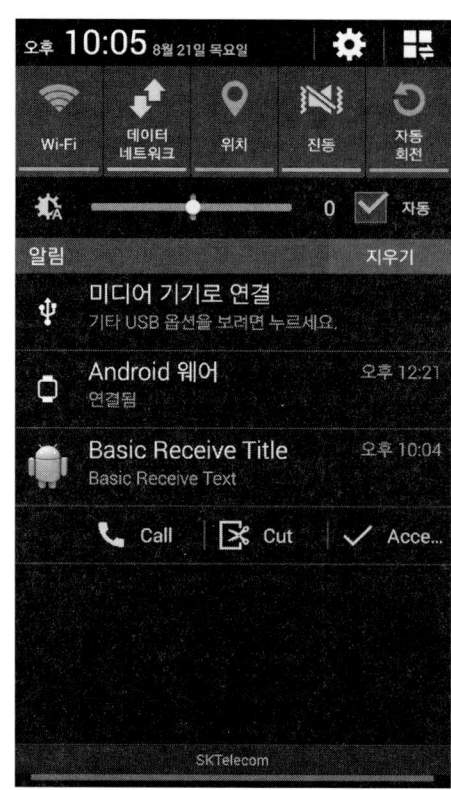

실행된 앱에서 [Basic Receive Notification] 버튼을 누르자. 버튼을 누르면 알림이 발생하며, 상태바를 내리고 알림을 손가락 두 개로 내리면 추가된 세 개의 액션을 볼 수 있다.

시계에서도 알림을 확인해보자.

  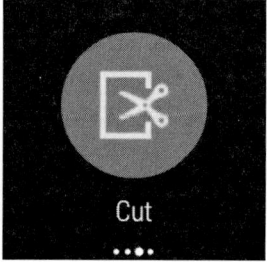 

이제, 시계나 스마트폰에서 액션을 눌러보자.

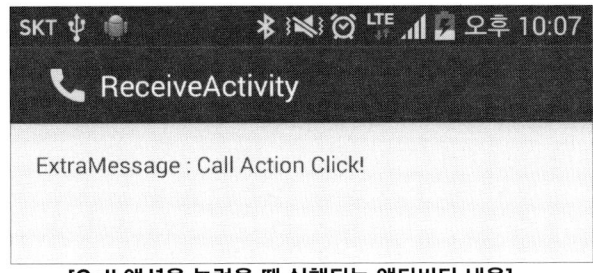

[Call 액션을 눌렀을 때 실행되는 액티비티 내용]

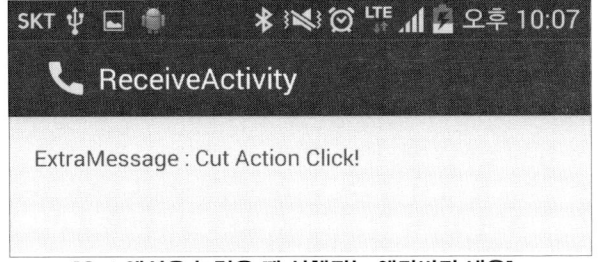

[Cut 액션을 눌렀을 때 실행되는 액티비티 내용]

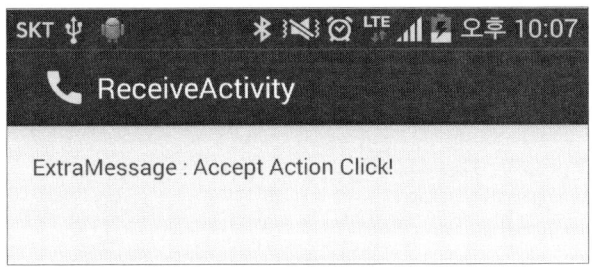

[Accept 액션을 눌렀을 때 실행되는 액티비티 내용]

각 알림의 액션을 누르면 같은 [ReceiveActivity]가 실행되지만 출력되는 메시지 값은 다르다. 액션에 연결된 인텐트에 입력한 ExtraMessage가 출력된다.

2. 팬딩 인텐트 이해하기

실행된 내용을 확인했다면 이제 소스를 살펴보자.

```
com.example.wearable.notificationtest.MyActivity

……
    static final int BASIC_RECEIVE_NOTIFICATION_ID =15; // 기본 응답 알림 일련번호
……
    // Basic Receive Notification 버튼을 누르면 실행되는 메소드이다.
    public void showBasicReceiveNotification (View view){
……
        // 알림 매니저 객체를 생성하고 실행한다.
        NotificationManagerCompat.from(this).notify(BASIC_RECEIVE_NOTIFICATION_ID, notification);
    }
……
}
```

기존에 만든 다른 알림들과 마찬가지로 알림을 위한 고유한 일련번호를 만든다. 다른 알림과 겹치지 않도록 숫자를 부여한다.

다음으로, 인텐트를 생성하고 액션을 생성하는 코드를 살펴보자.

```
com.example.wearable.notificationtest.MyActivity (계속)

……
    static final String EXTRA_RESULT_KEY = "extra_result_key";   // 인텐트 전달 키
    static final int BASIC_RECEIVE_ACTION1_ID = 0;               // 기본 응답 액션1 일련번호
    static final int BASIC_RECEIVE_ACTION2_ID = 1;               // 기본 응답 액션2 일련번호
    static final int BASIC_RECEIVE_ACTION3_ID = 2;               // 기본 응답 액션3 일련번호
……

    // Basic Receive Notification 버튼을 누르면 실행되는 메소드이다.
    public void showBasicReceiveNotification (View view){

        // 리시브 액티비티 인텐트 생성
        Intent receiveIntent = new Intent(this, ReceiveActivity.class);

        // 액션 1을 눌렀을 때 받을 ReceiveText 값을 입력
        receiveIntent.putExtra(EXTRA_RESULT_KEY, "Call Action Click!");

        // 액션 1을 실행할 때까지 대기할 팬딩인텐트 생성
        PendingIntent viewPendingIntent1 =
            PendingIntent.getActivity(this, BASIC_RECEIVE_ACTION1_ID,
                receiveIntent, PendingIntent.FLAG_UPDATE_CURRENT);

        // 액션 2를 눌렀을 때 받을 ReceiveText 값을 입력
```

(이어서) com.example.wearable.notificationtest.MyActivity

receiveIntent.putExtra(EXTRA_RESULT_KEY, "Cut Action Click!");
 	
// 액션 2를 실행할 때까지 대기할 팬딩인텐트 생성
PendingIntent viewPendingIntent2 =
    PendingIntent.getActivity(this, BASIC_RECEIVE_ACTION2_ID,
        receiveIntent, PendingIntent.FLAG_UPDATE_CURRENT);
 	
// 액션 3을 눌렀을 때 받을 ReceiveText 값을 입력
receiveIntent.putExtra(EXTRA_RESULT_KEY, "Accept Action Click!");
……
}

7.1절에서 생성한 [ReceiveActivity.class]를 인텐트의 두 번째 매개변수로 입력하여 인텐트를 생성했다. 기존에는 [MyActivity.class]를 넣었기 때문에 액션을 눌렀을 때 메인 액티비티가 실행됐지만 이 소스에는 [ReceiveActivity.class]를 넣었기 때문에 액션을 누르면 리시브 액티비티가 실행된다.

putExtra() 메소드를 활용하여 리시브 인텐트에 값을 입력한다. putExtra() 메소드의 첫 번째 매개변수는 인텐트에 입력할 키 값이다. 여러 개의 값들을 인텐트에 넣을 수 있는데 키 값으로 구분한다.

putExtra() 메소드의 이해를 돕기 위해 [ReceiveActivity] 소스를 잠시 살펴보자.

com.example.wearable.notificationtest.ReceiveActivity

……
 	
public class ReceiveActivity extends Activity {
 	
  @Override
  protected void onCreate(Bundle savedInstanceState) {
    super.onCreate(savedInstanceState);
    setContentView(R.layout.activity_receive);
 	
    // 알림에서 호출한 인텐트를 가져온다.
    Intent intent = this.getIntent();
 	
    // 인텐트에 포함된 값을 가져온다.
    String extraMessage = intent.getStringExtra(MyActivity.EXTRA_RESULT_KEY);
……
}

알림을 생성할 때 putExtra() 메소드에 [MyActivity.EXTRA_RESULT_KEY] 키 값으로 텍스트를 입력했으므로, 액션을 눌러 실행된 [ReceiveActivity]에서 값을 가져오려면 getStringExtra() 메소드에

[MyActivity.EXTRA_RESULT_KEY]를 입력하여 텍스트를 가져오게 된다.

이제, [ExtraMessage]를 추가한 인텐트로 팬딩 인텐트를 생성한다. 그동안 팬딩 인텐트를 많이 사용해 왔지만, 자세한 설명은 하지 않았다. 아래 설명을 통해 팬딩 인텐트를 이해하자.

---

public static PendingIntent getActivity (Context context, int requestCode, Intent intent, int flags)

팬딩 인텐트는 인텐트가 실행될 때까지 대기하고, 인텐트가 실행될 때 활용된다.

〈 매개변수 〉
- context: 팬딩 인텐트가 실행될 액티비티를 입력한다.
- requestCode: 팬딩 인텐트에서 사용될 일변번호를 입력한다.
- intent: 실행될 인텐트를 지정한다.
- flags: 인텐트가 실행될 때 값에 대한 제어 속성을 부여한다.

    사용 가능 상수:
      FLAG_ONE_SHOT – 팬딩 인텐트가 단 한번만 실행되게 한다.
      FLAG_NO_CREATE – 기존에 생성된 같은 팬딩 인텐트가 없는 경우 새로 생성하지 않는다.
      FLAG_CANCEL_CURRENT – 앞에 실행된 팬딩 인텐트를 취소하고 새로 생성한다.
      FLAG_UPDATE_CURRENT – 앞에 실행된 팬딩 인텐트에 새로운 옵션 값들을 업데이트한다.

추가 정보를 원하면 http://developer.android.com/reference/android/app/PendingIntent.html을 이용한다.

위 설명은 구글 개발자 레퍼런스 사이트의 PendingIntent.getActivity()를 가져온 것이다. 팬딩 인텐트는 인텐트가 어디선가 실행하기 전에 대기 상태로 만들어 주는 기능을 한다. 팬딩 인텐트로 앞서 만든 리시브 인텐트를 지정하고, 액션이 실행되면 이 팬딩 인텐트가 실행되는 구조다.

소스에서 입력된 각 값들을 하나씩 살펴보자.

---

com.example.wearable.notificationtest.MyActivity

......
```
// 액션 1을 실행할 때까지 대기할 팬딩인텐트 생성
PendingIntent viewPendingIntent1 =
    PendingIntent.getActivity(this, BASIC_RECEIVE_ACTION1_ID,
        receiveIntent, PendingIntent.FLAG_UPDATE_CURRENT);
```
......

첫 번째 매개변수인 context는 팬딩 인텐트가 실행될 액티비티를 입력한다. 여기서는 this 키워드를 입력했는데, this는 현재 위치에 있는 클래스를 가리킨다. 즉, this 키워드는 MyActivity 클래스를 가리킨다.

두 번째 매개변수인 requestCode를 보면, 새로 만든 BASIC_RECEIVE_ACTION1_ID를 사용했다. 이 값이 겹치면 같은 팬딩 인텐트로 인식하기 때문에 인텐트 속성들이 겹쳐지는 문제가 발생할 수 있다. 따라서 같은 인텐트를 활용하여 팬딩 인텐트를 생성하는 경우에는 반드시 이 값이 중복되지 않게 입력해야 한다.

세 번째 매개변수인 intent 속성에는 위에서 생성한 receiveIntent 객체를 입력했다. 따라서 액션에서 이 팬딩 인텐트를 실행하면 리시브 인텐트가 실행된다.

마지막으로 입력된 매개변수 flags는 팬딩 인텐트의 옵션이다. 우리가 사용한 PendingIntent.FLAG_UPDATE_CURRENT 값은 새로운 팬딩 인텐트가 실행될 때 기존에 있던 팬딩 인텐트 속성을 덮어씌우는 속성이다. 이 소스에서 총 세 개의 팬딩 인텐트를 생성하는데, 같은 인텐트에 putExtra() 메소드로 각각 다른 텍스트를 입력하기 때문에 PendingIntent.FLAG_UPDATE_CURRENT 속성을 사용해야 한다. PendingIntent.FLAG_UPDATE_CURRENT 값을 지정했기 때문에 액션을 누를 때마다 putExtra() 메소드의 매개변수로 입력한 텍스트 값을 변경해준다.

세 개의 팬딩 인텐트를 알림 빌더의 액션으로 지정하는 소스를 살펴보자.

com.example.wearable.notificationtest.MyActivity (계속)

```
......
    // Basic Receive Notification 버튼을 누르면 실행되는 메소드이다.
    public void showBasicReceiveNotification (View view){

        // 리시브 액티비티 인텐트 생성
        Intent receiveIntent = new Intent(this, ReceiveActivity.class);

        receiveIntent.putExtra(EXTRA_RESULT_KEY, "Call Action Click!");
        PendingIntent viewPendingIntent1 = ...

        receiveIntent.putExtra(EXTRA_RESULT_KEY, "Cut Action Click!");
        PendingIntent viewPendingIntent2 = ...

        receiveIntent.putExtra(EXTRA_RESULT_KEY, "Accept Action Click!");
        PendingIntent viewPendingIntent3 = ...

        // 알림(Notification)을 생성하며, 액션을 추가한다.
        Notification notification = new NotificationCompat.Builder(this)
            .setContentTitle("Basic Receive Title")
            .setContentText("Basic Receive Text")
            .setSmallIcon(R.drawable.ic_launcher)
            .addAction(R.drawable.ic_action_call, "Call", viewPendingIntent1)
            .addAction(R.drawable.ic_action_cut, "Cut", viewPendingIntent2)
            .addAction(R.drawable.ic_action_accept, "Accept", viewPendingIntent3)
            .setAutoCancel(true)
```

(이어서) com.example.wearable.notificationtest.MyActivity
| ```
        .build();

    // 알림 매니저 객체를 생성하고 실행한다.
    NotificationManagerCompat.from(this).notify(BASIC_RECEIVE_NOTIFICATION_ID, notification);
  }
  ......
}
``` |

addAction() 메소드로 세 개의 액션을 추가했다. addAction() 메소드의 매개변수는 아이콘, 텍스트, 팬딩 인텐트 순으로 입력한다.

3. 리시브 액티비티 이해하기

다음으로, [ReceiveActivity.java] 소스를 살펴볼 차례다.

com.example.wearable.notificationtest.ReceiveActivity (계속)
| ```
package com.example.wearable.notificationtest;

import android.app.Activity;
import android.os.Bundle;
import android.view.Menu;
import android.view.MenuItem;

import android.content.Intent;
import android.widget.TextView;

public class ReceiveActivity extends Activity {

  @Override
  protected void onCreate(Bundle savedInstanceState) {
    super.onCreate(savedInstanceState);
    setContentView(R.layout.activity_receive);

    // 알림에서 호출한 인텐트를 가져온다.
    Intent intent = this.getIntent();

    // 인텐트에 포함된 값을 가져온다.
    String extraMessage = intent.getStringExtra(MyActivity.EXTRA_RESULT_KEY);

    // 레이아웃의 텍스트뷰를 가져온다.
``` |

(이어서) com.example.wearable.notificationtest.ReceiveActivity

```
    TextView textView = (TextView) findViewById(R.id.receiveText);

    // 레이아웃에 출력할 텍스트를 생성한다.
    String outputText = "ExtraMessage : " + extraMessage;

    // 텍스트를 텍스트뷰에 출력한다.
    textView.setText(outputText);
}

@Override
public boolean onCreateOptionsMenu(Menu menu) { ... }

@Override
public boolean onOptionsItemSelected(MenuItem item) { ... }
}
```

우선 import 문장으로 두 개의 라이브러리를 추가했다. android.content.Intent는 팬딩인텐트를 통해 실행될 값을 가져오기 위한 인텐트 라이브러리이고, android.widget.TextView는 레이아웃의 텍스트뷰를 제어하기 위한 라이브러리이다.

[MyActivity]에서 생성한 알림의 액션을 누르면 인텐트를 실행하고 putExtra() 메소드에 넣은 값을 전달하기 때문에 인텐트의 getStringExtra() 메소드를 활용하여 전달된 값을 가져온다. getStringExtra() 메소드의 파라미터에 MyActivity에서 입력한 키와 동일한 [MyActivity.EXTRA_RESULT_KEY] 키를 넣어 [MyActivity]에서 입력한 값을 가져온다. 가져온 값을 extraMessage 변수에 넣고, 텍스트 뷰에 출력한다.

이상으로, 액션을 만들 때 인텐트에 미리 정해놓은 변수를 넣음으로써 사용자가 입력한 액션을 구분하는 방법을 익혔다. 알림의 액션을 활용하면 스마트폰과 연동하여 구현할 수 있는 영역이 넓어진다.

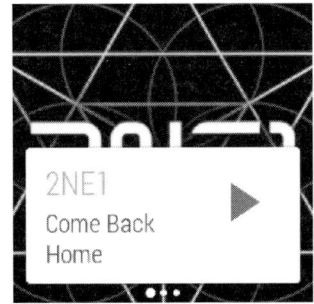

위 그림은 안드로이드 기본 뮤직 플레이어에서 제공하는 시계 기능이다. 첫 번째 컨텐트에는 플레이 액션

을 입력하고, 두 번째 입력 액션과 세 번째 입력 액션에는 다음 재생과 이전 재생을 수행하도록 구현한 모습이다.

알림의 기본 응답을 활용하면 뮤직플레이어와 같이 액션 버튼을 눌렀을 때 특정 기능을 지정하여 수행하도록 구현할 수 있다.

7.3 음성 인식 응답

이번에는 시계에서 사용자에게 음성 응답을 받는 방법을 배워 볼 것이다.

1. 음성 인식 액션 코딩하기

아래 소스를 참고하여 [MyActivity.java] 소스를 수정하자.

com.example.wearable.notificationtest.MyActivity (계속)

```java
package com.example.wearable.notificationtest;

import ...

import android.support.v4.app.RemoteInput;

public class MyActivity extends Activity {

......
    static final int VOICE_RECEIVE_NOTIFICATION_ID = 16;        // 음성 응답 알림 일련번호
    static final String VOICE_RESULT_KEY = "voice_result_key";  // 인텐트 음성 전달 키
......

    // Voice Receive Notification 버튼을 누르면 실행되는 메소드이다.
    public void showVoiceReceiveNotification (View view){

        // 음성을 전달받을 인텐트 생성
        Intent remoteIntent = new Intent(this, ReceiveActivity.class);
        remoteIntent.putExtra(EXTRA_RESULT_KEY, "Voice Remote Action!");

        // 팬딩 인텐트 생성
        PendingIntent replyPendingIntent =
            PendingIntent.getActivity(this, 0, remoteIntent,
                PendingIntent.FLAG_UPDATE_CURRENT);

        // 음성 입력 객체 생성
```

(이어서) com.example.wearable.notificationtest.MyActivity

```
        RemoteInput remoteInput = new RemoteInput.Builder(VOICE_RESULT_KEY)
            .setLabel("Remote Label")
            .build();

        // 음성을 입력받을 액션 생성
        NotificationCompat.Action action =
            new NotificationCompat.Action.Builder(R.drawable.ic_action_accept,
                "Voice Remote Action", replyPendingIntent)
                .addRemoteInput(remoteInput)
                .build();

        // 웨어러블 확장 클래스를 활용한 액션 추가
        Notification notification = new NotificationCompat.Builder(this)
            .setSmallIcon(R.drawable.ic_launcher)
            .setContentTitle("Voice Remote Title")
            .setContentText("Voice Remote Text")
            .extend(new WearableExtender().addAction(action))
            .build();

        // 알림 매니저 객체를 생성하고 실행한다.
        NotificationManagerCompat.from(this).notify(VOICE_RECEIVE_NOTIFICATION_ID, notification);
    }
    ......
}
```

이번에는 아래 소스를 참고하여 [ReceiveActivity.java] 소스를 수정하자. onCreate() 메소드를 수정하고, getMessageText() 메소드를 생성해야 한다.

com.example.wearable.notificationtest.ReceiveActivity (계속)

```
package com.example.wearable.notificationtest;

import ...

import android.support.v4.app.RemoteInput;

public class ReceiveActivity extends Activity {

    @Override
    protected void onCreate(Bundle savedInstanceState) {
        super.onCreate(savedInstanceState);
```

(이어서) com.example.wearable.notificationtest.ReceiveActivity

```
    setContentView(R.layout.activity_receive);

    // 알림에서 호출한 인텐트를 가져온다.
    Intent intent = this.getIntent();

    // 인텐트에 포함된 값을 가져온다.
    String extraMessage = intent.getStringExtra(MyActivity.EXTRA_RESULT_KEY);

    // 알림에서 전달된 음성 인식 결과를 가져온다.
    CharSequence voiceMessage = getMessageText(intent);

    // 레이아웃의 텍스트뷰를 가져온다.
    TextView textView = (TextView) findViewById(R.id.receiveText);

    // 레이아웃에 출력할 텍스트를 생성한다.
    String outputText = "ExtraMessage : " + extraMessage + "\n"
                      + "VoiceMessage : " + voiceMessage;

    // 텍스트를 텍스트뷰에 출력한다.
    textView.setText(outputText);
}

/**
 * 시계의 음성 인식 텍스트를 반환한다.
 */
private CharSequence getMessageText(Intent intent) {
    // 인텐트로부터 결과 값을 가져온다.
    Bundle remoteInput = RemoteInput.getResultsFromIntent(intent);

    // 인텐트 결과 값이 있는 경우 음성을 가져온다.
    if (remoteInput != null) {
        return remoteInput.getCharSequence(MyActivity.VOICE_RESULT_KEY);
    }

    return null;
}

@Override
public boolean onCreateOptionsMenu(Menu menu) { ... }

@Override
public boolean onOptionsItemSelected(MenuItem item) { ... }
}
```

[MyActivity.java]와 [ReceiveActivity.java] 소스를 수정했다면 이제 앱을 실행하자.

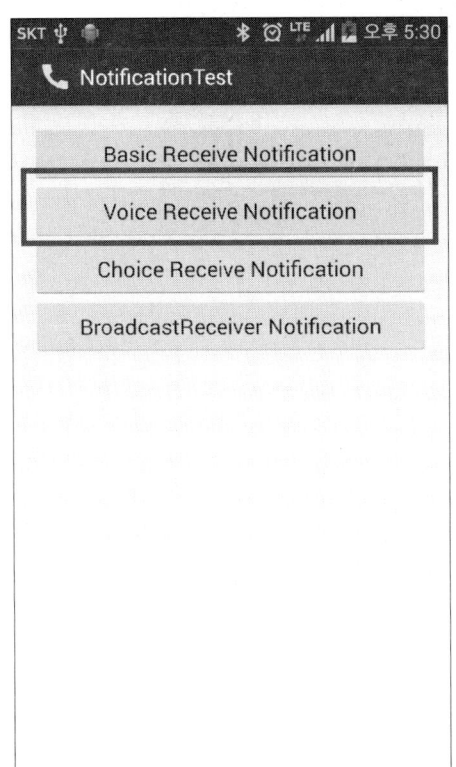
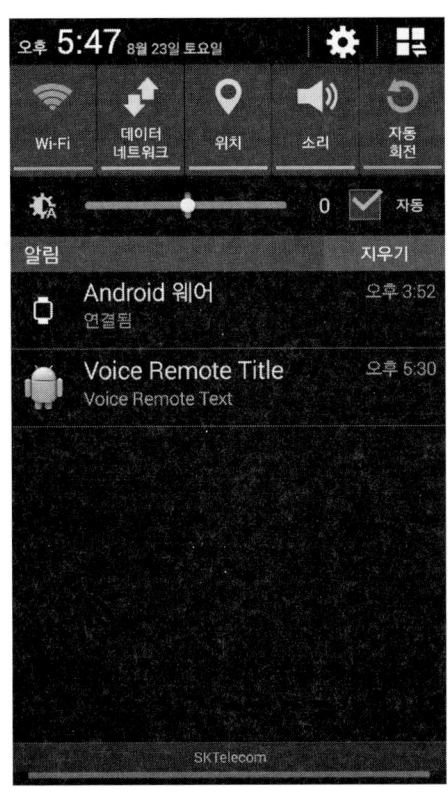

실행된 앱에서 [Voice Receive Notification] 버튼을 누르자. 버튼을 누르면 알림이 발생한다.

시계에서 알림을 확인해보자.

알림에 [Voice Remote Action] 타이틀의 액션이 생성됐다. 이제 액션을 눌러보자.

  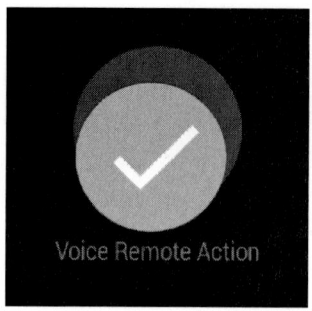

액션을 누르면 소스에서 입력한 Remove Label이 보이고, "지금 말하기"라는 글씨가 흐리게 보인다. 이 상태에서 시계에 대고 필자가 "음성인식 테스트"라고 말했다. 그리고 성공적으로 전송된 화면이 표시된다.

이제 스마트폰을 보자.

[음성 인식 액티비티 내용]

인텐트에 입력한 [ExtraMessage]와 음성 인식된 결과인 [VoiceMessage] 값이 보인다.

2. 음성 인식 소스 이해하기

실행된 내용을 확인했다면 이제 소스를 살펴보자.

com.example.wearable.notlflcatlontest.MyActivity (계속)
package com.example.wearable.notificationtest;
import ...
import android.support.v4.app.RemoteInput;
public class MyActivity extends Activity {
......
static final int VOICE_RECEIVE_NOTIFICATION_ID = 16; // 음성 응답 알림 일련번호

```
(이어서) com.example.wearable.notificationtest.MyActivity

    static final String VOICE_RESULT_KEY = "voice_result_key"; // 인텐트 음성 전달 키
......
        // 알림 매니저 객체를 생성하고 실행한다.
        NotificationManagerCompat.from(this).notify(VOICE_RECEIVE_NOTIFICATION_ID, notification);
    }
......
```

우선 import 문장으로 RemoteInput 라이브러리를 포함시킨다. RemoteInput 라이브러리를 활용하여 시계에서 음성을 받는다.

기존에 만든 다른 알림들과 마찬가지로 알림을 위한 고유한 일련번호를 만든다. 다른 알림과 겹치지 않도록 숫자를 부여한다.

다음으로, 인텐트를 생성하고 음성 인식 액션을 생성하는 코드를 살펴보자.

```
com.example.wearable.notificationtest.MyActivity (계속)

......
    // Voice Receive Notification 버튼을 누르면 실행되는 메소드이다.
    public void showVoiceReceiveNotification (View view){

        // 음성을 전달받을 인텐트 생성
        Intent remoteIntent = new Intent(this, ReceiveActivity.class);
        remoteIntent.putExtra(EXTRA_RESULT_KEY, "Voice Remote Action!");

        // 팬딩 인텐트 생성
        PendingIntent replyPendingIntent =
            PendingIntent.getActivity(this, 0, remoteIntent,
                PendingIntent.FLAG_UPDATE_CURRENT);

        // 음성 입력 객체 생성
        RemoteInput remoteInput = new RemoteInput.Builder(VOICE_RESULT_KEY)
            .setLabel("Remote Label")
            .build();

        // 음성을 입력받을 액션 생성
        NotificationCompat.Action action =
            new NotificationCompat.Action.Builder(R.drawable.ic_action_accept,
```

```
(이어서) com.example.wearable.notificationtest.MyActivity
                "Voice Remote Action", replyPendingIntent)
                .addRemoteInput(remoteInput)
                .build();

// 웨어러블 확장 클래스를 활용한 액션 추가
Notification notification = new NotificationCompat.Builder(this)
        .setSmallIcon(R.drawable.ic_launcher)
        .setContentTitle("Voice Remote Title")
        .setContentText("Voice Remote Text")
        .extend(new WearableExtender().addAction(action))
        .build();

// 알림 매니저 객체를 생성하고 실행한다.
NotificationManagerCompat.from(this).notify(VOICE_RECEIVE_NOTIFICATION_ID, notification);
    }

......
}
```

7.2절과 동일하게 7.1절에서 생성한 [ReceiveActivity.class]를 인텐트의 두 번째 매개변수로 입력하여 인텐트를 생성했다. 기존에는 [MyActivity.class]를 넣었기 때문에 액션을 눌렀을 때 메인 액티비티가 실행됐지만 이 소스에서는 [ReceiveActivity.class]를 넣었기 때문에 액션을 누르면 리시브 액티비티가 실행된다.

putExtra() 메소드를 활용하여 리시브 인텐트에 "Voice Remote Action!" 값을 입력한다. putExtra() 메소드의 첫 번째 매개변수는 인텐트에 입력할 키 값이다. 여러 개의 값을 인텐트에 넣을 수 있는데 키 값으로 구분한다.

생성한 리모트 인텐트를 사용하여 팬딩인텐트를 만든다. 여기까지는 7.2절에서 만든 팬딩 인텐트와 동일한 내용이다.

다음으로, RemoteInput 클래스로 객체를 생성한다. 이 클래스는 시계에서 음성 인식 액션을 실행시키고, 값을 받아오게 하는 기능을 한다. 객체를 만들 때 생성자 매개변수로 VOICE_RESULT_KEY를 넣었다. 이 키는 음성 인식된 값을 가져올 때 활용된다.

RemoteInput 클래스의 이해를 돕기 위해 [ReceiveActivity] 소스를 살펴보자.

7.3 음성 인식 응답

com.example.wearable.notificationtest.ReceiveActivity (계속)

```java
package com.example.wearable.notificationtest;

import ...

import android.support.v4.app.RemoteInput;

public class ReceiveActivity extends Activity {

  @Override
  protected void onCreate(Bundle savedInstanceState) {
    super.onCreate(savedInstanceState);
    setContentView(R.layout.activity_receive);

    // 알림에서 호출한 인텐트를 가져온다.
    Intent intent = this.getIntent();

    // 인텐트에 포함된 값을 가져온다.
    String extraMessage = intent.getStringExtra(MyActivity.EXTRA_RESULT_KEY);

    // 알림에서 전달된 음성 인식 결과를 가져온다.
    CharSequence voiceMessage = getMessageText(intent);

    // 레이아웃의 텍스트뷰를 가져온다.
    TextView textView = (TextView) findViewById(R.id.receiveText);

    // 레이아웃에 출력할 텍스트를 생성한다.
    String outputText = "ExtraMessage : " + extraMessage + "\n"
                      + "VoiceMessage : " + voiceMessage;

    // 텍스트를 텍스트뷰에 출력한다.
    textView.setText(outputText);
  }

  /**
   * 시계의 음성 인식 텍스트를 반환한다.
   */
  private CharSequence getMessageText(Intent intent) {
    // 인텐트로부터 결과 값을 가져온다.
    Bundle remoteInput = RemoteInput.getResultsFromIntent(intent);

    // 인텐트 결과 값이 있는 경우 음성을 가져온다.
    if (remoteInput != null) {
```

> **(이어서) com.example.wearable.notificationtest.ReceiveActivity**
> ```
>         return remoteInput.getCharSequence(MyActivity.VOICE_RESULT_KEY);
>     }
> 
>     return null;
> }
> 
> @Override
> public boolean onCreateOptionsMenu(Menu menu) { ... }
> 
> @Override
> public boolean onOptionsItemSelected(MenuItem item) { ... }
> }
> ```

음성 인식된 값을 가져오는 getMessage() 메소드의 내용을 살펴보자. getMessage() 메소드에서 가장 먼저 RemoteInput.getResultsFromIntent() 메소드를 실행한다. RemoteInput.getResultsFromIntent() 메소드는 MyActivity에서 인텐트에 입력한 인텐트의 값들을 모두 가져온다. 추가적으로, 사용자가 음성으로 입력한 텍스트도 포함돼 있다.

사용자가 음성으로 입력한 텍스트를 remoteInput.getCharSequence() 메소드로 가져온다. remoteInput.getCharSequence() 메소드의 매개변수로 입력한 [VOICE_RESULT_KEY]는 음성 입력 값을 가리키는 키이다. 액션 인텐트에서 putExtra()와 getStringExtra()의 매개변수로 사용하는 [EXTRA_RESULT_KEY]와 유사한 개념이다.

remoteInput 객체를 만들 때 setLabel() 메소드는 시계에 보이는 레이블을 변경할 수 있다. 아래 그림을 보자.

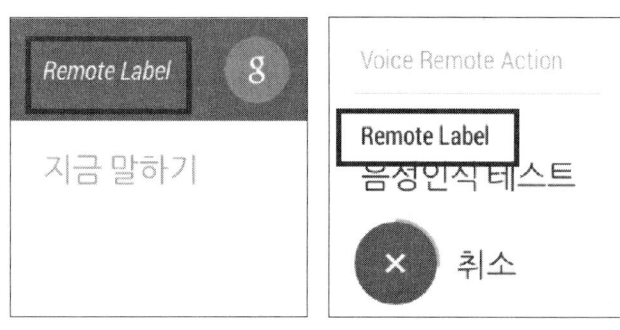

소스에서 setLabel() 메소드에 입력한 "Remote Label"이 보인다.

액션을 생성할 때 addRemoteInput() 메소드의 매개변수로 remoteIntent 객체를 입력한다. addRemoteInput() 메소드를 액션에서 사용하면 액션을 실행할 때 음성 인식을 받는 화면으로 넘어가게 된다.

그리고 나머지 소스는 웨어러블 확장 클래스를 활용한 액션을 만드는 내용이다. 액션을 웨어러블 확장 클래스의 addAction() 메소드로 입력하고 알림 빌더로 알림을 실행했다.

액션에 RemoteInput 클래스를 활용하면 음성 인식이 가능하다는 사실을 알아봤다. 음성 인식 응답은 알림의 코딩을 조금만 수정하면 가능하다는 것도 알게 됐다.

7.4 선택 문항 응답

사용자의 명령을 음성으로 입력받으면 상당히 편리하다. 하지만 음성 명령은 입력할 수 있는 범위가 너무 넓기 때문에, 음성 명령을 해석하도록 앱을 설계해야 하는 개발자는 상당히 곤혹스럽다.

개발자가 미리 일정 응답을 정해 놓는다면 음성 명령을 해석하는 수고를 줄일 수 있다. 혹은, 사용자가 불가피하게 소리를 낼 수 없는 상황이라면, 시계에서 문항을 선택하여 대답하는 방법을 제시하는 것도 좋다.

이번에 배울 것은 개발자가 미리 정해놓은 문항으로 사용자가 응답하는 선택 문항 응답이다.

1. 선택 문항 응답 코딩하기

시계에서 사용자에게 선택 문항으로 응답을 받는 코드를 작성해보자.

우선 리소스의 [string.xml]에 문항을 입력하자.

```
NotificationTest/app/src/main/res/values/string.xml

<?xml version="1.0" encoding="utf-8"?>
<resources>

    <string name="app_name">NotificationTest</string>
    <string name="hello_world">Hello world!</string>
    <string name="action_settings">Settings</string>
    <string name="title_activity_receive">ReceiveActivity</string>

    <string-array name="remote_choices">
        <item>Yes</item>
        <item>No</item>
        <item>Maybe</item>
    </string-array>

</resources>
```

다음으로, 아래 소스를 참고하여 [MyActivity.java] 소스를 수정하자.

com.example.wearable.notificationtest.MyActivity (계속)

```
package com.example.wearable.notificationtest;

import ...

public class MyActivity extends Activity {

......
    static final int CHOICE_RECEIVE_NOTIFICATION_ID = 17; // 선택 응답 알림 일련번호
......

    // Choice Receive Notification 버튼을 누르면 실행되는 메소드이다.
    public void showChoiceReceiveNotification (View view){

        // 음성을 입력받을 인텐트 생성
        Intent remoteIntent = new Intent(this, ReceiveActivity.class);
        remoteIntent.putExtra(EXTRA_RESULT_KEY, "Choice Remote Action!");

        // 팬딩 인텐트 생성
        PendingIntent replyPendingIntent =
            PendingIntent.getActivity(this, 0, remoteIntent,
                PendingIntent.FLAG_UPDATE_CURRENT);

        // 음성 응답 상단의 문구 지정
        String remoteLabel = "Remote Label";

        // 선택 응답 값들 지정
        String[] remoteChoices = getResources().getStringArray(R.array.remote_choices);

        // 음성 응답 상단 문구와 선택 값을 지정 후 음성 인식 객체 생성
        RemoteInput remoteInput = new RemoteInput.Builder(VOICE_RESULT_KEY)
            .setLabel(remoteLabel)
            .setChoices(remoteChoices)
            .build();

        // 음성을 입력받을 액션 생성
        NotificationCompat.Action action =
            new NotificationCompat.Action.Builder(R.drawable.ic_action_accept,
                "Choice Remote Action", replyPendingIntent)
                    .addRemoteInput(remoteInput)
```

(이어서) com.example.wearable.notificationtest.MyActivity
| ```
            .build();

    // 웨어러블 확장 클래스를 활용한 액션 추가
    Notification notification = new NotificationCompat.Builder(this)
            .setSmallIcon(R.drawable.ic_launcher)
            .setContentTitle("Choice Remote Title")
            .setContentText("Choice Remote Text")
            .extend(new WearableExtender().addAction(action))
            .build();

    // 알림 매니저 객체를 생성하고 실행한다.
    NotificationManagerCompat.from(this).notify(CHOICE_RECEIVE_NOTIFICATION_ID, notification);
    }
......
}
``` |

[MyActivity.java]와 [String.xml] 소스를 수정했다면 이제 앱을 실행하자.

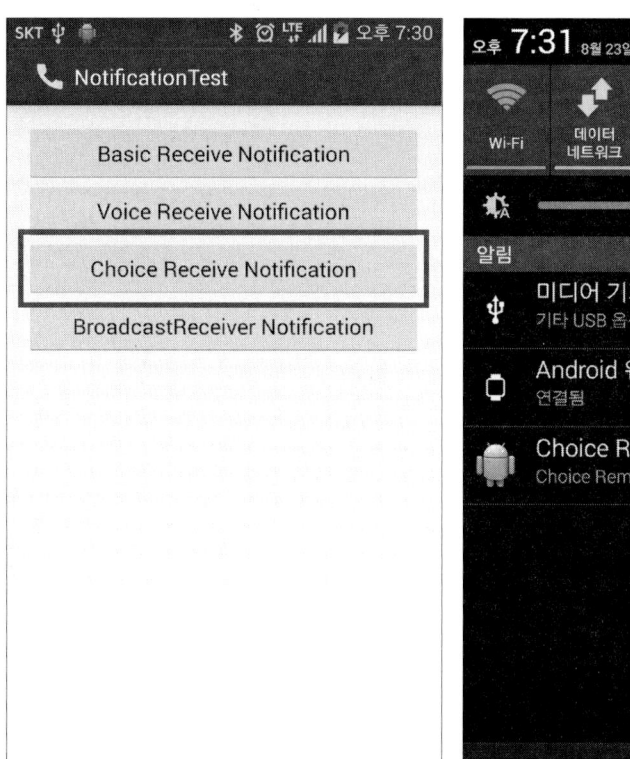
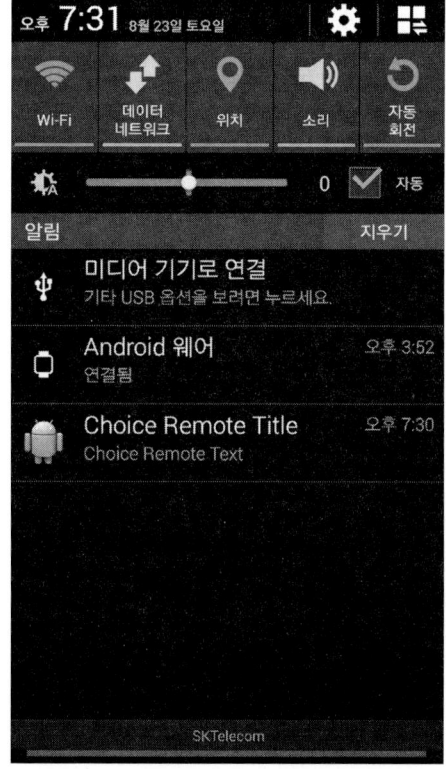
```

실행된 앱에서 [Choice Receive Notification] 버튼을 누르자. 버튼을 누르면 알림이 발생한다.

시계에서 알림을 확인해보자.

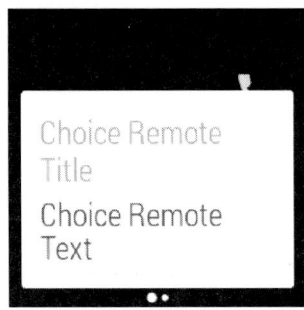 

알림에 [Choice Remote Action] 타이틀의 액션이 생성됐다. 이제 액션을 눌러 보자.

  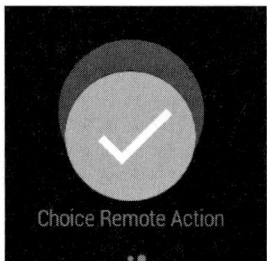

액션을 누르면 소스에서 입력한 Remove Label이 보이고, "지금 말하기"라는 흐린 글씨가 보인다. 이 상태에서 음성으로 응답할 수도 있고, 미리 정의해 놓은 값을 선택할 수도 있다. 시계 화면을 위로 밀어 올리면 선택할 수 있는 값들이 보인다. 리스트 중 MayBe를 선택하였다.

이제 스마트폰을 보자.

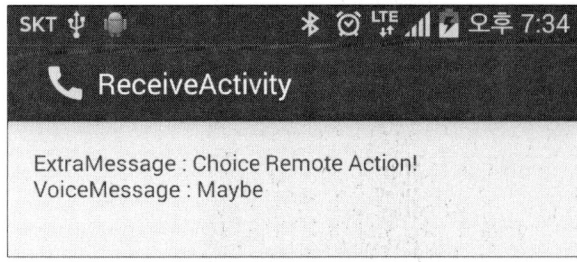

[선택 응답 액티비티 내용]

시계의 선택 리스트에서 선택한 결과 값이 보인다. 리스트에서 선택한 값은 음성으로 인식한 메시지와 동일하게 시계로 전달되기 때문에 [VoiceMessage]로 보인다.

2. 선택 응답 소스 이해하기

실행된 내용을 확인했다면 이제 소스를 살펴보자.

com.example.wearable.notificationtest.MyActivity

```
......
    static final int CHOICE_RECEIVE_NOTIFICATION_ID = 17; // 선택 응답 알림 일련번호
......

    // Choice Receive Notification 버튼을 누르면 실행되는 메소드이다.
    public void showChoiceReceiveNotification (View view){
......
        // 알림 매니저 객체를 생성하고 실행한다.
        NotificationManagerCompat.from(this).notify(CHOICE_RECEIVE_NOTIFICATION_ID, notification);
    }
......
```

기존에 만든 다른 알림들과 마찬가지로 알림을 위한 고유한 일련번호를 만든다. 다른 알림과 겹치지 않도록 숫자를 부여한다.

다음은 인텐트를 생성하고 선택 응답 액션을 생성하는 코드를 살펴보자.

com.example.wearable.notificationtest.MyActivity (계속)

```
......

    // Choice Receive Notification 버튼을 누르면 실행되는 메소드이다.
    public void showChoiceReceiveNotification (View view){

        // 음성을 입력받을 인텐트 생성
        Intent remoteIntent = new Intent(this, ReceiveActivity.class);
        remoteIntent.putExtra(EXTRA_RESULT_KEY, "Choice Remote Action!");

        // 팬딩 인텐트 생성
        PendingIntent replyPendingIntent =
            PendingIntent.getActivity(this, 0, remoteIntent,
                PendingIntent.FLAG_UPDATE_CURRENT);

        // 음성 응답 상단의 문구 지정
        String remoteLabel = "Remote Label";

        // 선택 응답 값들 지정
        String[] remoteChoices = getResources().getStringArray(R.array.remote_choices);
```

> **(이어서) com.example.wearable.notificationtest.MyActivity**
>
> ```
> // 음성 응답 상단 문구와 선택 값을 지정 후 음성 인식 객체 생성
> RemoteInput remoteInput = new RemoteInput.Builder(VOICE_RESULT_KEY)
>     .setLabel(remoteLabel)
>     .setChoices(remoteChoices)
>     .build();
>
> // 음성을 입력받을 액션 생성
> NotificationCompat.Action action =
>     new NotificationCompat.Action.Builder(R.drawable.ic_action_accept,
>         "Choice Remote Action", replyPendingIntent)
>         .addRemoteInput(remoteInput)
>         .build();
>
> // 웨어러블 확장 클래스를 활용한 액션 추가
> Notification notification = new NotificationCompat.Builder(this)
>         .setSmallIcon(R.drawable.ic_launcher)
>         .setContentTitle("Choice Remote Title")
>         .setContentText("Choice Remote Text")
>         .extend(new WearableExtender().addAction(action))
>         .build();
>
> // 알림 매니저 객체를 생성하고 실행한다.
> NotificationManagerCompat.from(this).notify(CHOICE_RECEIVE_NOTIFICATION_ID, notification);
>     }
>
>     ......
> }
> ```

7.2절과 동일하게 7.1절에서 생성한 [ReceiveActivity.class]를 인텐트의 두 번째 매개변수로 입력하여 인텐트를 생성했다. 기존에는 [MyActivity.class]를 넣었기 때문에 액션을 눌렀을 때 메인 액티비티가 실행됐지만 이 소스에서는 [ReceiveActivity.class]를 넣었기 때문에 액션을 누르면 리시브 액티비티가 실행된다.

putExtra() 메소드를 활용하여 리시브 인텐트에 "Choice Remote Action!" 값을 입력한다. putExtra() 메소드의 첫 번째 매개변수는 인텐트에 입력할 키 값이다. 여러 개의 값들을 인텐트에 넣을 수 있는데 키 값으로 구분한다.

생성한 리모트 인텐트를 사용하여 팬딩인텐트를 만든다. 여기까지는 7.2절에서 만든 팬딩 인텐트와 동일한 내용이다.

아래 소스는 RemoteInput 클래스로 객체를 만드는 부분이다.

com.example.wearable.notificationtest.MyActivity

```
......
    // 음성 응답 상단의 문구 지정
    String remoteLabel = "Remote Label";

    // 선택 응답 값들 지정
    String[] remoteChoices = getResources().getStringArray(R.array.remote_choices);

    // 음성 응답 상단 문구와 선택 값을 지정 후 음성 인식 객체 생성
    RemoteInput remoteInput =
        new RemoteInput.Builder(VOICE_RESULT_KEY)
            .setLabel(remoteLabel)
            .setChoices(remoteChoices)
            .build();

    // 음성을 입력받을 액션 생성
    NotificationCompat.Action action = new NotificationCompat.Action.Builder(R.drawable.ic_action_accept,
            "Choice Remote Action", replyPendingIntent)
            .addRemoteInput(remoteInput)
            .build();
......
```

RemoteInput 클래스로 객체를 생성한다. 이 클래스는 시계에서 음성 인식 액션을 실행시키고, 값을 받아오게 하는 기능을 한다. 객체를 만들 때 생성자 매개변수로 VOICE_RESULT_KEY를 넣었다. 이 키는 음성 인식된 값을 가져올 때 활용하는 키이다. 선택 응답도 음성 인식과 동일한 키를 사용한다. 선택 응답으로 선택한 값을 음성 인식과 동일한 방법으로 스마트폰에 전송하기 때문이다.

우선, 상단에 보이는 remoteLabel을 문자로 지정한다. 그리고 선택 값들인 remote_choices는 앞서 만든 string.xml에 추가된 문자 리소스다. 이 리소스를 소스로 가져와서 remoteChoices 문자 배열 변수(String[ ])로 생성한다.

RemoteInput 클래스로 객체를 생성하며, setLabel() 메소드로 응답 상단에 보이는 문자를 지정한다. 그리고 remote_choices 문자 리소스를 가져와서 remoteInput 객체에 setChoices() 메소드로 선택할 수 있는 값을 지정한다.

아래 그림은 리소스에서 가져온 remote_choices의 값들이 리스트로 보이는 모습이다.

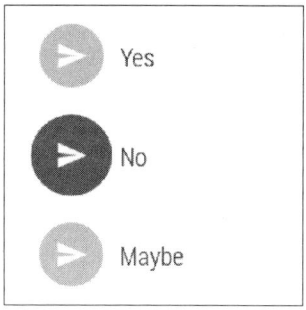

음성 인식 응답에 이어 선택 응답을 알아봤다. 선택 응답은 음성 인식과 동일한 방식에 setChoices() 메소드로 선택할 수 있는 값들만 지정하면 된다는 것을 알 수 있다.

7.5 브로드캐스트 리시버 활용 응답

7.1절부터 7.3절까지는 액티비티로 응답을 받아 화면에 보이도록 처리했다. 이 방법 외에도 인텐트를 활용하여 응답을 받는 방법에는 여러 가지가 있다.

이번에 소개할 방법은 브로드캐스트 리시버(BroadcastReceiver)를 활용한 응답 방법이다. 브로드캐스트 리시버를 활용하면 액티비티를 띄우지 않고 응답을 받을 수 있다.

1. 브로드캐스트 리시버 코딩하기

아래 순서를 따라 브로드캐스트 리시버로 시계의 응답을 받도록 하자.

1) 브로드캐스트 리시버 생성

프로젝트 app 모듈의 main 폴더에서 마우스 오른쪽 버튼을 누르자. [New] -> [Other] -> [Broadcast Receiver]를 선택하자.

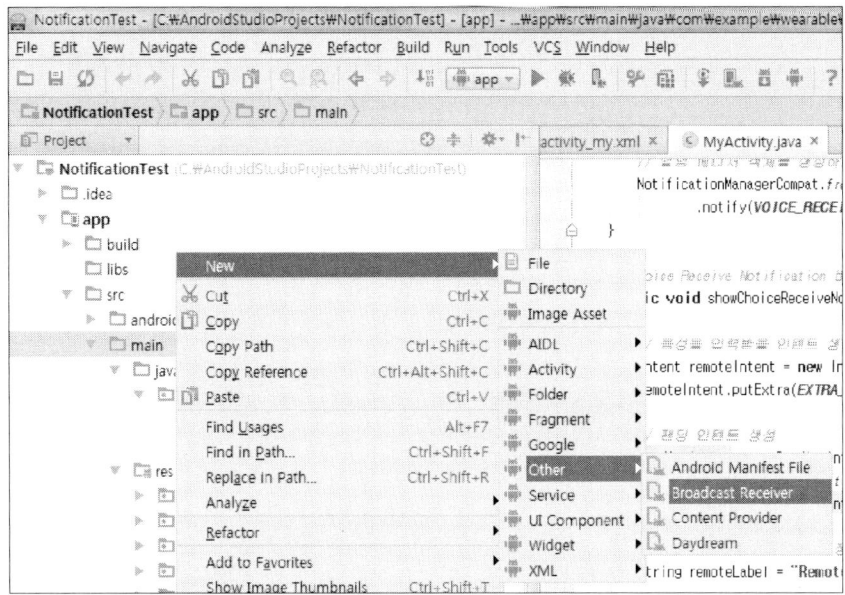

입력된 MyReceiver를 그대로 놓고, [Finish] 버튼을 눌러 브로드캐스트 리시버를 생성한다.

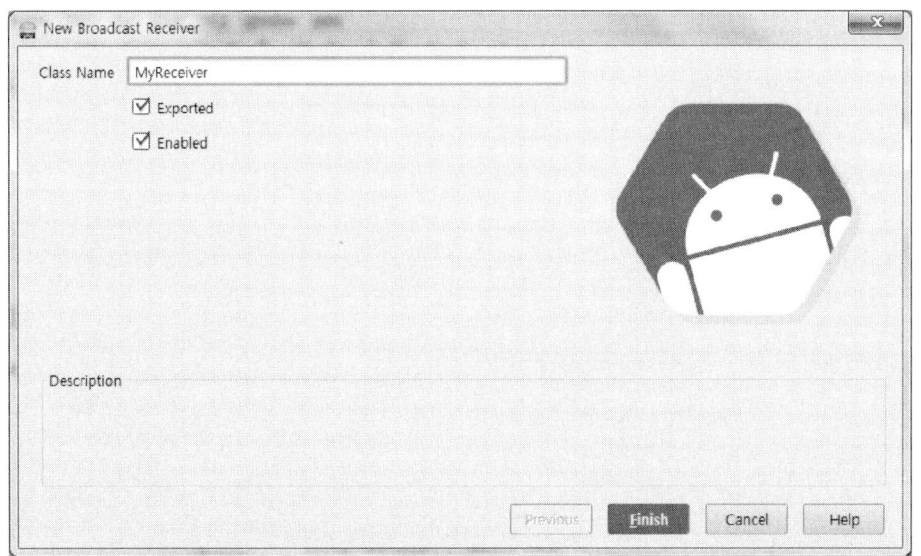

2) 브로드캐스트 리시버, 안드로이드 메니페스트 확인

우선 프로젝트 파일 뷰에서 [MyReceiver]가 생성된 것을 확인하자.

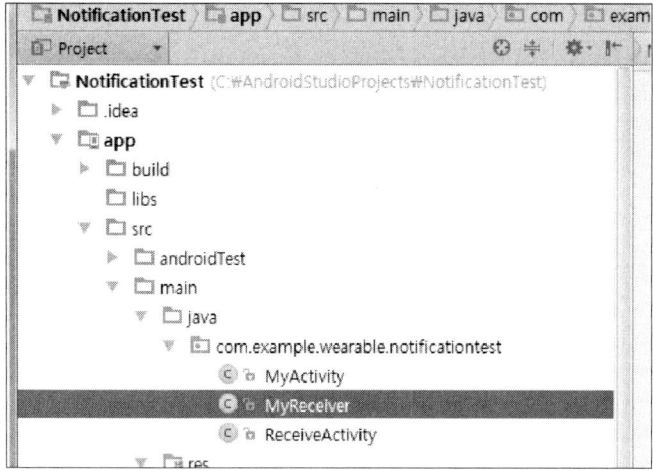

그리고 [AndroidManifest.xml] 파일을 열어 리시버가 생성된 것을 확인하자.

app/src/main/AndroidManifest.xml (계속)

```xml
<?xml version="1.0" encoding="utf-8"?>
<manifest xmlns:android="http://schemas.android.com/apk/res/android"
    package="com.example.wearable.notificationtest" >

    <application
        android:allowBackup="true"
        android:icon="@drawable/ic_action_call"
        android:label="@string/app_name"
        android:theme="@style/AppTheme" >
        <activity
            android:name=".MyActivity"
            android:label="@string/app_name" >
            <intent-filter>
                <action android:name="android.intent.action.MAIN" />

                <category android:name="android.intent.category.LAUNCHER" />
            </intent-filter>
        </activity>
        <activity
            android:name=".ReceiveActivity"
            android:label="@string/title_activity_receive" >
        </activity>

        <receiver
            android:name=".MyReceiver"
            android:enabled="true"
            android:exported="true" >
```

> **(이어서) app/src/main/AndroidManifest.xml**
> ```
>     </receiver>
>   </application>
> 
> </manifest>
> ```

7.1절에서 만든 리시버 액티비티 아래에 [MyReceiver]가 생성된 것을 확인할 수 있다

3) 액티비티 코딩

이제, 프로그램에서 리시버를 활용하여 응답을 받도록 코딩하자.

아래 소스를 참고하여 [MyActivity.java] 소스를 수정하자.

> **com.example.wearable.notificationtest.MyActivity (계속)**
> ```
> package com.example.wearable.notificationtest;
> 
> import ...
> 
> public class MyActivity extends Activity {
> 
> ......
>     static final int BROADCAST_RECEIVER_NOTIFICATION_ID = 18; // 브로드캐스트 알림 일련번호
> ......
> 
>     // BroadcastReceiver Notification 버튼을 누르면 실행되는 메소드이다.
>     public void showBroadcastReceiverNotification (View view){
> 
>         // 인텐트 생성 및 리시버 지정
>         Intent intentBroadcast = new Intent(this, MyReceiver.class);
>         intentBroadcast.putExtra(EXTRA_RESULT_KEY, "Broadcast Action!");
> 
>         // 팬딩 인텐트 생성
>         PendingIntent pendingIntent = PendingIntent.getBroadcast(this, 0,
>             intentBroadcast, PendingIntent.FLAG_UPDATE_CURRENT);
> 
>         // 음성 응답 상단의 문구 지정
>         String remoteLabel = "Remote Label";
> 
>         // 선택 응답 값들 지정
>         String[] remoteChoices = getResources().getStringArray(R.array.remote_choices);
> 
>         // 음성 응답 상단 문구와 선택 값을 지정 후 음성 인식 객체 생성
>         RemoteInput remoteInput = new RemoteInput.Builder(VOICE_RESULT_KEY)
>             .setLabel(remoteLabel)
>             .setChoices(remoteChoices)
> ```

(이어서) com.example.wearable.notificationtest.MyActivity

```
        .build();

// 액션 생성
NotificationCompat.Action action = new NotificationCompat.Action.Builder(
        R.drawable.ic_action_accept, "Broadcast Action", pendingIntent)
        .addRemoteInput(remoteInput)
        .build();

// 웨어러블 옵션을 적용한 알림을 생성한다.
Notification notification = new NotificationCompat.Builder(this)
        .setContentTitle("Broadcast Receiver Title")
        .setContentText("Broadcast Receiver Text")
        .setSmallIcon(R.drawable.ic_launcher)
        .extend(new NotificationCompat.WearableExtender().addAction(action))
        .build();

// 알림 매니저 객체를 생성하고 실행한다.
NotificationManagerCompat.from(this).notify(BROADCAST_RECEIVER_NOTIFICATION_ID, notification);
    }
......
}
```

브로드캐스트 알림 일련번호를 생성하고, showBroadcastReceiverNotification() 메소드를 완성하자.

4) 브로드캐스트 리시버 코딩

이제, 마지막으로 리시버 코딩을 하도록 하자.

아래 소스를 참고하여 [MyReceive.java] 소스를 수정하자. onReceive() 메소드를 수정하고, getMessageText() 메소드를 생성해야 한다.

com.example.wearable.notificationtest.MyReceiver (계속)

```
package com.example.wearable.notificationtest;

import android.content.BroadcastReceiver;
import android.content.Context;
import android.content.Intent;

import android.os.Bundle;
import android.support.v4.app.RemoteInput;
```

(이어서) com.example.wearable.notificationtest.MyReceiver

```java
import android.widget.Toast;

public class MyReceiver extends BroadcastReceiver {
    public MyReceiver() {
    }

    @Override
    public void onReceive(Context context, Intent intent) {
        // 인텐트에 포함된 값을 가져온다.
        String extraMessage = intent.getStringExtra(MyActivity.EXTRA_RESULT_KEY);

        // 알림에서 전달된 음성 인식 결과를 가져온다.
        CharSequence voiceMessage = getMessageText(intent);

        // 출력할 값을 지정한다.
        String outputText = "ExtraMessage : " + extraMessage + "\n"
                        + "VoiceMessage : " + voiceMessage;

        // 토스트로 메시지를 출력한다.
        Toast.makeText(context, outputText, Toast.LENGTH_LONG).show();
    }

    /**
     * 시계의 음성 인식 텍스트를 반환한다.
     */
    private CharSequence getMessageText(Intent intent) {
        // 인텐트로부터 결과 값을 가져온다.
        Bundle remoteInput = RemoteInput.getResultsFromIntent(intent);

        // 인텐트 결과 값이 있는 경우 음성을 가져온다.
        if (remoteInput != null) {
            return remoteInput.getCharSequence(MyActivity.VOICE_RESULT_KEY);
        }

        return null;
    }
}
```

[MyActivity.java]와 [MyReceive.java] 소스를 수정했다면 이제 앱을 실행하자.

206   7 안드로이드 웨어 액션 응답

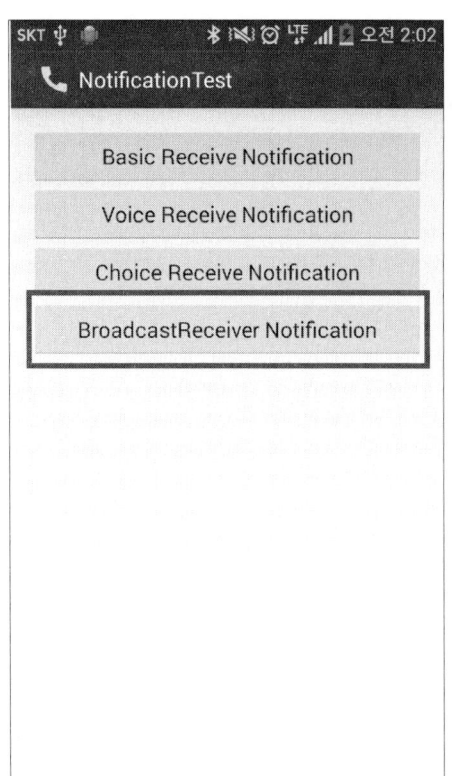
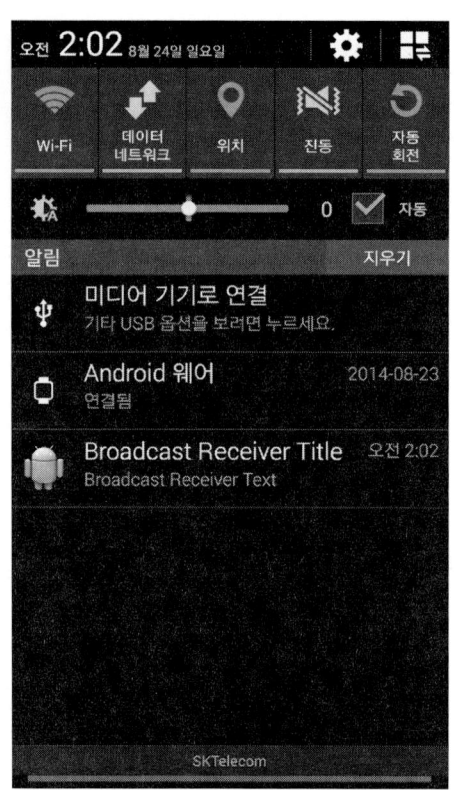

실행된 앱에서 [BroadcastReceiver Notification] 버튼을 누르자. 버튼을 누르면 알림이 발생한다.

시계에서 알림을 확인해보자.

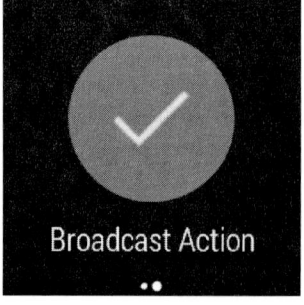

알림에 [Broadcast Action] 타이틀의 액션이 생성됐다. 이제 액션을 눌러 보자.

7.5 브로드케스트 리시버 활용 응답   207

액션을 누르면 소스에서 입력한 "Remove Label"이 보이고, "지금 말하기"라는 흐린 글씨가 보인다. 화면을 위로 밀어 올려 리스트에서 "Maybe"를 선택했다. 전송하는 화면이 나타나고, 완료되면 가장 우측 화면처럼 녹색의 전송 성공 모양이 보인다.

이제 스마트폰을 보자.

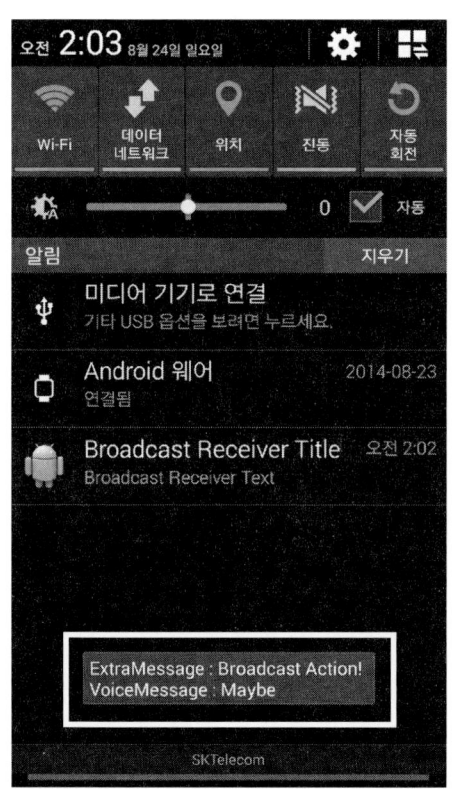

아래쪽에 토스트(Toast) 팝업으로 [ExtraMessage]와 [VoiceMessage]가 출력된 것을 확인할 수 있다.

2. 브로드캐스트 리시버 소스 이해하기

브로드캐스트 리시버는 액티비티를 호출하는 것과 유사하지만, 응답을 받는 주체가 리시버라는 점만 다르다.

1) 액티비티 소스 이해하기

아래 코드를 살펴보자.

```
com.example.wearable.notificationtest.MyActivity

package com.example.wearable.notificationtest;

import ...

public class MyActivity extends Activity {

......
    static final int BROADCAST_RECEIVER_NOTIFICATION_ID = 18; // 브로드캐스트 알림 일련번호
......

    // BroadcastReceiver Notification 버튼을 누르면 실행되는 메소드이다.
    public void showBroadcastReceiverNotification (View view){
......
        // 알림 매니저 객체를 생성하고 실행한다.
        NotificationManagerCompat.from(this).notify(BROADCAST_RECEIVER_NOTIFICATION_ID, notification);
    }
......
}
```

기존에 만든 다른 알림들과 마찬가지로 알림을 위한 고유한 일련번호를 만든다. 다른 알림과 겹치지 않도록 숫자를 부여한다.

다음으로, 인텐트를 생성하고 리시버를 활용한 액션을 생성하는 코드를 살펴보자.

```
com.example.wearable.notificationtest.MyActivity (계속)

......
    // BroadcastReceiver Notification 버튼을 누르면 실행되는 메소드이다.
    public void showBroadcastReceiverNotification (View view){

        // 인텐트 생성 및 리시버 지정
```

(이어서) com.example.wearable.notificationtest.MyActivity

```
    Intent intentBroadcast = new Intent(this, MyReceiver.class);
    intentBroadcast.putExtra(EXTRA_RESULT_KEY, "Broadcast Action!");

    // 팬딩 인텐트 생성
    PendingIntent pendingIntent = PendingIntent.getBroadcast(this, 0,
            intentBroadcast, PendingIntent.FLAG_UPDATE_CURRENT);

    // 음성 응답 상단의 문구 지정
    String remoteLabel = "Remote Label";

    // 선택 응답 값들 지정
    String[] remoteChoices = getResources().getStringArray(R.array.remote_choices);

    // 음성 응답 상단 문구와 선택 값을 지정 후 음성 인식 객체 생성
    RemoteInput remoteInput = new RemoteInput.Builder(VOICE_RESULT_KEY)
            .setLabel(remoteLabel)
            .setChoices(remoteChoices)
            .build();

    // 액션 생성
    NotificationCompat.Action action = new NotificationCompat.Action.Builder(
            R.drawable.ic_action_accept, "Broadcast Action", pendingIntent)
            .addRemoteInput(remoteInput)
            .build();

    // 웨어러블 옵션을 적용한 알림을 생성한다.
    Notification notification = new NotificationCompat.Builder(this)
            .setContentTitle("Broadcast Receiver Title")
            .setContentText("Broadcast Receiver Text")
            .setSmallIcon(R.drawable.ic_launcher)
            .extend(new NotificationCompat.WearableExtender().addAction(action))
            .build();

    // 알림 매니저 객체를 생성하고 실행한다.
    NotificationManagerCompat.from(this).notify(BROADCAST_RECEIVER_NOTIFICATION_ID, notification);
    }

......
}
```

전체 소스는 7.3절의 소스와 모두 동일한데, 액티비티 리시버 지정 부분과 알림 실행 부분만 다르다.

이번 절에서 생성한 [MyReceive.class]를 인텐트의 두 번째 매개변수로 입력하여 인텐트를 생성했다. 기존에는 액티비티를 넣었기 때문에 액션을 눌렀을 때 액티비티 화면이 실행됐지만 이 소스에는 [MyReceive.class]를 넣었기 때문에 액션을 누르면 리시버가 실행된다.

리시브 인텐트에 putExtra() 메소드를 활용하여 "Broadcast Action!" 값을 입력한다. putExtra() 메소드의 첫 번째 매개변수는 인텐트에 입력할 키 값이다. 여러 개의 값들을 인텐트에 넣을 수 있는데, 키 값으로 구분한다.

생성한 리모트 인텐트를 사용하여 팬딩인텐트를 만든다. 여기까지는 7.2절과 7.3절에서 만든 팬딩 인텐트와 동일한 내용이다.

RemoteInput 클래스로 객체를 생성한다. 이 클래스는 시계에서 음성 인식 액션을 실행시키고, 값을 받아오게 하는 기능을 한다. 객체를 만들 때 생성자 매개변수로 VOICE_RESUL T_KEY를 넣었다. 이 키는 음성 인식된 값을 가져올 때 활용하는 키이다. 선택 응답도 음성 인식과 동일한 키를 사용한다. 선택 응답으로 선택한 값을 음성 인식과 동일한 방법으로 스마트폰에 전송하기 때문이다.

우선, 상단에 보이는 remoteLabel을 문자로 지정한다. 그리고 선택 값들인 remote_choices는 앞서 만든 string.xml에 추가된 문자 리소스이다. 이 리소스를 소스로 가져와서 remoteChoices 문자 배열 변수 (String[ ])로 생성한다.

RemoteInput 클래스로 객체를 생성하며, setLabel() 메소드로 응답 상단에 보이는 문자를 지정한다. 그리고 remote_choices 문자 리소스를 가져와서 remoteInput 객체에 setChoices() 메소드로 선택할 수 있는 값을 지정한다.

2) 리시버 소스 이해하기

이번에는 [MyReceiver] 소스를 보자.

```
com.example.wearable.notificationtest.MyReceiver (계속)

package com.example.wearable.notificationtest;

import android.content.BroadcastReceiver;
import android.content.Context;
import android.content.Intent;

import android.os.Bundle;
import android.support.v4.app.RemoteInput;
```

> **(이어서) com.example.wearable.notificationtest.MyReceiver**

```java
import android.widget.Toast;

public class MyReceiver extends BroadcastReceiver {
    public MyReceiver() {
    }

    @Override
    public void onReceive(Context context, Intent intent) {
        // 인텐트에 포함된 값을 가져온다.
        String extraMessage = intent.getStringExtra(MyActivity.EXTRA_RESULT_KEY);

        // 알림에서 전달된 음성 인식 결과를 가져온다.
        CharSequence voiceMessage = getMessageText(intent);

        // 출력 할 값을 지정한다.
        String outputText = "ExtraMessage : " + extraMessage + "\n"
                + "VoiceMessage : " + voiceMessage;

        // 토스트로 메시지를 출력한다.
        Toast.makeText(context, outputText, Toast.LENGTH_LONG).show();
    }

    /**
     * 시계의 음성 인식 텍스트를 반환한다.
     */
    private CharSequence getMessageText(Intent intent) {
        // 인텐트로부터 결과 값을 가져온다.
        Bundle remoteInput = RemoteInput.getResultsFromIntent(intent);

        // 인텐트 결과 값이 있는 경우 음성을 가져온다.
        if (remoteInput != null) {
            return remoteInput.getCharSequence(MyActivity.VOICE_RESULT_KEY);
        }

        return null;
    }
}
```

우선 import 문장으로 소스에 Bundle, RemoteInput, Toast 라이브러리를 포함시킨다. Bundle과 RemoteInput 은 음성 응답을 받기 위한 클래스이고, Toast는 메시지를 화면에 출력하기 위한 클래스다.

액션을 수행하여 리시버가 실행되면 onReceive() 메소드가 실행된다. 리시버가 실행되면서 인텐트 값이 onReceive(Context, Intent) 메소드의 두 번째 매개변수로 넘어온다. 이 인텐트는 MyActivity에서 버튼을 눌렀을 때 지정한 인텐트다. 인텐트에 putExtra() 메소드로 입력한 값과 음성으로 입력한 텍스트가 전달된다.

intent.getStringExtra() 메소드로 MyActivity에서 putExtra() 메소드로 입력한 "Broadcast Action!" 문장을 가져온다. 그리고 음성으로 입력한 값을 getMessageText() 메소드로 가져온다. getMessageText() 메소드는 앞서 배운 음성 인식 및 선택 응답과 동일한 방법으로 시계에서 음성으로 입력한 값을 가져온다.

가져온 값들을 outputText 변수에 넣고, 토스트 알림(Toast)으로 화면에 출력한다.

브로드 캐스트 리시버를 활용하여 시계로부터 응답을 받는 방법과 액티비티로 시계의 응답을 받는 방법에는 큰 차이가 없다. 인텐트를 만들 때 액티비티 대신 리시버를 넣으면 되고, 응답을 받는 클래스가 onCreate() 메소드 대신 onReceive() 메소드인 점이 다르다.

7.6 마무리

이번 장에서는 액션을 통해 시계로부터 응답을 받는 것에 집중하여 배웠다. 알림과 응답을 활용하면 스마트폰의 앱을 보조하는 시계 기능들을 만들기에 적당하다.

시계로부터 응답을 받는 대표적인 방법으로 액티비티를 활용하는 방법과 리시버를 사용하는 방법을 소개했는데, 독자 여러분의 앱 컨셉에 맞춰 브로드캐스트 리시버를 사용하거나 액티비티를 활용하여 응답을 받아 사용하도록 하자.

8

안드로이드 웨어 전용 앱 만들기

지금까지 만든 앱은 모바일 프로그램을 주체로 시계에 정보를 보내고 응답을 받는 프로그램이었다. 8장부터 11장까지는 시계에 앱을 설치하고 시계만으로 동작할 수 있는 프로그램을 만들 것이다.

8장에서는 안드로이드 웨어 전용 프로젝트를 생성하고, 기본적인 실행까지 해보도록 하자.

> **Note**
> 8장의 내용은 3장에서 설명한 안드로이드 SDK를 반드시 설치해야 진행 가능하다.

8.1 안드로이드 웨어 전용 앱 생성

아래 순서를 따라 안드로이드 스튜디오에서 새로운 프로젝트를 만들고, 웨어러블 모듈을 추가하자.

1) [File] -> [New Project...]

아래 표에 있는 값들을 입력하여 프로젝트의 이름 및 경로를 지정하고 [Next] 버튼을 누르자. 독자 여러분의 앱 이름과 폴더를 임의로 지정해도 좋지만, 웬만하면 필자와 동일하게 입력하자.

Application name (앱 이름)	WearableAppTest
Company Domain (도메인)	wearble.example.com
Project location (소스경로)	c:\AndroidStudioProjects\WearableAppTest

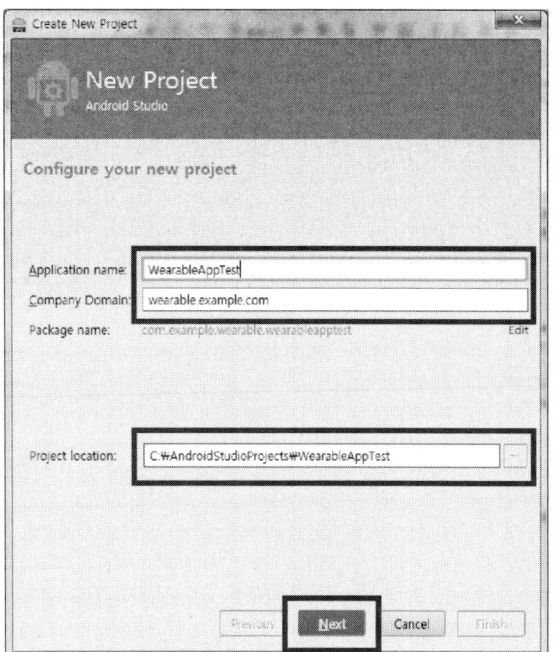

2) 생성 모듈 지정

이번 프로젝트는 시계에서만 구동되는 프로젝트를 사용할 것이므로, 시계 모듈인 [Wear]를 체크하고 [API 20 : Android 4.4 (KitKat Wear)]를 선택하자. 그리고 시계 모듈을 제외한 나머지 모듈인 [Phone and Tablet], [TV], [Glass]는 체크하지 않고 [Next]를 누르자.

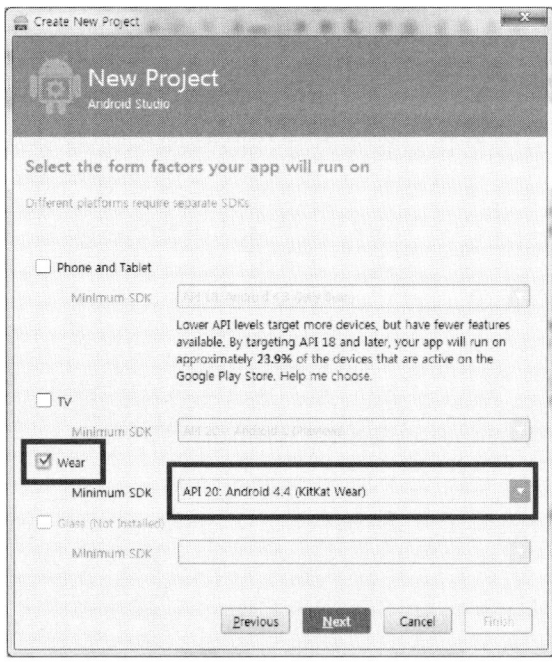

3) 추가 액티비티 선택

추가할 화면인 [Blank Wear Activity]를 선택하고 [Next] 버튼을 누르자.

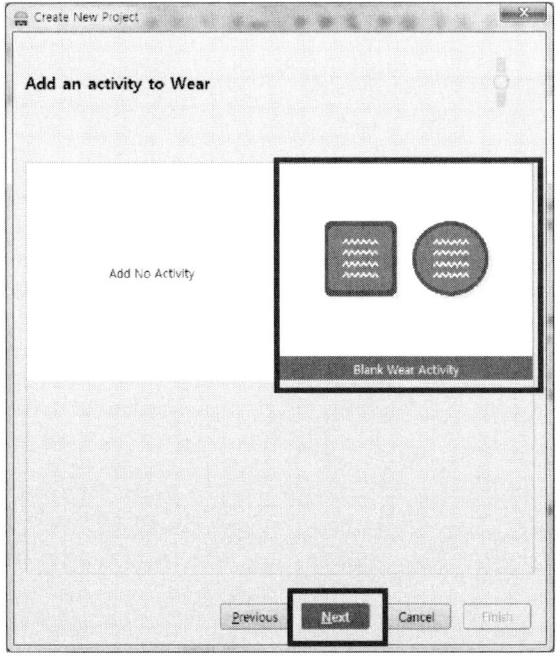

4) 액티비티 설정 입력

추가한 액티비티의 속성을 지정하는 화면이다. 기본 세팅 그대로 [Finish] 버튼을 눌러 프로젝트를 생성하자.

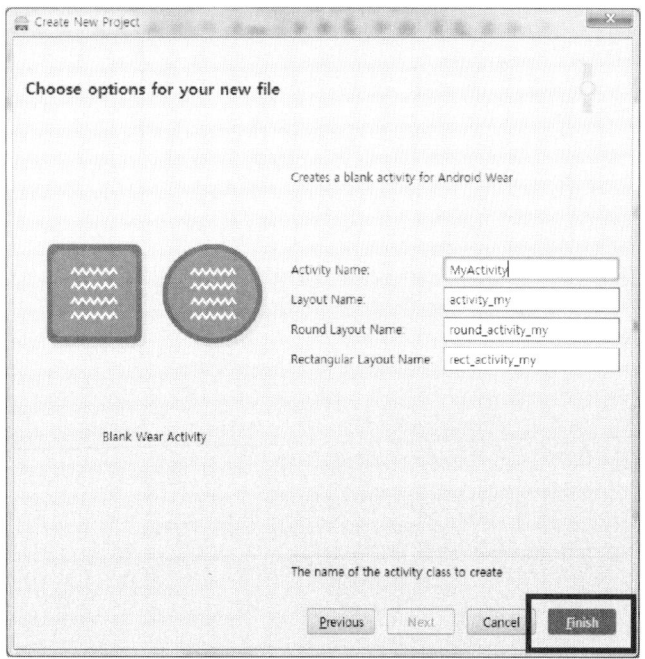

5) 웨어러블 프리뷰 선택

[WearableAppTest/app/src/main/res/layout/rect_activity_my.xml] 파일을 열고 프리뷰의 속성을 [Android Wear Square]로 변경하자.

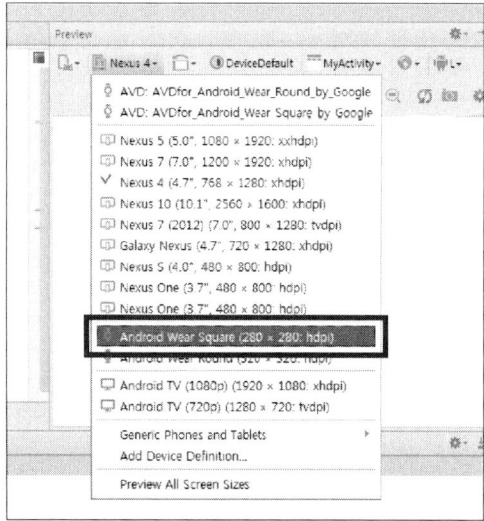

6) 확인

프로젝트가 생성되고, 기본 사각형 웨어러블 레이아웃이 프리뷰에 보인다.

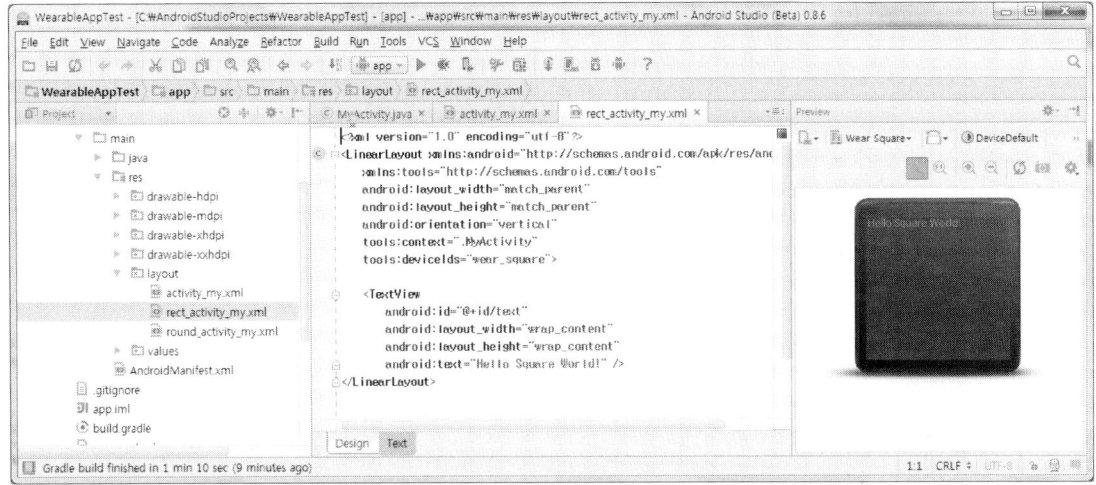

8.2 안드로이드 웨어 가상 장치 테스트

개발을 위해서 사각형 시계와 원형 시계 두 가지를 모두 구매하면 좋겠지만, 개인이 두 개를 구매하기엔 가격대가 낮지 않기 때문에 힘들다. 그래서 한 가지 시계만 구매하고, 나머지 시계는 안드로이드 에뮬레이터인 AVD(Android Virtual Device)로 테스트하는 것이 좋다. 필자는 사각형 시계를 갖고 있기 때문에 원형 시계의 테스트를 에뮬레이터로 진행하도록 하겠다.

1. 안드로이드 가상 장치 생성 및 실행

아래 과정을 따라 안드로이드 웨어 가상 장치를 설정하고 실행하는 방법을 알아보자.

1) [Tools] -> [Android] -> [AVD Manager] 실행

안드로이드 가상 머신 매니저를 실행하자.

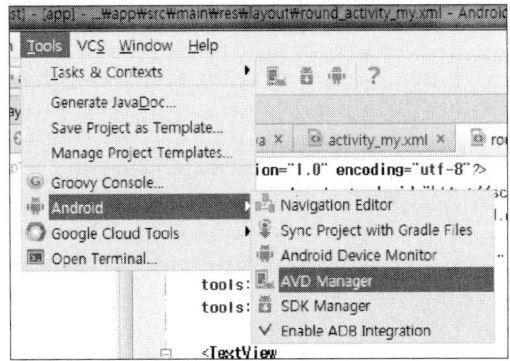

2) [AVD Manager] -> [Device Definitions] 탭

[Device Definitions] 탭 -> [Android Wear Round by Google] 선택 -> [Create AVD...] 버튼을 클릭하여 AVD 생성을 진행한다.

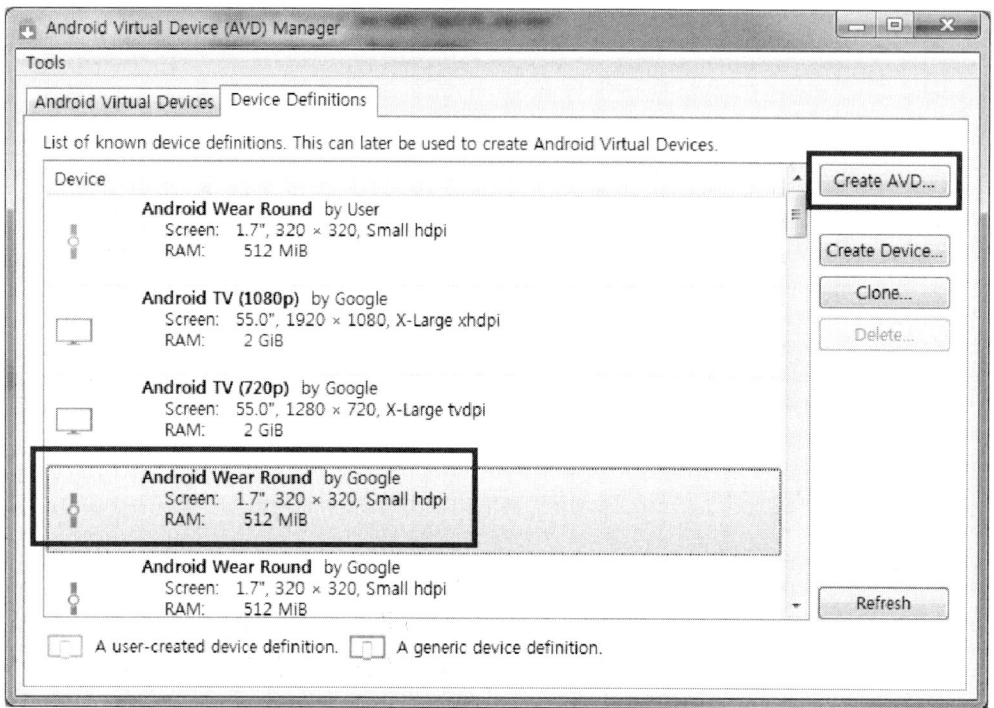

3) 안드로이드 웨어 라운드 가상 머신 정보 입력

아래 정보를 참고하여 안드로이드 웨어 라운드 가상 머신 정보를 입력한 후 [OK] 버튼을 눌러 AVD를 생성하자. 메모리나 SD Card 등은 기본 입력된 설정으로 진행한다.

AVD Name	AVD_for_Android_Wear_Round_by_Google
Device	Android Wear Round (320 x 320 : hdpi)
Target	Android 4.4W - API Level 20
CPU/ABI	Android Wear ARM (armeabi-v7a)
Keyboard	Hardware keyboard present
Skin	AndroidWearRound
Use Host GPU	체크 [가상 머신에서 커스텀 레이아웃 알림 사용 가능]

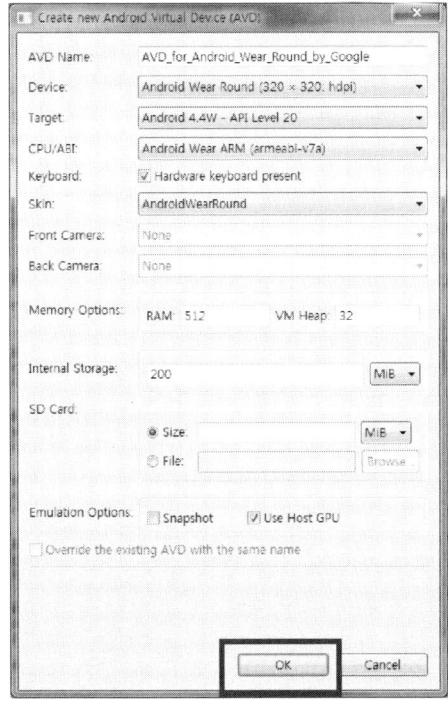

> **Note**
> 사각형 에뮬레이터를 생성하고 싶다면, 같은 방법으로 Device와 Skin 설정을 Squere로 설정하고 에뮬레이터를 생성하면 된다.

4) 안드로이드 가상 머신 실행

[Android Virtual Devices] 탭으로 돌아와 생성된 가상 머신을 확인하자. 생성된 [AVD_for_Android_Wear_Round_by_Google]을 선택하고 우측의 [Start] 버튼을 누르고 팝업 창의 [Launch] 버튼을 눌러 가상 머신을 실행하자.

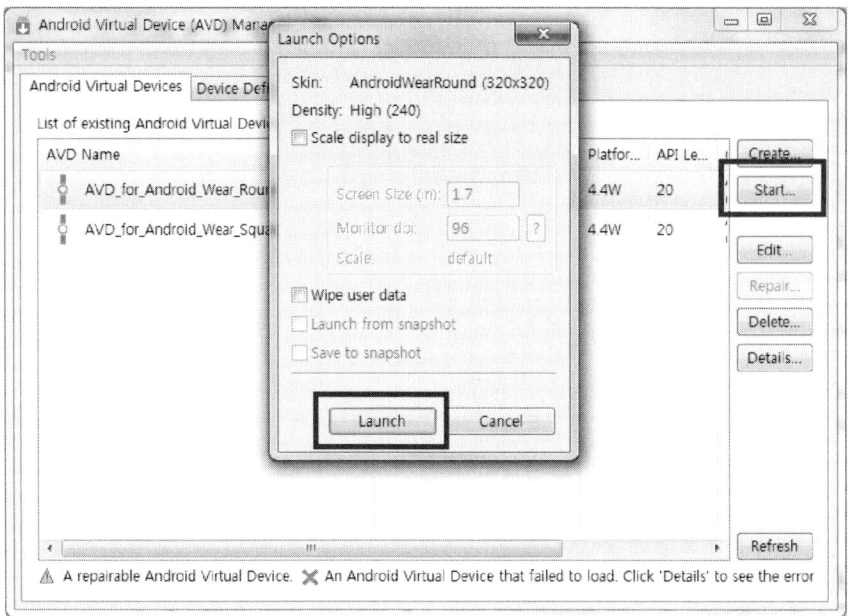

가상 머신을 실행하면 아래와 같은 진행 창이 팝업됐다가 사라진다. 팝업이 사라져 진행이 안 되는 느낌이 들지만, 실제로는 백그라운드에서 진행되는 중이다. 가상 머신 생성은 상당히 느리기 때문에 천천히 기다리자.

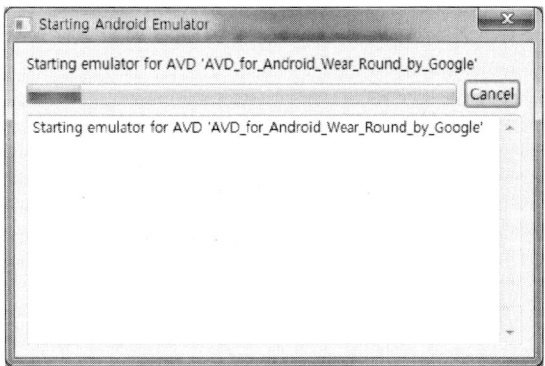

5) 안드로이드 웨어 라운드 가상 장치 실행 확인

안드로이드 웨어 가상 장치가 실행되면 로딩되기까지 몇 분 정도 기다려야 한다. 로딩이 완료되면 인터넷이 연결되지 않았다는 메시지가 뜬다. 이 메시지를 마우스로 오른쪽으로 끌어내면 재시작 화면이 보인다.

재시작을 몇 번 진행하면 인터넷이 연결되며, 우측과 같이 [Paired!] 메시지를 볼 수 있다.

 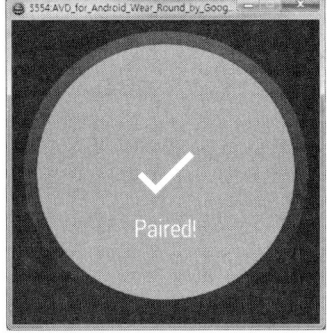

안드로이드 웨어 라운드가 성공적으로 실행된 화면이다. 가상 머신에서 제공하는 기본적인 시계 사용 교육(Tutorial)을 진행하고 알림을 모두 닫아 오른쪽과 같이 기본화면으로 이동하자.

2. 안드로이드 웨어 전용 앱 실행

아래 과정을 따라 8.1절에서 생성한 안드로이드 웨어 전용 앱을 가상 머신에 실행하자.

1) 안드로이드 스튜디오 [Run] -> [Run 'app'] 클릭

안드로이드 앱 실행 버튼을 눌러 [WearableAppTest] 앱을 실행하자.

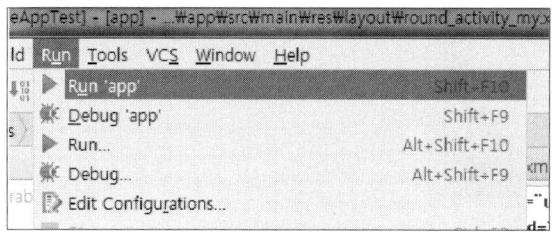

2) 안드로이드 에뮬레이터 선택

[Choose Device] 창은 앱을 실행할 기기 선택 화면이다. 에뮬레이터를 선택하고 [OK] 버튼을 누르자.

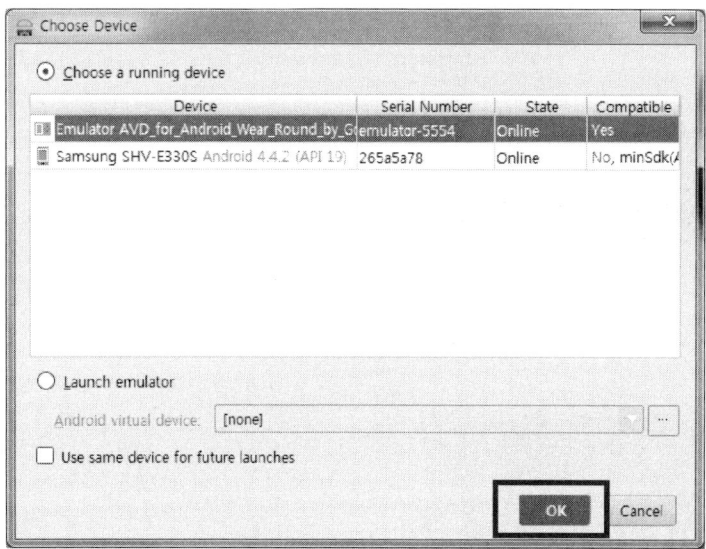

3) 실행 확인

8.1절에서 생성한 [WearableAppTest] 앱이 실행됐다.

3. 안드로이드 웨어 가상 장치와 스마트폰 페어링

안드로이드 웨어는 스마트폰과 함께 작동하는 프로그램이 많기 때문에 에뮬레이터와 스마트폰의 페어링(Pairing)이 필요하다.

USB로 스마트폰과 에뮬레이터가 실행된 PC를 연결하고, 아래 과정을 따라 안드로이드 웨어 가상 장치와 스마트폰을 연결하자.

1) 스마트폰에 안드로이드 웨어 앱 설치

연결하기 전에 구글 스토어에서 안드로이드 웨어 앱을 다운받아 스마트폰에 설치해야 한다. 이 책의 8장까지 진행됐다면 스마트폰에 안드로이드 웨어 앱이 설치돼 있을 것이다.

2) USB로 PC에 스마트폰 연결

USB로 PC에 스마트폰을 연결한다. 그리고 PC에 안드로이드 폰의 USB 드라이버가 설치돼 있지 않다면 스마트폰에 해당하는 USB 드라이버를 설치하자.

3) CMD에서 adb 명령어 실행

[시작] 버튼에서 [cmd]를 검색하고 [cmd.exe]를 실행하자.

[cmd]가 실행되면 adb가 설치된 폴더로 이동하고 adb 명령어를 실행하자.

```
cd C:\Android\android-studio\sdk\platform-tools
adb -d forward tcp:5601 tcp:5601
```

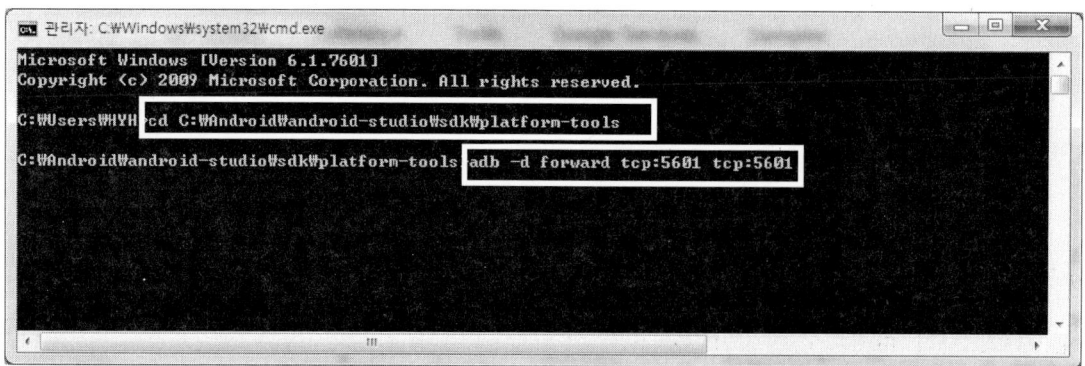

4) 스마트폰에서 안드로이드 웨어 앱을 실행

구글 스토어에서 설치한 안드로이드 웨어 앱을 실행하자.

5) 에뮬레이터와 페어링 실행

안드로이드 웨어 앱을 실행하면 기존에 페어링했던 시계의 연결 정보가 표시된다. 이 상태에서는 새로운 기기와 페어링할 수 없다. 좌측 그림처럼 메뉴 버튼을 누르고, [새 웨어러블과 페어링]을 선택하자.

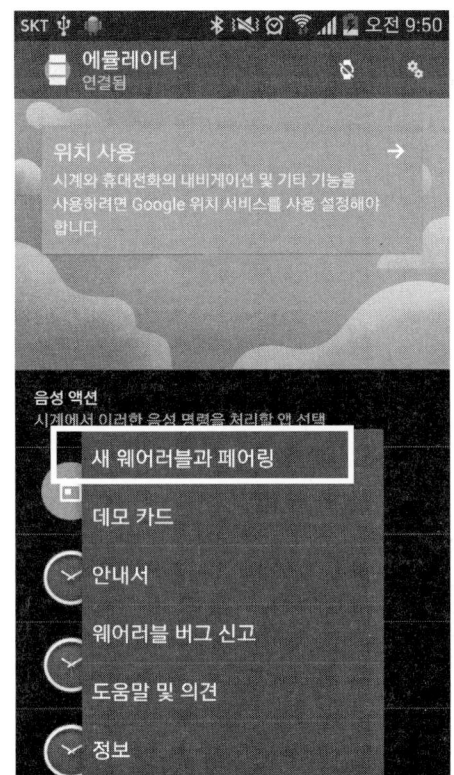

메뉴를 선택하면 우측 그림과 같이 블루투스를 켜고 장치와 연결하는 것을 제안한다. 하지만 우리는 에뮬레이터와 연결할 것이기 때문에 메뉴를 한 번 더 누르고 [에뮬레이터와 페어링]을 선택하자.

안드로이드 앱에서 [에뮬레이터와 페어링] 메뉴를 선택하면 아래와 같은 화면이 보인다. 우측 상단의 연결 버튼( ) 을 눌러 연결을 시도하자. 연결이 완료되면 좌측 상단의 텍스트가 [연결 중...]에서 [연결됨]으로 변경된다.

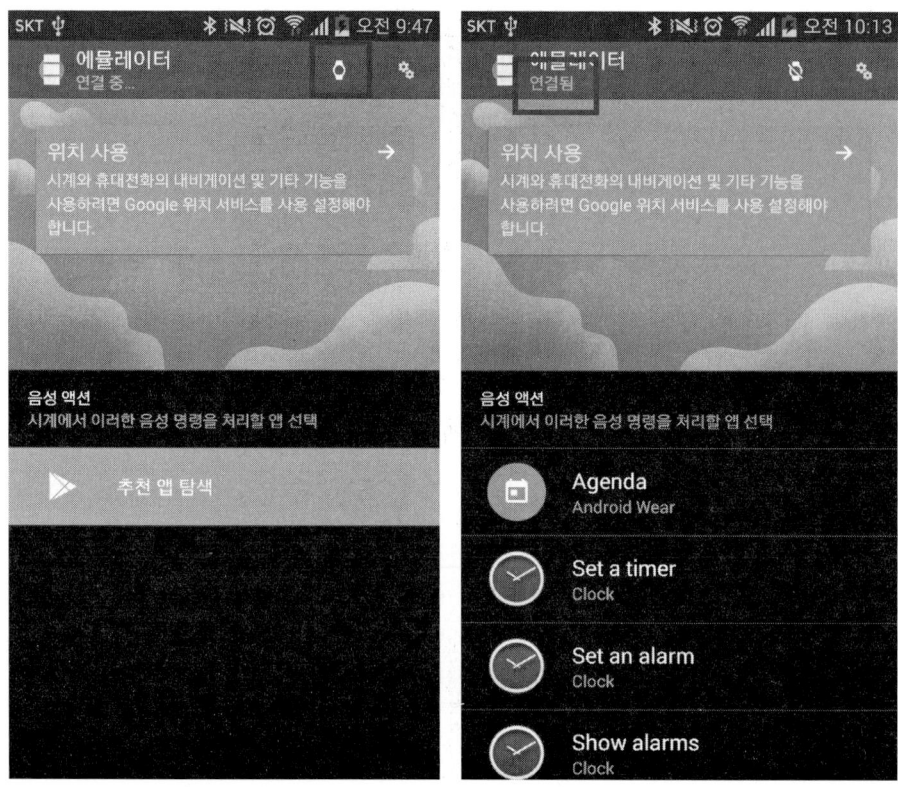

6) 에뮬레이터에서 연결 확인

에뮬레이터가 스마트폰에 연결되기 전의 상태인 좌측 그림을 보면 상단에 [연결 안됨] 표시가 있다. 그리고 연결된 후에는 우측 그림처럼 [연결 안됨] 표시가 사라지고 시계의 시간 싱크가 맞춰진다.

7) 데모 카드 실행

안드로이드 웨어 앱에서 메뉴를 누르고 데모 카드를 선택하자. 우측 그림과 같은 데모 카드 액티비티가 보인다. 리스트에서 [날씨]를 누르면 임시 날씨 정보를 시계로 전달한다.

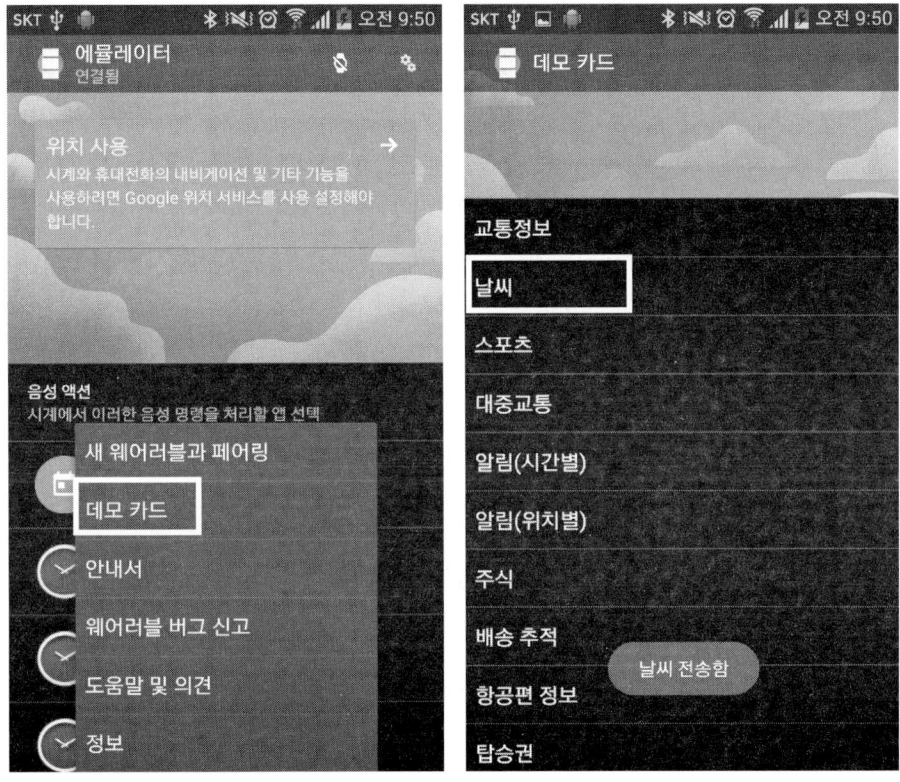

에뮬레이터를 보면, 시계에서 전송된 날씨 카드가 보인다.

4. 스마트폰에서 알림 발생 테스트

스마트폰과 에뮬레이터가 연결됐기 때문에 7장에서 만든 웨어러블 알림을 사용할 수 있다. [Notification Test] 앱을 실행하고 에뮬레이터에서의 동작을 확인하자.

[NotificationTest] 앱을 실행하고 [Voice Receive Notification]을 눌렀다.

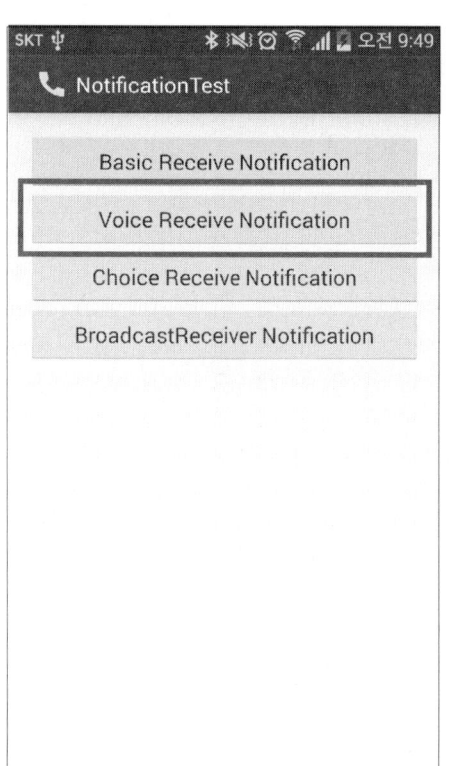 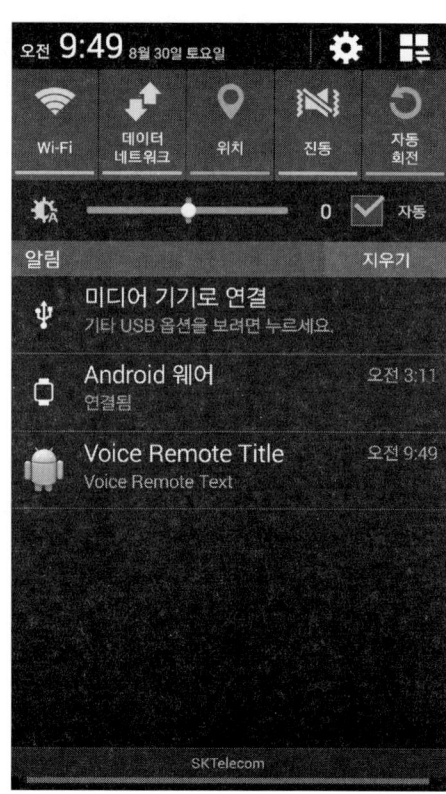

이제 에뮬레이터에서 확인해보자.

에뮬레이터에 알림이 보인다. 알림을 왼쪽으로 밀어내고 액션을 클릭하자.

에뮬레이터에서는 음성 입력 대신 키보드로 입력할 수 있다. 에뮬레이터에서 키보드로 입력한 'AVD Test' 값이 스마트폰으로 전송되어 액티비티에 출력되는 것을 확인할 수 있다.

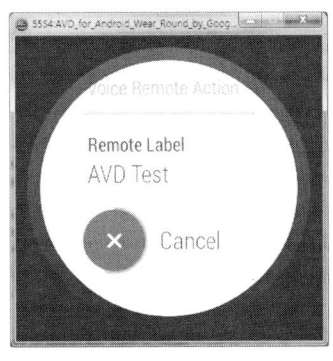 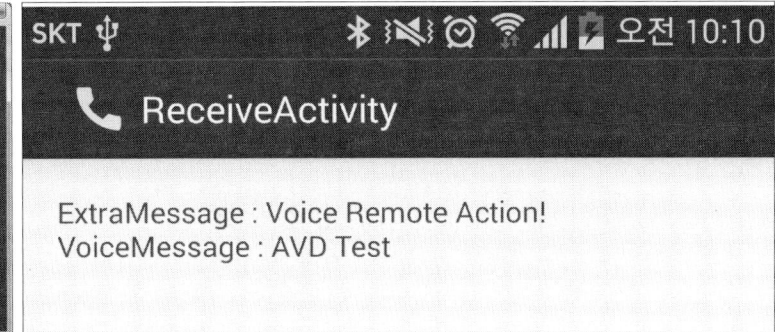

8.3 안드로이드 웨어 장치에서 앱 실행

이제 안드로이드 웨어 시계에 우리가 개발한 프로그램을 실행하기 위해 준비하자. 시계에 안드로이드 스튜디오에서 만든 앱을 실행하려면 PC에 안드로이드 웨어 드라이버를 설치해야 하고, 시계에서 개발자모드를 실행시켜야 한다. 아래 과정을 따라서 안드로이드 웨어 개발 환경 세팅을 하고 테스트 앱을 실행시키자.

1. 안드로이드 웨어 드라이버 설치

안드로이드 웨어 시계는 2014년 8월 30일 기준으로 USB를 연결했을 때 윈도우 업데이트를 통한 자동 설치가 되지 않는다. 따라서 수동으로 드라이버를 설치해야 한다.

USB에 안드로이드 웨어 시계를 연결한 다음, 아래 순서를 따라 드라이버를 설치하자.

1) 장치 관리자 실행

[시작] 버튼 -> [장치 관리자] 검색 -> 검색 된 [장치 관리자] 실행

2) [기타 장치] -> [G Watch] -> [드라이버 소프트웨어 업데이트]

안드로이드 웨어 시계에서 마우스 오른쪽 버튼을 눌러 [드라이버 소프트웨어 업데이트]를 선택하자. 필자의 시계는 LG전자의 [G Watch]이지만, 타사의 기계들도 동일하게 설치하면 된다.

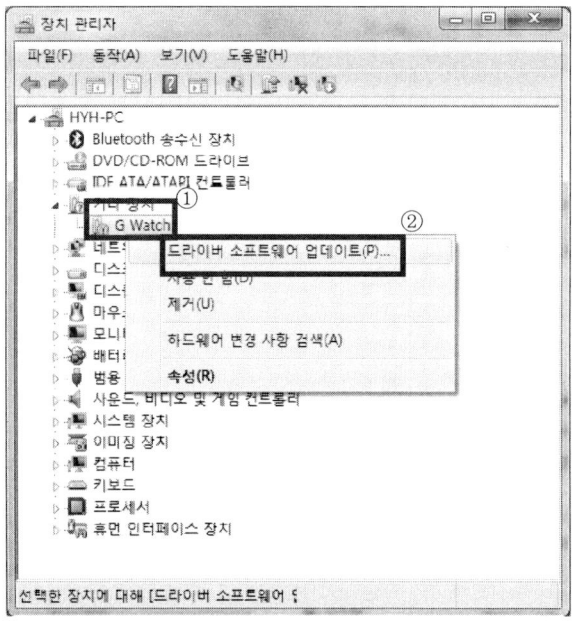

3) [컴퓨터에서 드라이버 소프트웨어 찾아보기] 선택

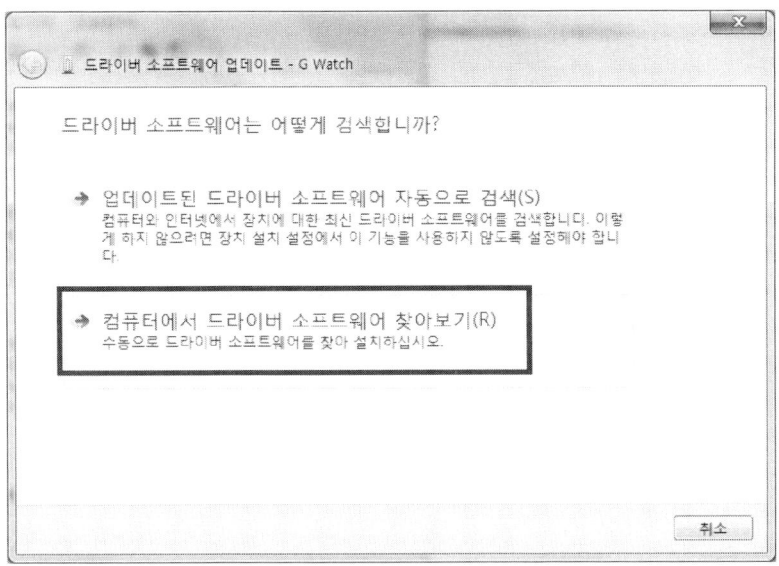

4) [컴퓨터의 장치 드라이버 목록에서 직접 선택] 선택

[컴퓨터의 장치 드라이버 목록에서 직접 선택]을 클릭한다.

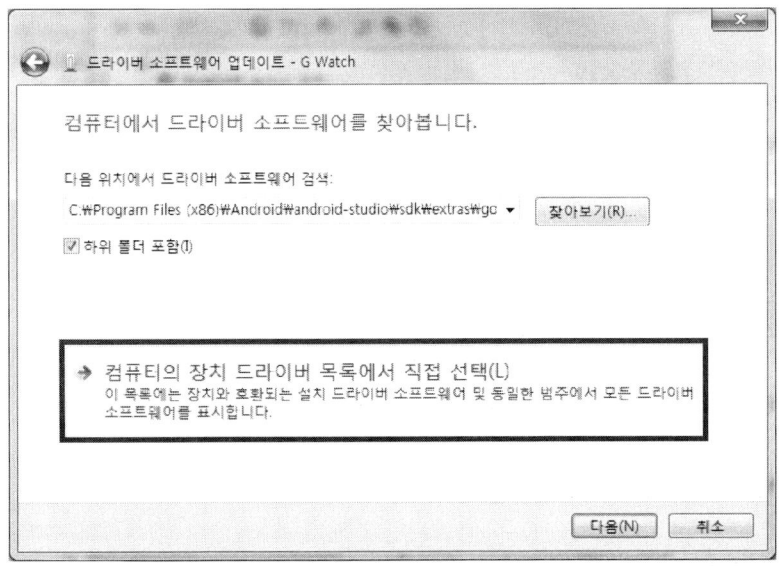

5) [모든 장치 표시] 선택

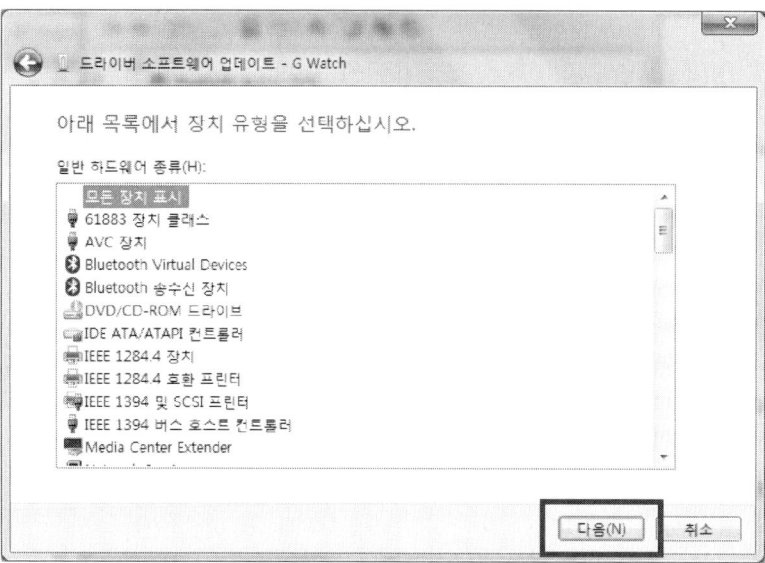

6) [디스크 있음] 선택

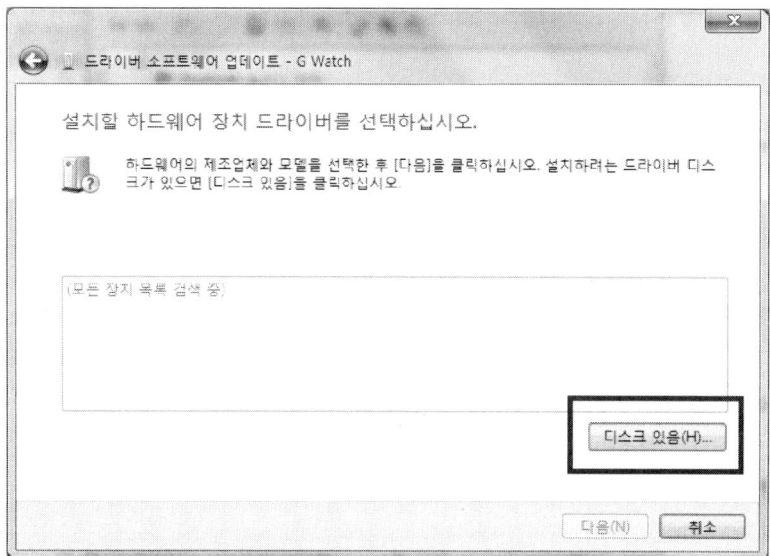

7) [android_winusb.inf] 파일 선택

구글 USB 드라이버가 설치된 폴더로 이동한 후 android_winusb.inf 파일을 선택한다.

[C:\Program Files (x86)\Android\android-studio\sdk\extras\google\usb_driver]

8.3 안드로이드 웨어 장치에서 앱 실행　　233

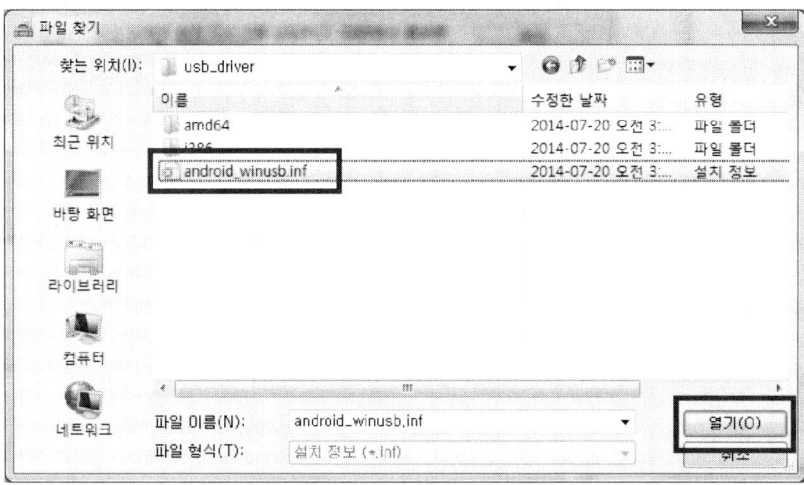

Note

드라이버 위치는 반드시 [Android SDK Manager]-> [Extra] -> [Google Usb Driver]를 설치하고, 위 폴더로 지정한다.

8) [Android Composite ADB Interface] 선택

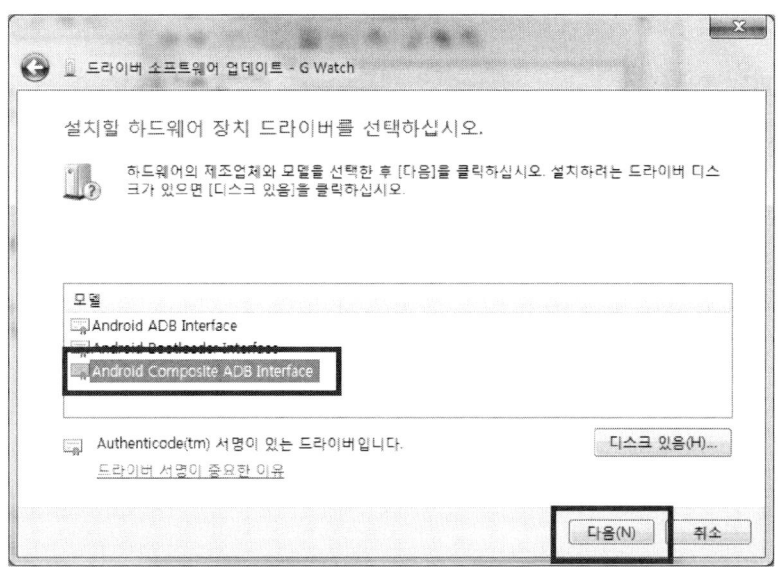

9) 드라이버 업데이트 경고 팝업 [예] 버튼 클릭

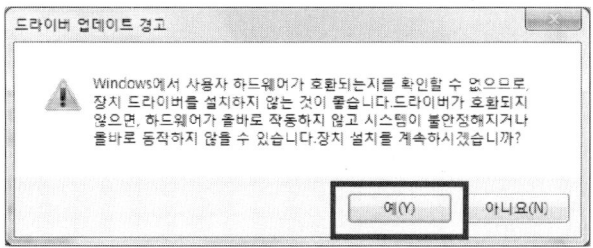

10) 윈도우 보안 [설치] 버튼 클릭

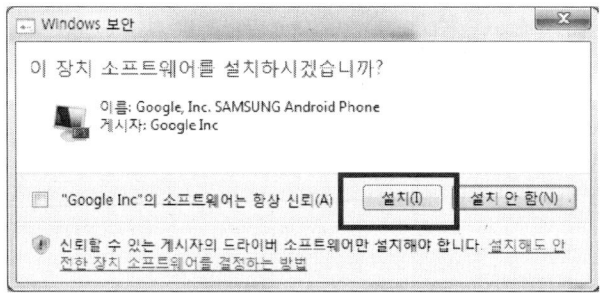

11) 드라이버 소프트웨어 업데이트 완료 및 확인

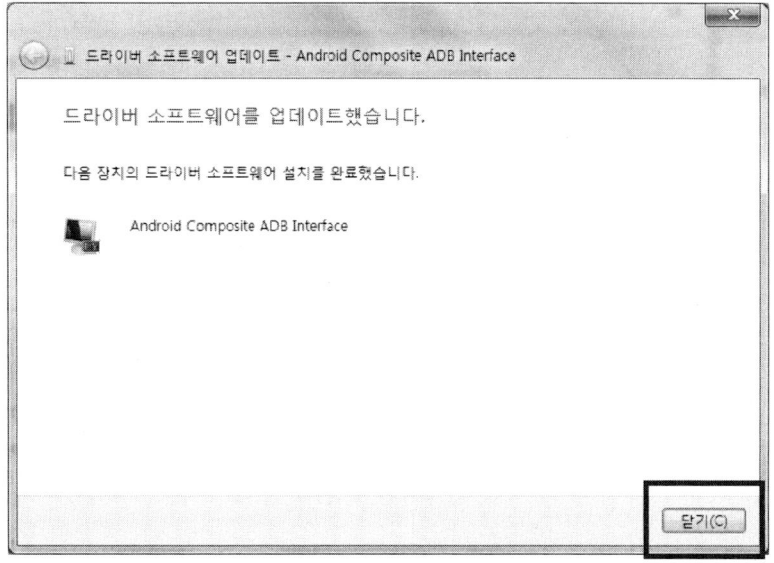

안드로이드 웨어 드라이버 설치가 완료된 것을 확인할 수 있다.

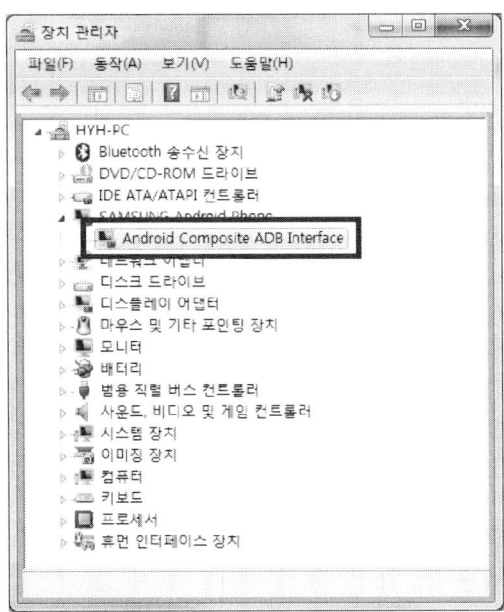

이상으로, 안드로이드 웨어 드라이버가 설치됐다. 필자의 시계는 LG전자 G Watch 기기이지만, 드라이버의 명칭이 삼성 안드로이드 폰으로 되어 있다. 하지만 명칭만 다를 뿐, 개발에는 문제가 없다.

2. 안드로이드 웨어 개발자 모드 세팅하기

안드로이드 웨어 기기가 스마트폰과 연결되더라도, 시계를 개발자 모드로 세팅하지 않으면 USB를 통해 앱을 설치하거나 디버깅을 할 수 없다. 아래 과정을 따라 시계의 개발자 모드를 활성화시키자.

> **Note**
> 안드로이드 웨어 앱을 스마트폰에서 실행하고 시계와 페어링된 상태로 아래 과정을 진행하자.

1) [시계 카드 뷰] -> [설정] 실행

시계 메인 화면을 누르고 하단의 버튼을 누르면 리스트가 표시된다. 리스트에서 설정을 선택한다.

2) [정보] 실행

설정의 제일 아래에 있는 [정보]를 연다.

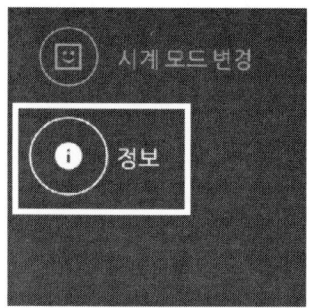

3) 빌드 번호 7번 누르기

빌드 번호 7번을 누르면 시계에서 개발자 모드가 실행된다.

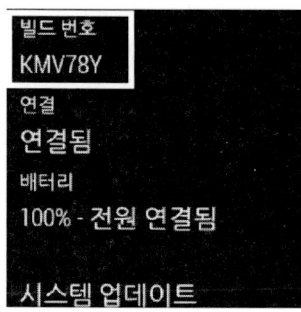

4) 개발자 옵션에서 ADB 디버깅 사용 설정

설정으로 다시 들어가면 좌측 그림처럼 [정보] 아래에 [개발자 옵션]이 보인다. 개발자 옵션에서 ADB 디버깅을 '사용'으로 변경하자.

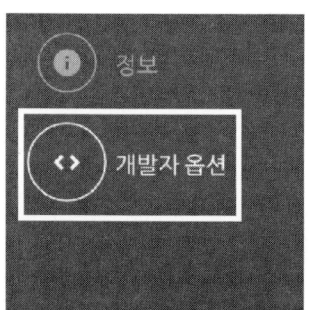 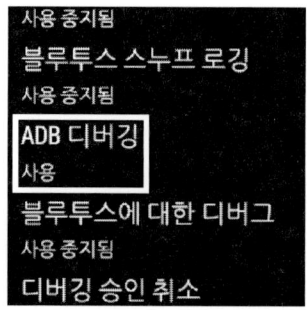

5) 스마트폰에서 허용

스마트폰에 [디버깅을 허용하시겠습니까?]라는 알림 창이 뜬다. [이 컴퓨터에서 항상 허용]을 체크하고 [확인] 버튼을 누르자.

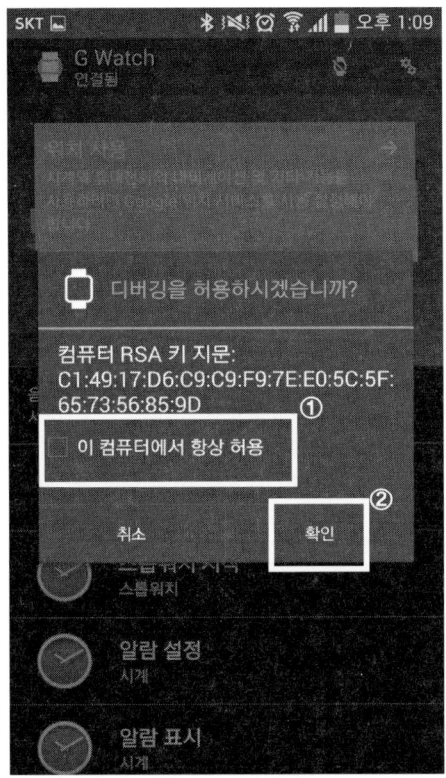

3. 안드로이드 웨어 앱 실행

USB로 시계를 PC에 연결한 후 아래 절차를 따라 안드로이드 웨어 앱을 실행하자.

1) 실행 버튼 클릭

메뉴의 [Run] -> [Run 'App']을 실행하거나, 안드로이드 스튜디오 메뉴 중간의 [실행] 버튼(▶)을 눌러 모듈을 실행시킨다.

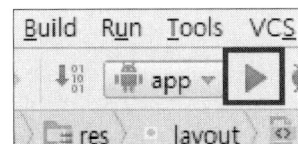

2) 실행 기기 선택

컴파일이 완료된 후 실행 기기를 시계로 선택한다.

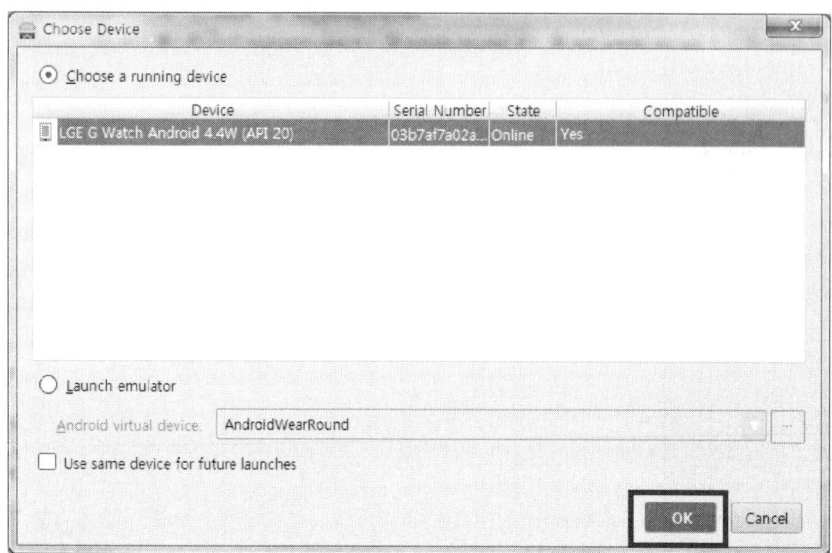

3) 확인

시계에서 실행된 결과를 확인한다. 프로젝트가 시계에서 정상적으로 작동하는 것을 확인할 수 있다.

8.4 안드로이드 웨어 스크린샷

안드로이드 웨어 기기를 USB로 연결하면 시계 디스플레이의 스크린샷을 얻을 수 있다. 개발자 모드를 설정한 후 아래 명령어를 CMD에서 실행하자.

```
adb shell screencap -p /sdcard/screenshot.png
adb pull /sdcard/screenshot.png
```

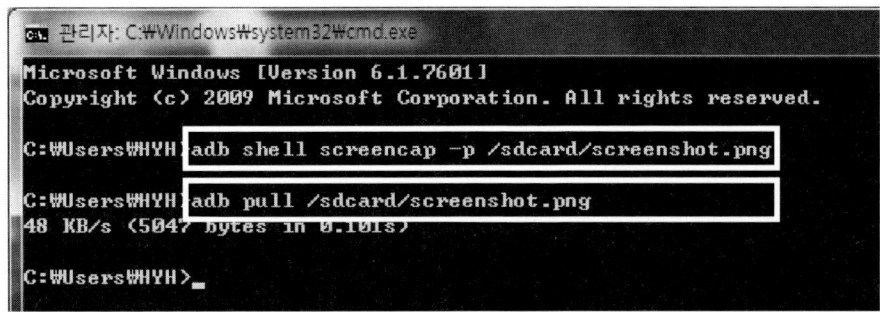

adb가 실행되지 않는다면 시스템 환경변수의 path에 [안드로이드 스튜디오 설치 폴더\sdk\platform-tools]를 추가하자.

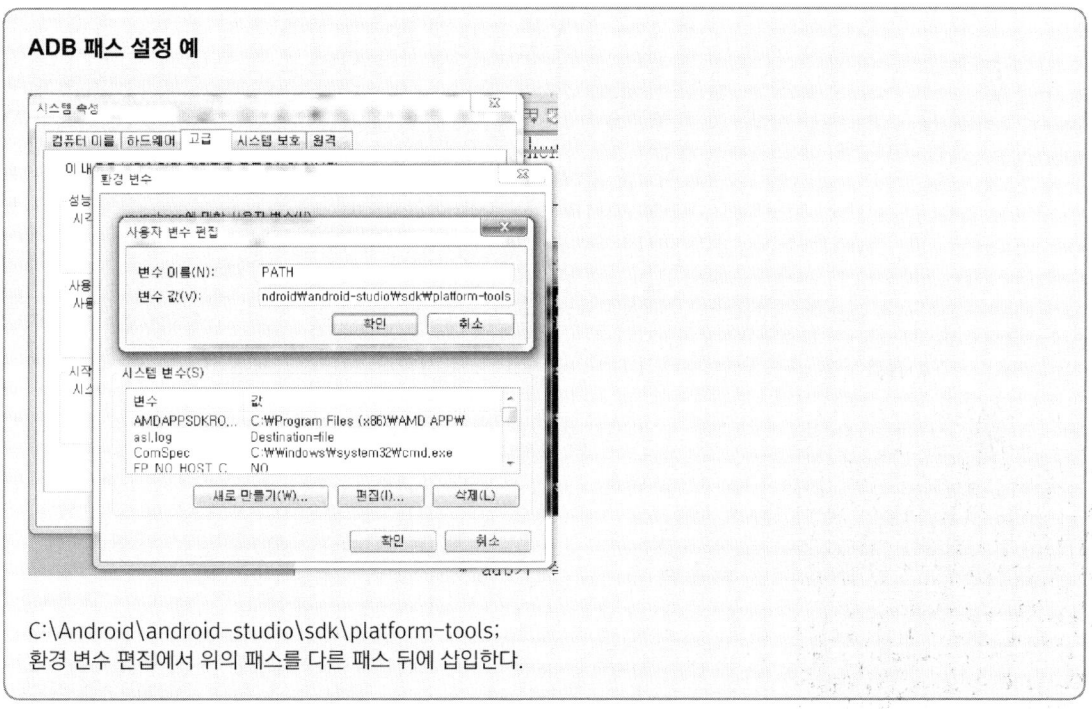

시계를 캡처한 스크린샷 파일을 볼 수 있다.

[screenshot.png]

8.5 안드로이드 웨어 블루투스 디버깅

안드로이드 웨어 시계를 크래들에 연결한 후 크래들을 PC에 연결해야 하는데, 시계가 작다보니 테스트를 위해 조작하다 보면 크래들에서 시계가 살짝 분리돼 디버깅이 해제되는 불편함이 있다.

블루투스 디버깅을 사용하면 스마트폰을 PC에 연결하고 시계는 분리된 상태로 개발이 가능하기 때문에 편리하다. 아래 방법을 따라 블루투스 디버깅을 해보자.

1) 시계의 블루투스 디버깅 모드 사용 설정

[설정] -> [개발자 옵션] -> [블루투스에 대한 디버그]의 설정을 사용으로 변경한다. 설정을 하고 메인 화면으로 돌아가면 블루투스에 대한 디버깅 설정에 대한 알림이 보인다.

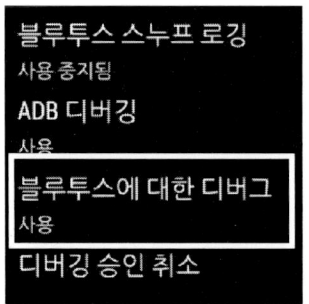 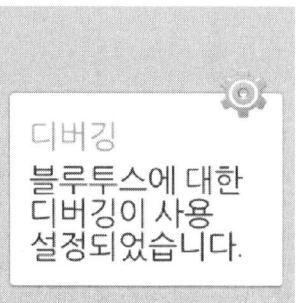

2) 스마트폰 블루투스 디버깅 설정

스마트폰의 안드로이드 웨어 앱에서 설정(⚙) 버튼을 눌러 오른쪽 화면이 보이게 하자.

맨 아래에서 두 번째 [블루투스를 통한 디버깅]을 체크하자. 현재, 타깃인 시계는 연결된 상태로 나오고 호스트인 PC는 연결되지 않은 것으로 나온다.

8.5 안드로이드 웨어 블루투스 디버깅   241

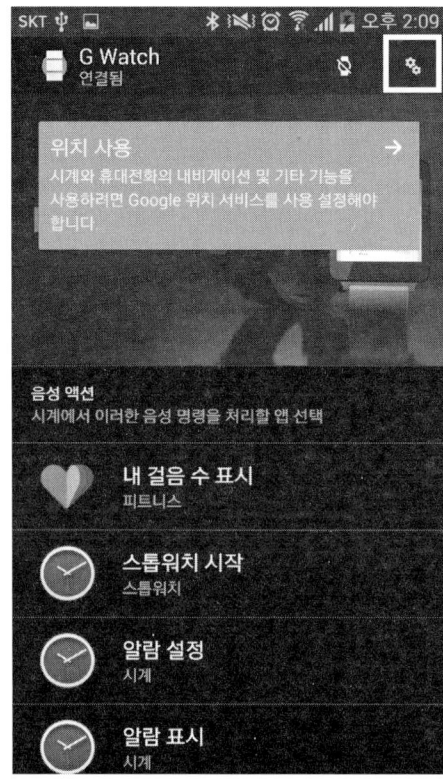 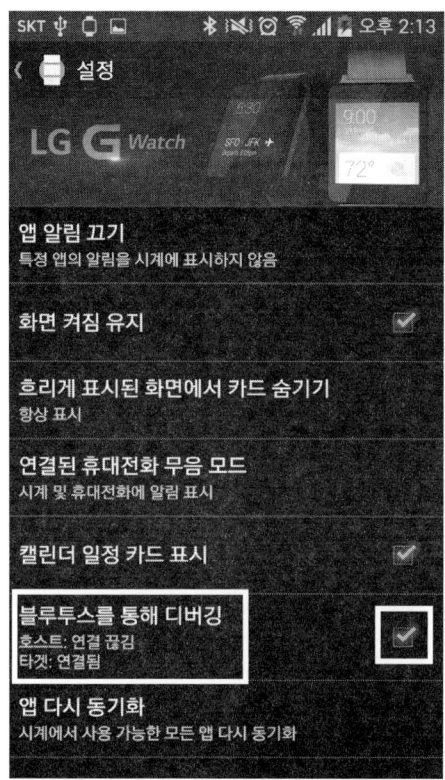

3) 명령 프롬프트(CMD)에서 adb 명령어 실행

명령 프롬프트(CMD)에서 아래 명령어를 실행하자.

```
adb forward tcp:4444 localabstract:/adb-hub
adb connect localhost:4444
```

242   8 안드로이드 웨어 전용 앱 만들기

실행 후 안드로이드 웨어 앱의 블루투스 디버깅의 상태를 보면 호스트가 연결된 것으로 보인다.

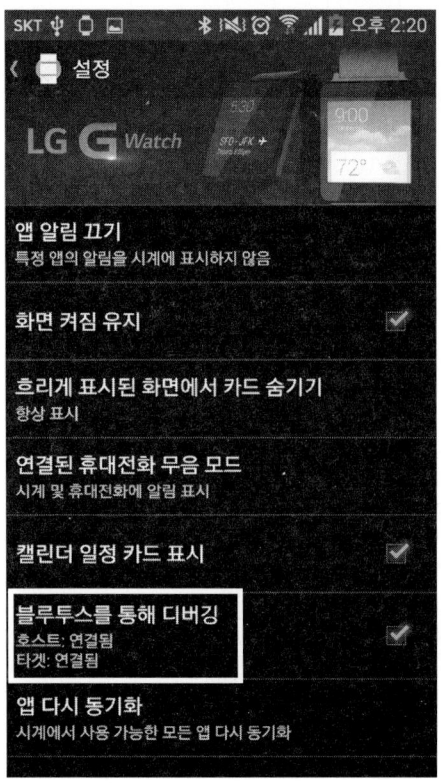

4) 안드로이드 전용 앱 실행 테스트

안드로이드 전용 앱을 실행하기 위해 장치를 선택하는 화면이다. 스마트폰과 시계가 동시에 연결된 것으로 보이는 것을 확인할 수 있다. 앱을 실행하고 개발을 하는 내용은 USB 연결과 동일하다.

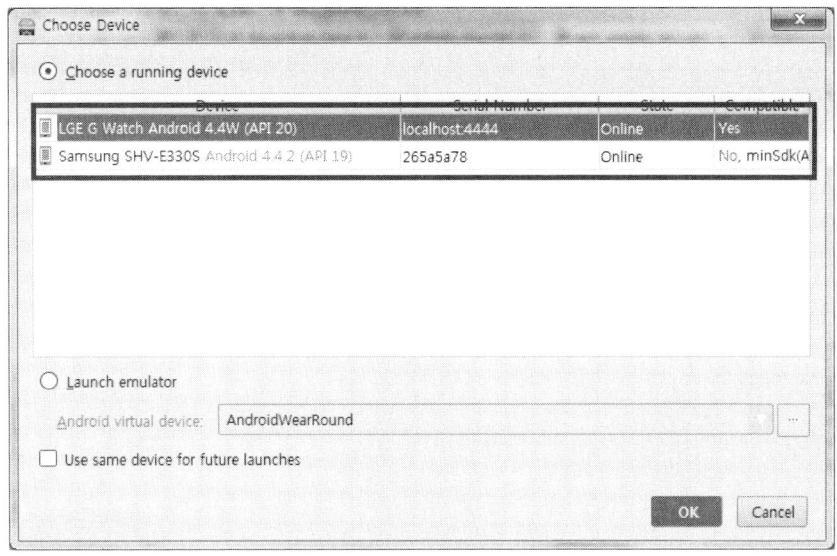

> **Tip**
> 필자는 명령 프롬프트(CMD)를 켜는 불편함을 없애기 위해서 블루투스 접속과 스크린샷 기능을 배치파일(.bat)로 만들어 놓고 필요할 때마다 실행한다.

8.6 마무리

8장에서는 안드로이드 웨어 전용 앱을 만들고, 시계와 에뮬레이터에서 실행하는 방법을 배웠다. 아직은 안드로이드 웨어의 개발 초기 단계이기 때문에 절차가 복잡하지만, 안드로이드 웨어 개발자가 많아질수록 더 간편한 방법으로 개발하는 방법들을 찾아낼 것이다. 필자도 지속적으로 관심을 갖고 더 편리한 방법이 발견되면 카페에 공유하도록 하겠다.

9

안드로이드 웨어 전용 앱 기본 기능

8장에서 안드로이드 웨어 장치를 세팅했으니 이제 안드로이드 웨어 전용 앱을 작성하자. 이번 장에서는 8장에서 만든 [WearableAppTest] 앱을 수정하여 안드로이드 웨어에서만 가능한 간단한 예제들을 개발해 볼 것이다.

9.1 시계 종류 판단

구글에서 발표한 안드로이드 웨어 시계의 디스플레이 타입으로는 사각형과 원형이 있다. 디스플레이의 크기와 모양이 서로 다르다 보니 같은 프로그램을 작성할 때 서로 다른 결과물을 보여줘야 할 경우가 많다.

WatchViewStub 클래스는 디스플레이의 종류에 따라 다른 결과를 보여주는 클래스다. 안드로이드 웨어 전용 앱을 생성하면 자동으로 추가된다. 아래의 두 그림은 자동으로 생성된 프로그램을 사각형 에뮬레이터와 원형 에뮬레이터에 각각 실행한 결과다.

[사각형 에뮬레이터 실행 결과]   [원형 에뮬레이터 실행 결과]

자동으로 추가된 소스를 분석하여 시계 종류를 판단하는 WatchViewStub 클래스를 이해해보자.

1. 레이아웃 이해하기

우선 레이아웃 소스를 보자. res/layout 폴더를 보면 총 세 개의 레이아웃 파일이 생성됐다.

activity_my.xml	메인 액티비티 레이아웃
rect_activity_my.xml	사각형 시계 레이아웃
round_activity_my.xml	원형 시계 레이아웃

메인 액티비티 레이아웃의 소스를 살펴보자.

WearableAppTest/app/src/main/res/layout/activity_my.xml

```xml
<?xml version="1.0" encoding="utf-8"?>
<android.support.wearable.view.WatchViewStub
    xmlns:android="http://schemas.android.com/apk/res/android"
    xmlns:app="http://schemas.android.com/apk/res-auto"
    xmlns:tools="http://schemas.android.com/tools"
    android:id="@+id/watch_view_stub"
    android:layout_width="match_parent"
    android:layout_height="match_parent"
    app:rectLayout="@layout/rect_activity_my"
    app:roundLayout="@layout/round_activity_my"
    tools:context=".MyActivity"
    tools:deviceIds="wear">
</android.support.wearable.view.WatchViewStub>
```

메인 액티비티에 <android.support.wearable.view.WatchViewStub/> 뷰가 생성돼 있다. 이 뷰의 속성으로 app:rectLayout="@layout/rect_activity_my", app:roundLayout="@layout/round_activity_my"가 보이는데, 사각형 시계일 때는 [rect_activity_my] 레이아웃을 사용하고, 원형 시계일 때는

[round_activity_my] 레이아웃을 사용하게 하는 속성이다.

이제, [rect_activity_my.xml]와 [round_activity_my.xml]을 같이 살펴보자.

rect_activity_my.xml	round_activity_my.xml
<?xml version="1.0" encoding="utf-8"?> <LinearLayout xmlns:android="http://schemas.android.com/apk/res/android" 　xmlns:tools="http://schemas.android.com/tools" 　android:layout_width="match_parent" 　android:layout_height="match_parent" 　android:orientation="vertical" 　tools:context=".MyActivity" 　tools:deviceIds="wear_square"> 　<TextView 　　android:id="@+id/text" 　　android:layout_width="wrap_content" 　　android:layout_height="wrap_content" 　　android:text="@string/hello_square" /> </LinearLayout>	<?xml version="1.0" encoding="utf-8"?> <RelativeLayout xmlns:android="http://schemas.android.com/apk/res/android" 　xmlns:tools="http://schemas.android.com/tools" 　android:layout_width="match_parent" 　android:layout_height="match_parent" 　tools:context=".MyActivity" 　tools:deviceIds="wear_round"> 　<TextView 　　android:id="@+id/text" 　　android:layout_width="wrap_content" 　　android:layout_height="wrap_content" 　　android:layout_centerHorizontal="true" 　　android:layout_centerVertical="true" 　　android:text="@string/hello_round" /> </RelativeLayout>

사각형 시계 레이아웃인 [rect_activity_my] 레이아웃은 LenearLayout을 사용하여 텍스트 뷰를 추가했고, 원형 시계 레이아웃인 [round_activity_my] 레이아웃은 RelativeLayout을 사용하여 텍스트 뷰를 추가했다. 여기서 주안점은 같은 텍스트 뷰에 같은 아이디를 입력했다는 점이다.

2. 액티비티 소스 이해하기

두 개의 레이아웃에서 동일한 'text' 아이디로 생성한 텍스트 뷰를 어떻게 활용하는 지 [MyActivity.java] 소스에서 살펴보자.

com.example.wearable.wearableapptest.MyActivity.java (계속)
package com.example.wearable.wearableapptest; import android.app.Activity; import android.os.Bundle; import android.support.wearable.view.WatchViewStub; import android.widget.TextView; public class MyActivity extends Activity {

(이어서) com.example.wearable.wearableapptest.MyActivity.java

```java
private TextView mTextView;

@Override
protected void onCreate(Bundle savedInstanceState) {
  super.onCreate(savedInstanceState);

  // activity_my 레이아웃을 소스 컨텐트 뷰로 설정한다.
  setContentView(R.layout.activity_my);

  // WatchViewStub 클래스로 stub 객체를 생성한다.
  final WatchViewStub stub = (WatchViewStub) findViewById(R.id.watch_view_stub);

  // stub 객체가 화면의 종류를 검증한 다음 발생할 이벤트를 설정한다.
  stub.setOnLayoutInflatedListener(
    new WatchViewStub.OnLayoutInflatedListener() {

    @Override
    public void onLayoutInflated(WatchViewStub stub) {
      // 소스에서 사용할 텍스트 뷰를 지정한다.
      mTextView = (TextView) stub.findViewById(R.id.text);
    }
  });
}
```

소스를 살펴보면, stub 객체를 생성한다. 그리고 화면 종류를 알아낸 다음 발생하는 LayoutInflated Listener 이벤트의 onLayoutInflated(WatchViewStub stub) 메소드를 지정한다. onLayoutInflated() 메소드의 매개변수로 넘어오는 stub 객체는 종류에 따른 레이아웃이 들어오게 된다. 즉, 앱이 실행된 시계가 사각형이면 [rect_activity_my] 레이아웃이 stub 객체로 지정되고, 원형이면 [round_activity_my] 레이아웃이 stub 객체로 지정된다.

클래스의 멤버 변수로 지정한 mTextView 객체는 onLayoutInflated() 메소드가 수행된 다음 지정된다. 따라서, 앱이 실행되는 도중에 mTextView 객체에 값을 입력할 때 현재 앱이 실행된 시계가 사각형인지, 원형인지 신경 쓰지 않고 mTextView 객체의 값을 수정하면 된다.

9.2 원형 시계 전용 레이아웃

스마트폰이나 태블릿은 모두 사각형 디스플레이를 사용했다. 그렇기 때문에 개발자들은 사각형이 아닌 원형 안에서 앱이 동작되도록 설계하고 개발해야 한다. 하지만 개발자들은 원형 디스플레이에 처음 개발을 하다 보니 개발에 어려움을 많이 느낀다.

오른쪽 그림은 사각형 레이아웃을 그대로 사용하여 텍스트뷰 위젯이 원형 밖으로 나가버린 예이다. 안드로이드 웨어는 위젯이 위처럼 원 밖으로 위젯이 나가지 않도록 원형 시계 전용 레이아웃을 제공한다.

아래 소스에서 원형 시계 전용 레이아웃의 사용법을 알아보자.

WearableAppTest/app/src/main/res/layout/round_activity_my.xml

```xml
<?xml version="1.0" encoding="utf-8"?>
<android.support.wearable.view.BoxInsetLayout
    xmlns:android="http://schemas.android.com/apk/res/android"
    xmlns:tools="http://schemas.android.com/tools"
    xmlns:app="http://schemas.android.com/apk/res-auto"
    android:layout_width="match_parent"
    android:layout_height="match_parent"
    tools:context=".MyActivity"
    tools:deviceIds="wear_round">

    <TextView
        app:layout_box="all"
        android:id="@+id/text"
        android:layout_width="wrap_content"
        android:layout_height="wrap_content"
        android:text="@string/hello_round"
        />

</android.support.wearable.view.BoxInsetLayout>
```

소스를 수정하고 앱을 원형 시계에서 실행하자. 필자는 현재 원형 시계가 없어서 에뮬레이터로 실행했다.

[원형 레이아웃 미적용]   [원형 레이아웃 적용]

원형 레이아웃을 적용하지 않았을 때에는 좌측 그림처럼 텍스트 뷰 위젯이 시계 밖으로 나갔다. 하지만 원형 레이아웃을 적용하니 우측 그림처럼 원형 시계 안쪽에 레이아웃이 배치됐다.

소스를 살펴보면, 〈android.support.wearable.view.BoxInsetLayout /〉 레이아웃으로 텍스트 뷰를 감쌌다. 텍스트 뷰에 app:layout_box="all" 속성 값을 입력했다. app 네임 스페이스는 레이아웃에 xmlns:app="http://schemas.android.com/apk/res-auto" 속성을 추가함으로써 사용할 수 있게 됐다. app:layout_box="all" 속성을 입력하면 원형 시계 안쪽으로 위젯을 배치한다.

app:layout_box 속성 값으로는 top, bottom, left, right 값이 가능하고, top|left와 같이 파이프 기호(|)로 합성해서 사용할 수 있다. 하지만 에뮬레이터에서는 이 기능이 아직 지원되지 않는다. 원형 시계가 공식적으로 발표되면 테스트한 내용을 카페에 올리도록 하겠다.

구글 I/O에서 제공하는 원형 시계에 웨어러블 앱을 구성할 때 필요한 기능을 설명하는 간단한 동영상이 있다. 원형 시계에 앱을 개발하기 전에 참고하도록 하자.

```
http://youtu.be/naf_WbtFAlY?t=3m39s
```

9.3 확인 액티비티

시계에서 사용자가 어떤 작업을 요청하면 사용자에게 성공과 실패 여부를 알려줘야 한다. 시계의 디스플레이가 작기 때문에 화면을 가득 채워 응답을 보여주는 것이 효과적이다.

안드로이드 웨어에서는 성공/실패/폰으로 전송을 사용자에게 알리기 위한 확인 액티비티(Confirmation Activity)를 제공한다. 아래 순서를 따라 알림 액티비티를 사용하도록 개발해보자.

1) AndroidManifest.xml 수정

아래 소스를 참고하여 [AndroidManifest.xml]을 수정하자.

WearableAppTest/app/src/main/AndroidManifest.xml

```xml
<?xml version="1.0" encoding="utf-8"?>
<manifest xmlns:android="http://schemas.android.com/apk/res/android"
    package="com.example.wearable.wearableapptest" >

    <uses-feature android:name="android.hardware.type.watch" />

    <application
        android:allowBackup="true"
        android:icon="@drawable/ic_launcher"
        android:label="@string/app_name"
        android:theme="@android:style/Theme.DeviceDefault" >
        <activity
            android:name=".MyActivity"
            android:label="@string/app_name" >
            <intent-filter>
                <action android:name="android.intent.action.MAIN" />

                <category android:name="android.intent.category.LAUNCHER" />
            </intent-filter>
        </activity>

        <activity
            android:name="android.support.wearable.activity.ConfirmationActivity" />

    </application>

</manifest>
```

AndroidManifest.xml의 메인 액티비티 아래에 "android.support.wearable.activity.ConfirmationActivity" 액티비티를 추가하자. 설정을 추가하면 프로그램에서 안드로이드 웨어 확인 액티비티를 사용할 수 있다.

2) activity_my.xml 수정

액티비티 레이아웃 파일을 수정하여 화면에 버튼을 추가하자.

WearableAppTest/app/src/main/res/layout/activity_my.xml

```xml
<?xml version="1.0" encoding="utf-8"?>
<LinearLayout xmlns:android="http://schemas.android.com/apk/res/android"
    xmlns:app="http://schemas.android.com/apk/res-auto"
    xmlns:tools="http://schemas.android.com/tools"
    android:layout_width="match_parent"
    android:layout_height="match_parent"
    android:orientation="vertical"
    tools:context=".MyActivity"
    tools:deviceIds="wear">

    <android.support.wearable.view.WatchViewStub
        android:id="@+id/watch_view_stub"
        android:layout_width="match_parent"
        android:layout_height="wrap_content"
        app:rectLayout="@layout/rect_activity_my"
        app:roundLayout="@layout/round_activity_my" >
    </android.support.wearable.view.WatchViewStub>

    <Button
        android:layout_width="match_parent"
        android:layout_height="wrap_content"
        android:onClick="onSuccessActivity"
        android:text="Success Activity" />

    <Button
        android:layout_width="match_parent"
        android:layout_height="wrap_content"
        android:onClick="onFailureActivity"
        android:text="Failure Activity" />

    <Button
        android:layout_width="match_parent"
        android:layout_height="wrap_content"
        android:onClick="onOpenOnPhoneActivity"
        android:text="Open On Phone Activity" />

</LinearLayout>
```

소스를 수정하고 프리뷰를 보면 아래와 같이 보인다.

버튼들을 수직으로 나열하기 위해서 기본 레이아웃을 LinearLayout으로 변경하고, WatchViewStub 아래에 세 개의 버튼을 만들었다.

3) MyActivity.java 소스 수정

마지막으로 아래 코드를 참고하여 MyActivity.java 소스를 수정하자.

com.example.wearable.wearableapptest.MyActivity.java (계속)

package com.example.wearable.wearableapptest;
 	
import android.app.Activity;
import android.os.Bundle;
import android.support.wearable.view.WatchViewStub;
import android.widget.TextView;
 	
import android.view.View;
import android.content.Intent;
import android.support.wearable.activity.ConfirmationActivity;
 	
public class MyActivity extends Activity {
 	
  private TextView mTextView;
 	
  @Override
  protected void onCreate(Bundle savedInstanceState) {
    super.onCreate(savedInstanceState);
 	
    // activity_my 레이아웃을 소스 컨텐트 뷰로 설정한다.
    setContentView(R.layout.activity_my);
 	
    // WatchViewStub 클래스로 stub 객체를 생성한다.

(이어서) com.example.wearable.wearableapptest.MyActivity.java (계속)

```java
    final WatchViewStub stub = (WatchViewStub) findViewById(R.id.watch_view_stub);

    // stub 객체가 화면의 종류를 검증한 다음 발생할 이벤트를 설정한다.
    stub.setOnLayoutInflatedListener(new WatchViewStub.OnLayoutInflatedListener() {
      @Override
      public void onLayoutInflated(WatchViewStub stub) {
        mTextView = (TextView) stub.findViewById(R.id.text);
      }
    });
}

// Success Activity 버튼을 눌렀을 때 실행되는 메소드
public void onSuccessActivity(View view) {
    // 확인 액티비티 인텐트 생성
    Intent intent = new Intent(this, ConfirmationActivity.class);

    // 확인 액티비티 인텐트 종류 및 메시지 입력
    intent.putExtra(ConfirmationActivity.EXTRA_ANIMATION_TYPE,
            ConfirmationActivity.SUCCESS_ANIMATION);
    intent.putExtra(ConfirmationActivity.EXTRA_MESSAGE, "Phone Animation!");

    // 확인 액티비티 실행
    startActivity(intent);
}

// Failure Activity 버튼을 눌렀을 때 실행되는 메소드
public void onFailureActivity(View view) {
    // 확인 액티비티 인텐트 생성
    Intent intent = new Intent(this, ConfirmationActivity.class);

    // 확인 액티비티 인텐트 종류 및 메시지 입력
    intent.putExtra(ConfirmationActivity.EXTRA_ANIMATION_TYPE,
            ConfirmationActivity.FAILURE_ANIMATION);
    intent.putExtra(ConfirmationActivity.EXTRA_MESSAGE, "Failure Animation!");

    // 확인 액티비티 실행
    startActivity(intent);
}

// Open On Phone Activity 버튼을 눌렀을 때 실행되는 메소드
```

(이어서) com.example.wearable.wearableapptest.MyActivity.java

```java
public void onOpenOnPhoneActivity(View view) {
    // 확인 액티비티 인텐트 생성
    Intent intent = new Intent(this, ConfirmationActivity.class);

    // 확인 액티비티 인텐트 종류 및 메시지 입력
    intent.putExtra(ConfirmationActivity.EXTRA_ANIMATION_TYPE,
                    ConfirmationActivity.OPEN_ON_PHONE_ANIMATION);
    intent.putExtra(ConfirmationActivity.EXTRA_MESSAGE, "Phone Animation!");

    // 확인 액티비티 실행
    startActivity(intent);
}
}
```

버튼을 눌렀을 때 실행되는 onSuccessActivity(), onFailureActivity(), onOpenOnPhoneActivity() 메소드를 생성하자.

인텐트의 두 번째 매개변수를 ConfirmationActivity.class로 입력함으로써 인텐트의 액티비티는 확인 액티비티가 된다.

intent.putExtra() 메소드로 애니메이션 종류인 EXTRA_ANIMATION_TYPE 속성 값과 애니메이션 하단에 보이는 메시지인 EXTRA_MESSAGE 속성 값을 입력한다. 현재는 총 세 개의 액티비티 타입이 지원된다.

ConfirmationActivity.EXTRA_ANIMATION_TYPE 지원 상수는 다음과 같다.

SUCCESS_ANIMATION	성공 애니메이션
FAILURE_ANIMATION	실패 애니메이션
OPEN_ON_PHONE_ANIMATION	폰에서 실행 애니메이션

인텐트에 값을 모두 입력하고 startActivity() 메소드에 인텐트를 입력하여 액티비티를 실행한다.

앱을 실행하면 아래와 같이 보인다.

각 버튼을 누르면 아래와 같은 애니메이션 액티비티가 동작된다.

  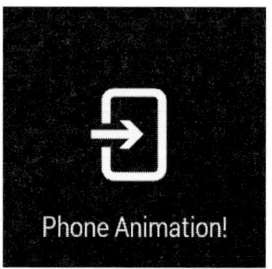

[Success Animation]　　　[Failure Animation]　　　[Phone Animation]

앱을 개발하며 사용자에게 처리 결과를 보여줘야 한다면 이번 절에서 배운 확인 액티비티를 활용하도록 하자.

9.4 음성 인식 액티비티

웨어러블 앱을 사용하는 중에 사용자에게 음성으로 입력받아야 한다면 음성 인식 액티비티를 사용하면 된다. 음성 인식 액티비티를 활용하기 위해 음성 인식 인텐트(RecognizerIntent)를 사용하는데, 이 클래스는 이미 안드로이드에 기본적으로 사용되던 클래스다.

아래 과정을 따라서 음성 인식 액티비티의 사용법을 알아보자.

1) activity_my.xml 수정

액티비티 레이아웃 파일을 수정하여 화면에 음성 인식 액티비티 버튼을 추가하자.

9.4 음성 인식 액티비티

WearableAppTest/app/src/main/res/layout/activity_my.xml

```
<?xml version="1.0" encoding="utf-8"?>
<LinearLayout xmlns:android="http://schemas.android.com/apk/res/android"
  xmlns:app="http://schemas.android.com/apk/res-auto"
  xmlns:tools="http://schemas.android.com/tools"
  android:layout_width="match_parent"
  android:layout_height="match_parent"
  android:orientation="vertical"
  tools:context=".MyActivity"
  tools:deviceIds="wear">

<android.support.wearable.view.WatchViewStub
  android:id="@+id/watch_view_stub"
  android:layout_width="match_parent"
    <android.support.wearable.view.WatchViewStub ... />
    <Button ... />
    <Button ... />
    <Button ... />

    <Button
    android:layout_width="match_parent"
    android:layout_height="wrap_content"
    android:onClick="onVoiceRecognize"
    android:text="Voice Recognize Activity" />

</LinearLayout>
```

소스를 수정하고 프리뷰를 보면 아래와 같이 보인다.

2) MyActivity.java 소스 수정

아래 코드를 참고하여 **MyActivity.java** 소스를 수정하자. 두 개의 메소드를 생성할 것이다.

com.example.wearable.wearableapptest.MyActivity.java (계속)

```
package com.example.wearable.wearableapptest;

import ...

import java.util.List;
import android.speech.RecognizerIntent;

public class MyActivity extends Activity {

  private TextView mTextView;

  @Override
  protected void onCreate(Bundle savedInstanceState) { ... }

  // Success Activity 버튼을 눌렀을 때 실행되는 메소드
  public void onSuccessActivity(View view) { ... }

  // Failure Activity 버튼을 눌렀을 때 실행되는 메소드
  public void onFailureActivity(View view) { ... }

  // Open On Phone Activity 버튼을 눌렀을 때 실행되는 메소드
  public void onOpenOnPhoneActivity(View view) { ... }

  // 음성 인식 요청 코드
  private static final int SPEECH_REQUEST_CODE = 0;

  // Voice Recognize Activity 버튼을 눌렀을 때 실행되는 메소드
  public void onVoiceRecognize(View view) {

      // 음성 인식 액티비티 인텐트 생성
      Intent intent = new Intent(RecognizerIntent.ACTION_RECOGNIZE_SPEECH);

      // 음성 인식 액티비티에 음성 인식 속성을 입력한다.
      intent.putExtra(RecognizerIntent.EXTRA_LANGUAGE_MODEL,
                  RecognizerIntent.LANGUAGE_MODEL_FREE_FORM);

      // 음성 인식 액티비티를 실행한다.
      startActivityForResult(intent, SPEECH_REQUEST_CODE);
  }

  // 음성 인식이 완료된 후 실행되는 메소드이다.
  @Override // Activity
```

(이어서) com.example.wearable.wearableapptest.MyActivity.java

```java
protected void onActivityResult(int requestCode, int resultCode, Intent data) {

    // 요청 코드가 SPEECH_REQUEST_CODE이고, 음성 인식을 성공한 경우 실행
    if (requestCode == SPEECH_REQUEST_CODE && resultCode == RESULT_OK) {
        // 음성으로 입력된 결과 리스트를 가져온다.
        List<String> results = data.getStringArrayListExtra(RecognizerIntent.EXTRA_RESULTS);

        // 시계에서는 하나의 입력이 가능하므로 첫 번째 결과 값을 가져온다.
        String spokenText = results.get(0);

        // 음성 인식된 결과를 텍스트 뷰의 텍스트로 입력한다.
        mTextView.setText(spokenText);
    }
    super.onActivityResult(requestCode, resultCode, data);
}
```

음성 인식을 구분하는 SPEECH_REQUEST_CODE 상수를 추가하자. 이 상수는 앱에서 여러 개의 음성 인식을 사용할 때 구분하는 코드로 사용된다. 그리고 버튼을 눌렀을 때 실행되는 onVoiceRecognize() 메소드와 음성 인식 액티비티가 완료된 후 실행되는 onActivityResult() 메소드를 추가하자.

onVoiceRecognize() 메소드에서 음성 인식 인텐트를 생성했다. 생성자에 매개변수로 RecognizerIntent.ACTION_RECOGNIZE_SPEECH를 입력하여 음성 인식 인텐트 객체를 생성했다. 인텐트 객체에 putExtra() 메소드로 음성 인식에 활용되는 속성들을 입력했다. 소스에서 적용한 속성은 음성을 자유 형태로 입력받는 속성이다. startActivityForResult() 메소드에 음성 인식 인텐트를 매개변수로 입력하여 음성 인식 액티비티를 실행한다. startActivityForResult() 메소드의 두 번째 매개변수는 음성 인식을 구분하는 코드다. 만약 하나의 프로그램에서 여러 개의 음성 입력을 받는다면 이 코드로 구분한다.

음성 인식 액티비티에서 음성을 입력받고 종료가 되면 onActivityResult() 메소드가 실행된다. 메소드에 매개변수로 입력된 요청 코드와 결과 코드를 비교하여, 요청 코드가 음성 인식 액티비티를 실행할 때 입력한 "SPEECH_REQUEST_CODE"이고 음성 인식에 성공하면 if 제어문 안쪽을 실행한다.

data.getStringArrayListExtra() 메소드로 액티비티의 실행 결과 값들을 모두 가져온다. 입력한 음성을 반환받기 위해서 리스트의 get() 메소드를 사용한다. 현재 구성한 음성 인식 액티비티는 하나의 음성만 입력받게 돼 있으므로 첫 번째 인덱스(0)를 get() 메소드에 입력해서 값을 가져오면 된다.

마지막으로 가져온 음성 인식 결과를 spokenText 문자열에 넣고, 텍스트 뷰에 출력한다.

앱을 실행하면 아래와 같은 결과를 볼 수 있다.

  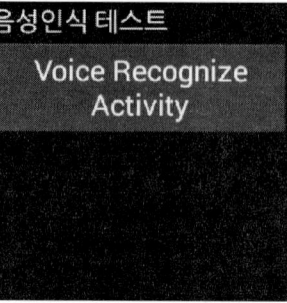

[Voice Recognize Activity] 버튼을 클릭하면 음성 인식 화면이 팝업된다. 그리고 음성으로 입력을 하면 결과 값이 메인 액티비티의 텍스트 뷰로 입력된다.

이 책에서는 시계에서 음성 인식 액티비티를 팝업하고, 응답을 받는 예제까지 설명한다. 음성 인식 인텐트에 관해 더 자세한 내용을 알고 싶은 독자들은 구글에서 "RecognizerIntent"를 검색하도록 하자.

9.5 종료 오버레이 뷰

안드로이드 웨어의 모든 앱이나 카드는 왼쪽 끝에서 오른쪽으로 밀어내면 종료된다. 하지만 액티비티의 스타일을 입력하여 화면을 밀어내어 종료하지 못하게 설정할 수 있다. 그럴 때는 사용자에게 종료를 묻고 종료할 수 있는 방법을 제시해야 한다.

종료 오버레이 뷰(DismissOverlayView)는 사용자에게 앱을 종료할 것인지 물어보는 뷰이다. 손가락으로 좌에서 우로 밀어내어 화면을 종료되는 설정을 메인 액티비티에서 해제하고, 종료 오버레이 뷰를 활용하여 액티비티를 종료하도록 수정하자.

1. 밀어내어 종료되지 않는 테마 적용

우선, 손가락으로 좌에서 우로 밀어내어 화면이 종료되지 않도록 메인 액티비티에 테마를 적용하자.

1) styles.xml 생성

아래 그림을 참고하여 스타일 파일을 생성하자.

9.5 종료 오버레이 뷰

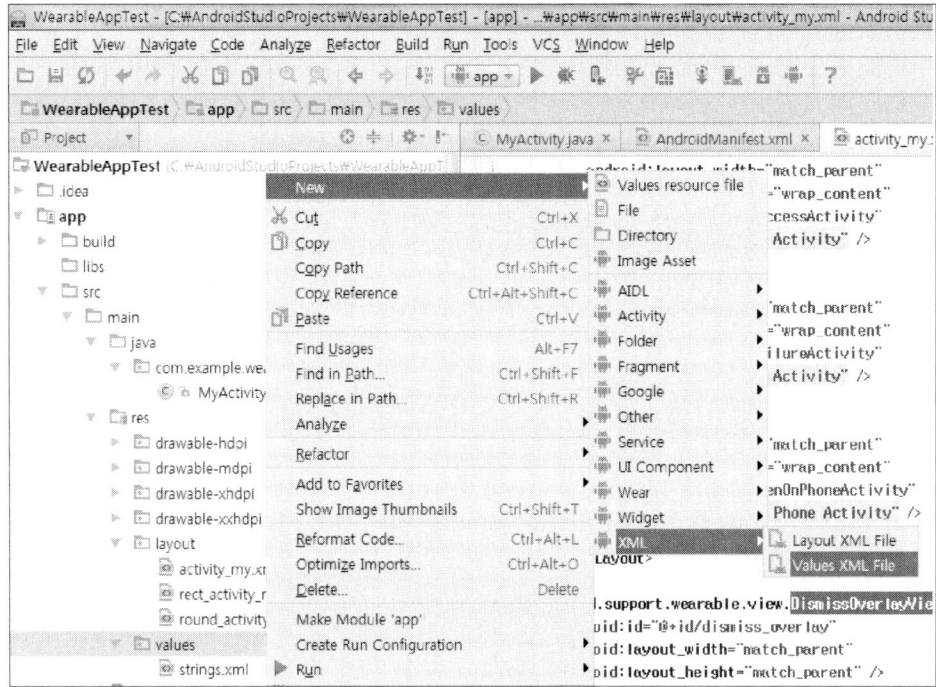

WearableAppTest/app/src/main/res/values 폴더에 styles.xml 파일을 추가하자.

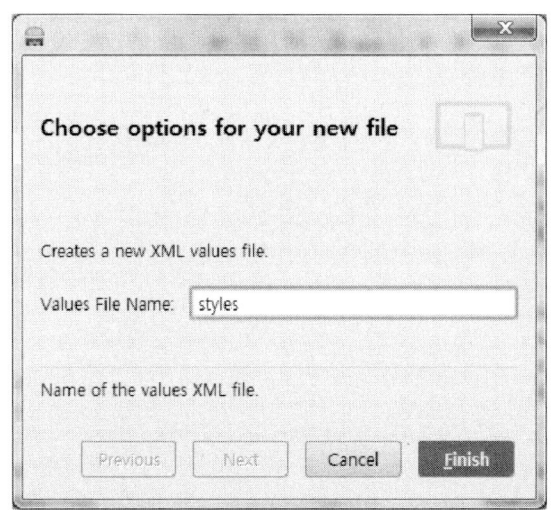

아래 소스를 참고하여 추가된 파일의 내용을 수정하자.

WearableAppTest/app/src/main/res/values/styles.xml

```xml
<?xml version="1.0" encoding="utf-8"?>
<resources>
  <style name="NoSwipeToDismissTheme" parent="@android:style/Theme.DeviceDefault">
    <item name="android:windowSwipeToDismiss">false</item>
  </style>
</resources>
```

액티비티를 밀어내도 종료되지 않는 [NoSwipeToDissmissTheme] 스타일을 생성한다.

2) AndroidManifest.xml 수정

아래 소스를 참고하여 AndroidManifest.xml 파일을 수정하자.

WearableAppTest/app/src/main/AndroidManifest.xml

```xml
<?xml version="1.0" encoding="utf-8"?>
<manifest xmlns:android="http://schemas.android.com/apk/res/android"
  package="com.example.wearable.wearableapptest" >

  <uses-feature android:name="android.hardware.type.watch" />

  <application
    android:allowBackup="true"
    android:icon="@drawable/ic_launcher"
    android:label="@string/app_name"
    android:theme="@android:style/Theme.DeviceDefault" >
    <activity
      android:name=".MyActivity"
      android:label="@string/app_name"
      android:theme="@style/NoSwipeToDismissTheme" >
      <intent-filter>
        <action android:name="android.intent.action.MAIN" />

        <category android:name="android.intent.category.LAUNCHER" />
      </intent-filter>
    </activity>

    <activity
      android:name="android.support.wearable.activity.ConfirmationActivity" />

  </application>
</manifest>
```

MyActivity의 테마 속성을 앞서 생성한 [NoSwipeToDismissTheme] 스타일로 지정한다. 액티비티에 스타일 테마를 지정한 후 프로그램을 실행하면 손가락으로 화면을 좌에서 우로 밀어내어도 프로그램이 종료되지 않는다.

> **Note**
> [NoSwipeToDismissTheme] 테마를 application에 적용하면 현재 앱의 모든 액티비티에 테마가 적용된다. 이 때에는 프로그램을 종료시킬 수 없는 상황이 생길 수 있으니 주의하도록 하자. 특히, ConfirmationActivity.FAILURE_ANIMATION 액티비티는 반드시 좌에서 우로 밀어서 종료해야 하므로 테마 사용에 주의하자.

2. 종료 오버레이 뷰 적용

이제 손가락으로 화면을 좌에서 우로 밀어내어도 화면이 종료되지 않기 때문에 앱을 종료하는 방법이 없다. 아래 과정을 따라 종료 오버레이 뷰를 만들어서 앱을 종료할 수 있도록 하자.

1) activity_my.xml 레이아웃 수정

아래 소스를 참고하여 activity_my.xml 레이아웃을 수정하자.

WearableAppTest/app/src/main/res/layout/activity_my.xml

```xml
<?xml version="1.0" encoding="utf-8"?>
<FrameLayout xmlns:android="http://schemas.android.com/apk/res/android"
    xmlns:app="http://schemas.android.com/apk/res-auto"
    xmlns:tools="http://schemas.android.com/tools"
    android:layout_width="match_parent"
    android:layout_height="match_parent"
    tools:context=".MyActivity"
    tools:deviceIds="wear">

    <LinearLayout
        android:layout_width="match_parent"
        android:layout_height="match_parent"
        android:orientation="vertical">

        <android.support.wearable.view.WatchViewStub ... />
        <Button ... />
        <Button ... />
        <Button ... />

    </LinearLayout>

    <android.support.wearable.view.DismissOverlayView
        android:id="@+id/dismiss_overlay"
        android:layout_width="match_parent"
        android:layout_height="match_parent" />
</FrameLayout>
```

종료 오버레이 뷰를 사용하려면 프레임 레이아웃(FrameLayout)으로 겹쳐야 한다. 따라서 기존 선형 레이아웃(LinearLayout)을 감싸는 프레임 레이아웃을 생성하고, 하단에 종료 오버레이 뷰를 추가하자.

2) MyActivity.java 소스 수정

아래 소스를 참고하여 [MyActivity.java] 소스를 수정하자.

com.example.wearable.wearableapptest.MyActivity.java (계속)

```java
package com.example.wearable.wearableapptest;

import ...

import android.support.v4.view.GestureDetectorCompat;
import android.support.wearable.view.DismissOverlayView;
import android.view.GestureDetector;
import android.view.MotionEvent;

public class MyActivity extends Activity {

    private TextView mTextView;

    private GestureDetectorCompat mGestureDetector;
    private DismissOverlayView mDismissOverlayView;

    @Override
    protected void onCreate(Bundle savedInstanceState) {
        super.onCreate(savedInstanceState);

        // activity_my 레이아웃을 소스 컨텐트 뷰로 설정한다.
        setContentView(R.layout.activity_my);

        // WatchViewStub 클래스로 stub 객체를 생성한다.
        final WatchViewStub stub = (WatchViewStub) findViewById(R.id.watch_view_stub);

        // stub 객체가 화면의 종류를 검증한 다음 발생할 이벤트를 설정한다.
        stub.setOnLayoutInflatedListener(new WatchViewStub.OnLayoutInflatedListener() {
            @Override
            public void onLayoutInflated(WatchViewStub stub) {
                mTextView = (TextView) stub.findViewById(R.id.text);
            }
        });

        // 종료 오버레이 뷰를 지정
```

(이어서) com.example.wearable.wearableapptest.MyActivity.java

```
    mDismissOverlayView = (DismissOverlayView) findViewById(R.id.dismiss_overlay);

    // 시계의 터치로 제스처를 감지한다.
    mGestureDetector = new GestureDetectorCompat(this, new LongPressListener());
}

// Success Activity 버튼을 눌렀을 때 실행되는 메소드
public void onSuccessActivity(View view) { ... }

// Failure Activity 버튼을 눌렀을 때 실행되는 메소드
public void onFailureActivity(View view) { ... }

// Open On Phone Activity 버튼을 눌렀을 때 실행되는 메소드
public void onOpenOnPhoneActivity(View view) { ... }

// 액티비티의 터치 이벤트가 발생하면 제스처 디텍터로 터치 정보를 전달한다.
@Override
public boolean dispatchTouchEvent(MotionEvent event) {
    return mGestureDetector.onTouchEvent(event) || super.dispatchTouchEvent(event);
}

// 제스처 디텍터가 오래 누르고 있는 이벤트를 감지하면 종료 오버레이 뷰를 실행한다.
private class LongPressListener extends GestureDetector.SimpleOnGestureListener {
    @Override
    public void onLongPress(MotionEvent event) {
        mDismissOverlayView.show();
    }
}
}
```

소스 수정을 완료하고 앱을 실행하자.

 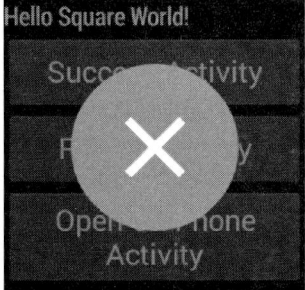

기존과 동일한 화면이 보이며, 아무 영역이나 길게 누르면 종료 표시가 보인다. 그리고 종료 표시를 누르면 앱이 종료된다.

종료 오버레이 뷰 멤버 변수인 mDismissOverlayView 객체가 사용된 것만 찾아보면, 객체를 리소스와 연결하고 마지막에 mDismissOverlayView.show() 메소드로 실행하는 것뿐이다.

액티비티의 아무 영역을 길게 누르고 있으면 종료 오버레이 뷰가 보이도록 설정하기 위해 제스처 디텍터(GestureDetector) 클래스를 활용했다. 원리는 dispatchTouchEvent() 메소드로 사용자가 터치한 정보를 제스처 감지 객체로 전달하고, 전달된 터치 정보를 분석하여 길게 누르고 있는 이벤트가 발생하면 onLongPress() 메소드를 실행시킨다.

앱의 성격에 따라 액티비티를 밀어서 종료하지 못하게 만들어야 할 경우가 있을 것이다. 이런 경우 위 코딩을 참고하여 버튼이나 제스처로 종료 오버레이 뷰를 나오게 하여 앱을 종료할 수 있도록 하자.

9.6 원형 이미지 뷰

시계에서는 사용자에게 기능을 직관적으로 보여주기 위해 원형 배경 안에 아이콘을 넣는 뷰를 주로 사용한다. 원형 배경 안에 아이콘을 넣는 원형 이미지 뷰(CircledImageView)의 사용법을 알아보자.

1) demens.xml 추가

9.5절에서 styles.xml을 폴더에 추가한 것처럼 WearableAppTest/app/src/main/res/values 폴더에 demens.xml 파일을 추가하자.

파일을 추가한 다음 아래 소스를 참고하여 demens.xml 파일을 수정하자.

```
WearableAppTest/app/src/main/res/values/demens.xml
<?xml version="1.0" encoding="utf-8"?>
<resources>
    <dimen name="circle_border_normal_width">10dp</dimen>
    <dimen name="circle_padding">5dp</dimen>
    <dimen name="circle_radius">60dp</dimen>
    <dimen name="circle_radius_pressed">55dp</dimen>
</resources>
```

위 속성들은 지연 확인 뷰의 모양을 지정하는 속성 값들이다.

2) activity_my.xml 레이아웃 수정

아래 소스를 참고하여 activity_my.xml 레이아웃을 수정하자.

9.6 원형 이미지 뷰

WearableAppTest/app/src/main/res/layout/activity_my.xml

```xml
<?xml version="1.0" encoding="utf-8"?>
<FrameLayout xmlns:android="http://schemas.android.com/apk/res/android"
    xmlns:app="http://schemas.android.com/apk/res-auto"
    xmlns:tools="http://schemas.android.com/tools"
    android:layout_width="match_parent"
    android:layout_height="match_parent"
    tools:context=".MyActivity"
    tools:deviceIds="wear">

    <LinearLayout
        android:layout_width="match_parent"
        android:layout_height="match_parent"
        android:orientation="vertical">

        <android.support.wearable.view.WatchViewStub
            android:id="@+id/watch_view_stub"
            android:layout_width="match_parent"
            android:layout_height="wrap_content"
            app:rectLayout="@layout/rect_activity_my"
            app:roundLayout="@layout/round_activity_my" />

        <!-- 테스트를 위해 네 개의 버튼은 임시로 주석 처리
        <Button ... />
        <Button ... />
        <Button ... />
        <Button ... />
        -->

        <android.support.wearable.view.CircledImageView
            android:layout_width="match_parent"
            android:layout_height="wrap_content"
            android:src="@drawable/ic_launcher"
            app:circle_color="@color/blue"
            app:circle_radius="@dimen/circle_radius"
            app:circle_radius_pressed="@dimen/circle_radius_pressed"
            app:circle_padding="@dimen/circle_padding"
            app:circle_border_width="@dimen/circle_border_normal_width"
            app:circle_border_color="@color/white" />

    </LinearLayout>

    <android.support.wearable.view.DismissOverlayView
        android:id="@+id/dismiss_overlay"
        android:layout_width="match_parent"
        android:layout_height="match_parent" />
</FrameLayout>
```

테스트를 위해 네 개의 알림 액티비티 버튼들을 주석 처리했다. 그리고 원형 이미지 뷰〈android.support.wearable.view.CircledImageView/〉를 추가한다.

프레임 레이아웃에 추가한 xmlns 속성을 살펴보자. xmlns는 XML 네임스페이스의 약자다. 네임스페이스는 xml 속성 앞에 app를 붙여서 "http://schemas.android.com/apk/res-auto" URL에 정의돼 있는 속성을 자유롭게 사용할 수 있도록 한다. 원형 이미지 뷰는 app 네임스페이스를 사용하여 모양을 변경한다.

원형 이미지 뷰의 속성들에 대한 설명은 아래와 같다.

속성	설명
app:circle_color	원의 색상
app:circle_radius	원의 둥근 반경
app:circle_radius_pressed	원이 눌려졌을 때의 반경
app:circle_padding	원의 여백
app:circle_border_color	원의 외곽선 색상
app:circle_border_normal_width	원의 외곽선 굵기

demens.xml 파일과 activity_my.xml 파일을 모두 수정했다면 레이아웃 프리뷰가 아래와 같이 보인다.

에러는 발생했지만 좌측 상단의 [X]를 눌러 확인이 가능하다. 원형 이미지 뷰를 사용하여 적당한 배경색과 아이콘을 사용하면 시계의 액션이 사용자에게 직관적으로 보일 수 있을 것이다.

```
Rendering Problems
The following classes could not be instantiated:
     - android.support.wearable.view.DismissOverlayView (Open Class, Show Exception)

Tip: Use View.isInEditMode() in your custom views to skip code or show sample data when
shown in the IDE

Exception Details
java.lang.NullPointerException
  at android.support.wearable.view.DismissOverlayView.<init>(DismissOverlayView.java:54)
  at android.support.wearable.view.DismissOverlayView.<init>(DismissOverlayView.java:43)
  at java.lang.reflect.Constructor.newInstance(Constructor.java:526)
  at android.view.LayoutInflater.rInflate_Original(LayoutInflater.java:802)
  at android.view.LayoutInflater_Delegate.rInflate(LayoutInflater_Delegate.java:64)
  at android.view.LayoutInflater.rInflate(LayoutInflater.java:778)
  at android.view.LayoutInflater.inflate(LayoutInflater.java:500)
  at android.view.LayoutInflater.inflate(LayoutInflater.java:381)
Copy stack to clipboard
```

9.7 지연 확인 뷰

장치의 동작을 처리하며 기다리는 시간은 상당히 지루하다. 이 때 사용자에게 로딩 창으로 조금이나마 볼거리를 제공한다면 조금 덜 지루할 것이다.

지연 확인 뷰(DelayedConfirmationView)를 활용하면 미리 예측된 기다리는 시간을 보여줄 수 있다. 지연 확인 뷰는 프로그레스바(Progress Bar)의 원형 버전이라고 보면 된다. 이번 절에서는 사용자의 기다리는 시간을 배려하는 지연 확인 뷰를 만들어본다.

1) activity_my.xml 레이아웃 수정

아래 소스를 참고하여 activity_my.xml 레이아웃을 수정하자.

WearableAppTest/app/src/main/res/layout/activity_my.xml (계속)

```xml
<?xml version="1.0" encoding="utf-8"?>
<FrameLayout xmlns:android="http://schemas.android.com/apk/res/android"
    xmlns:app="http://schemas.android.com/apk/res-auto"
    xmlns:tools="http://schemas.android.com/tools"
    android:layout_width="match_parent"
    android:layout_height="match_parent"
    tools:context=".MyActivity"
    tools:deviceIds="wear">
```

(이어서) WearableAppTest/app/src/main/res/layout/activity_my.xml (계속)

```xml
<ScrollView
    android:layout_width="match_parent"
    android:layout_height="wrap_content"
    android:orientation="vertical"
    android:fillViewport="true">

    <LinearLayout
        android:layout_width="match_parent"
        android:layout_height="match_parent"
        android:orientation="vertical">

        <android.support.wearable.view.WatchViewStub
            android:id="@+id/watch_view_stub"
            android:layout_width="match_parent"
            android:layout_height="wrap_content"
            app:rectLayout="@layout/rect_activity_my"
            app:roundLayout="@layout/round_activity_my" />

        <!-- 테스트를 위해 네 개의 버튼과 원형 이미지 뷰는 임시로 주석 처리
        <Button ... />
        <Button ... />
        <Button ... />
        <Button ... />
        <android.support.wearable.view.CircledImageView ... />
        -->

        <Button
            android:layout_width="match_parent"
            android:layout_height="wrap_content"
            android:onClick="onStartTimer"
            android:text="Start Timer" />

        <android.support.wearable.view.DelayedConfirmationView
            android:id="@+id/delayed_confirmation"
            android:layout_width="wrap_content"
            android:layout_height="wrap_content"
            android:layout_gravity="center"
            android:src="@drawable/ic_launcher"
            app:circle_color="@color/blue"
            app:circle_radius="@dimen/circle_radius"
            app:circle_radius_pressed="@dimen/circle_radius_pressed"
            app:circle_padding="@dimen/circle_padding"
            app:circle_border_width="@dimen/circle_border_normal_width"
            app:circle_border_color="@color/white" />
```

9.7 지연 확인 뷰

> **(이어서) WearableAppTest/app/src/main/res/layout/activity_my.xml**
>
> ```
>     </LinearLayout>
>   </ScrollView>
>
>   <android.support.wearable.view.DismissOverlayView
>     android:id="@+id/dismiss_overlay"
>     android:layout_width="match_parent"
>     android:layout_height="match_parent" />
> </FrameLayout>
> ```

버튼이 많아서 화면 아래로 버튼이 숨어버리기 때문에 스크롤로 내릴 수 있도록 스크롤뷰(ScrollView)로 선형 레이아웃(LinearLayout)을 감싼다.

테스트를 위해 네 개의 알림 액티비티 버튼들과 원형 이미지 뷰를 주석처리했다. 그리고 [Start Timer] 버튼과 지연 확인 뷰를 추가한다.

지연 확인 뷰는 원형 이미지 뷰를 상속받은 클래스이기 때문에 원형 이미지 뷰를 꾸미는 속성들을 그대로 사용한다. activity_my.xml 파일을 모두 수정했다면 레이아웃 프리뷰가 아래와 같이 보인다.

```
Rendering Problems
The following classes could not be instantiated:
    - android.support.wearable.view.DismissOverlayView (Open Class, Show Exception)

Tip: Use View.isInEditMode() in your custom views to skip code or show sample data when
shown in the IDE

Exception Details
java.lang.NullPointerException
  at android.support.wearable.view.DismissOverlayView.<init>(DismissOverlayView.java:54)
  at android.support.wearable.view.DismissOverlayView.<init>(DismissOverlayView.java:43)
  at java.lang.reflect.Constructor.newInstance(Constructor.java:526)
  at android.view.LayoutInflater.rInflate_Original(LayoutInflater.java:802)
  at android.view.LayoutInflater_Delegate.rInflate(LayoutInflater_Delegate.java:64)
  at android.view.LayoutInflater.rInflate(LayoutInflater.java:778)
  at android.view.LayoutInflater.inflate(LayoutInflater.java:500)
  at android.view.LayoutInflater.inflate(LayoutInflater.java:381)
Copy stack to clipboard
```

프리뷰에서 렌더링 에러가 발생했다. 종료 오버레이 뷰에서 NullPointException 예외가 발생했다는 내용이 보인다. 필자가 버그 리포트를 구글에 보냈다.

에러는 발생했지만 좌측 상단의 [X]를 눌러 버튼의 모양을 확인할 수 있다. [START TIMER] 버튼과 지연 확인 뷰가 보인다.

2) MyActivity.java 소스 수정

아래 소스를 참고하여 [MyActivity.java] 소스를 수정하자.

com.example.wearable.wearableapptest.MyActivity.java (계속)

```java
package com.example.wearable.wearableapptest;

import ...

import android.support.wearable.view.DelayedConfirmationView;
import android.widget.Toast;

public class MyActivity extends Activity {

    private TextView mTextView;

    private GestureDetectorCompat mGestureDetector;
    private DismissOverlayView mDismissOverlayView;

    private DelayedConfirmationView delayedConfirmationView;

    @Override
    protected void onCreate(Bundle savedInstanceState) {
        super.onCreate(savedInstanceState);
        ......
        // 시계의 터치로 제스처를 감지한다.
        mGestureDetector = new GestureDetectorCompat(this, new LongPressListener());
```

(이어서) com.example.wearable.wearableapptest.MyActivity.java (계속)

```
    // 지연 확인 뷰를 지정
    delayedConfirmationView = (DelayedConfirmationView) findViewById(R.id.delayed_confirmation);

    // 지연 확인 뷰의 시간을 지정 (1000ms = 1초)
    delayedConfirmationView.setTotalTimeMs(1 * 1000);
}

……

// 제스처 디텍터가 오래 누르고 있는 이벤트를 감지하면 종료 오버레이 뷰를 실행한다.
private class LongPressListener
    extends GestureDetector.SimpleOnGestureListener { ... }

// Start Timer 버튼을 누르면 실행되는 메소드
public void onStartTimer(View view) {

    // 뷰의 타이머를 시작
    delayedConfirmationView.start();

    // 뷰의 타이머 관련 이벤트 리스너를 지정
    delayedConfirmationView.setListener(new DelayedConfirmationView.DelayedConfirmationListener() {

        // 타이머가 종료되면 실행되는 메소드
        @Override
        public void onTimerFinished(View view) {
            // 완료 후 발생할 확인 액티비티 인텐트 생성
            Intent intent = new Intent(getApplication(), ConfirmationActivity.class);

            // 애니메이션 타입 및 메시지 입력
            intent.putExtra(
                ConfirmationActivity.EXTRA_ANIMATION_TYPE,
                ConfirmationActivity.SUCCESS_ANIMATION);
            intent.putExtra(
                ConfirmationActivity.EXTRA_MESSAGE,
                "Succeesed!");

            // 액티비티 실행
            startActivity(intent);
        }

        // 지연 확인 뷰가 선택되면 실행되는 메소드
```

```
(이어서) com.example.wearable.wearableapptest.MyActivity.java
        @Override
        public void onTimerSelected(View view) {
            // 메시지 발생
            Toast.makeText(getApplication(), "Timer Selected!", Toast.LENGTH_SHORT).show();
        }
    });
    }
}
```

소스 수정을 완료하고 앱을 실행하자.

[Start Timer] 버튼을 누르면 지연 확인 뷰의 애니메이션이 동작되고, 완료되면 확인 액티비티가 실행된다. 그리고 지연 확인 뷰를 클릭하면 토스트 메시지가 출력된다.

액티비티 소스를 살펴보자. onCreate() 메소드에서 delayedConfirmationView.setTotalTimeMs() 메소드로 애니메이션이 동작할 시간을 지정했다. 메소드에 매개변수로 입력되는 시간은 밀리세컨드(ms) 기준이기 때문에 1초를 입력하기 위해서 1에 1000을 곱한 1 * 1000을 입력했다. 그리고 [Start Timer] 버튼을 눌렀을 때 실행되는 onStartTimer() 메소드에서 start() 메소드로 지연 확인 뷰를 실행시켰다.

delayedConfirmationView 객체에 이벤트를 적용시키는 setListener() 메소드를 살펴보자. setListener() 메소드에 new DelayedConfirmationView.DelayedConfirmationListener() 객체를 넣었는데, 이 객체는 지연 확인 뷰에 제공되는 이벤트들을 담고 있다. 가능한 이벤트는 뷰에 지정한 시간이 완료됐을 때 발생하는 onTimerFinished 이벤트와 지연 확인 뷰를 클릭했을 때 발생하는 onTimerSelected 이벤트다.

delayedConfirmationView 객체에 지정한 시간이 지나면 onTimerFinished() 메소드가 실행된다. onTimerFinished() 메소드에서는 9.2절에서 사용한 확인 액티비티를 실행한다.

마지막으로, 지연 확인 뷰를 클릭하면 onTimerSelected() 메소드가 실행되어 토스트 메시지가 출력된다.

9.8 마무리

9장에서는 안드로이드 웨어 전용 앱에서 사용되는 간단한 클래스들을 살펴봤다. 안드로이드 웨어는 시계에 특화된 API인 만큼 활용도가 높다. 안드로이드 웨어 앱을 개발한다면 9장에서 설명한 클래스들을 자주 사용할 것이다.

10

안드로이드 웨어 그리드 뷰 페이저

이번 장에서는 사용자가 정의한 페이지들을 표처럼 나열해서 이동할 수 있는 그리드 뷰 페이저(Grid ViewPager) 예제를 살펴볼 것이다. 10장[1]에서 볼 예제는 구글에서 제공한 샘플 코드에서 간추리고 주석을 첨삭한 것이다. 구글에서 제공한 소스인 만큼 완성도가 높기 때문에 독자들은 반드시 이 예제를 이해하고, 만약 유사한 앱을 제작할 기회가 있다면 이 예제를 적극 활용하기 바란다.

> **Note**
> 소스는 카페에서 다운로드받도록 하자.

10.1 그리드 뷰 페이저 프로젝트 가져오기

아래 과정을 따라 안드로이드 스튜디오에서 [Part10_GridViewPager] 프로젝트를 열자.

1) [File] -> [Import Project]

[Import Project] 메뉴를 선택한다.

---

1) 출처 : 안드로이드 웨어 샘플 코드 - GridViewPager

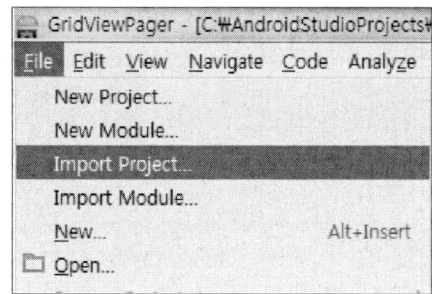

2) 프로젝트 선택

10장의 예제인 [Part10_GridViewPager] 프로젝트를 선택하고 [OK] 버튼을 누른다.

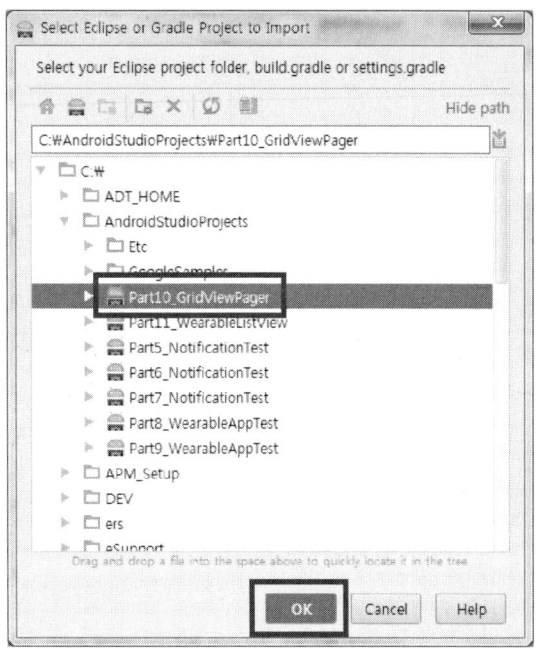

3) 프로젝트 열기 속성 설정

프로젝트를 열 윈도우를 선택한다. [This Window]를 선택하면 현재 열려 있는 프로젝트 대신 새로운 프로젝트로 교체되며, [New Window]를 선택하면 새로운 창이 열리면서 새로운 프로젝트가 열린다.

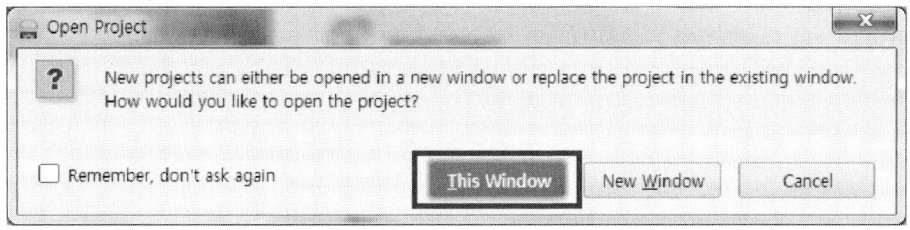

10.2 그리드 뷰 페이저 프로젝트 실행하기

프로젝트가 열리면 USB나 블루투스로 시계와 연결하고 앱을 실행하자.

1) 실행

메뉴의 [Run] -> [Run 'App']을 선택하거나 안드로이드 스튜디오 메뉴 중간의 [실행] 버튼(▶)을 눌러 모듈을 실행시킨다.

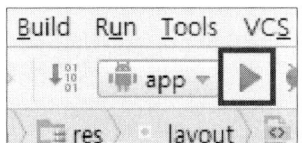

2) 실행 장치 선택 후 [OK]

앱의 실행 장치를 시계로 선택한 후 [OK] 버튼을 누르자.

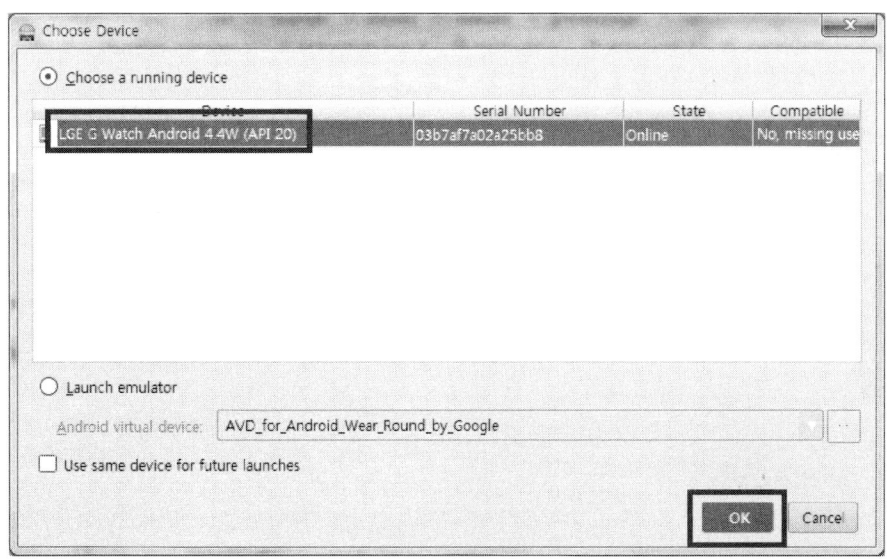

3) 앱 실행 확인

페이지들이 보이며, 손가락으로 밀어서 페이지를 이동할 수 있다.

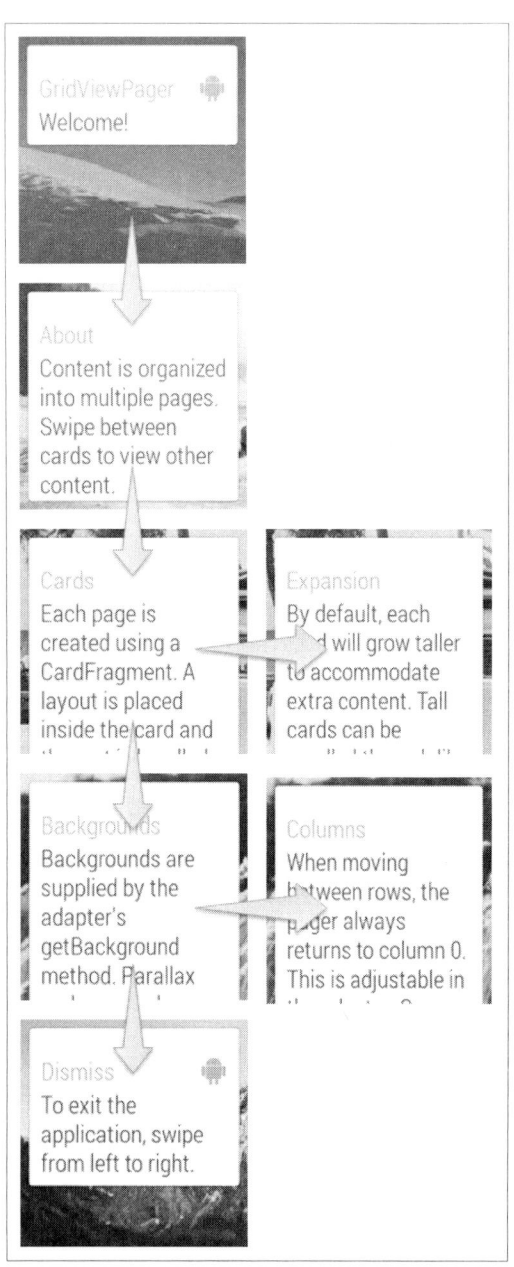

10.3 레이아웃 이해하기

[Part10_GridViewPager] 프로젝트의 메인 레이아웃 소스인 [activity_my.xml] 소스를 보자.

Part10_GridViewPager/app/src/main/res/layout/activity_my.xml

```xml
<android.support.wearable.view.GridViewPager
    xmlns:android="http://schemas.android.com/apk/res/android"
    android:id="@+id/pager"
    android:layout_width="match_parent"
    android:layout_height="match_parent"
    android:keepScreenOn="true" />
```

android.support.wearable.view.GridViewPager 태그를 만들었다. 소스에서 사용하기 위해 **id**를 입력하고, 화면을 가득 채우기 위해 layout_width와 layout_height 속성 값을 "match_parent"로 입력했다. 그리고 일정 시간이 지나도 스크린이 꺼지지 않도록 keepScreenOn 속성 값을 "true"로 입력했다.

10.4 액티비티 이해하기

메인 화면을 제어하는 [MainActivity.java] 소스를 보자.

com.example.android.wearable.gridviewpager.MyActivity.java (계속)

```java
package com.example.android.wearable.gridviewpager;

import android.app.Activity;
import android.content.res.Resources;
import android.os.Bundle;
import android.support.wearable.view.GridViewPager;
import android.view.View;
import android.view.View.OnApplyWindowInsetsListener;
import android.view.WindowInsets;

public class MainActivity extends Activity {

    @Override
    protected void onCreate(Bundle savedInstanceState) {
        super.onCreate(savedInstanceState);
        setContentView(R.layout.activity_main);

        // res와 pager 변수를 상수로 지정한다.
        final Resources res = getResources();
        final GridViewPager pager = (GridViewPager) findViewById(R.id.pager);

        // 페이저에 윈도우 틀을 적용하는 이벤트를 지정한다.
        pager.setOnApplyWindowInsetsListener(new OnApplyWindowInsetsListener() {
```

(이어서) com.example.android.wearable.gridviewpager.MyActivity.java

```java
        // 윈도우 틀을 지정할 때 실행되는 메소드이다.
        @Override
        public WindowInsets onApplyWindowInsets(View v, WindowInsets insets) {

            // 시계가 원형인지 판단한다.
            final boolean round = insets.isRound();

            // 페이지 행의 여백
            int rowMargin = res.getDimensionPixelOffset(R.dimen.page_row_margin);

            // 페이지 열의 여백
            // 원형 시계라면 더 많은 여백을 준다.
            int colMargin = res.getDimensionPixelOffset(round ?
                R.dimen.page_column_margin_round :
                R.dimen.page_column_margin);

            // 페이저의 여백을 지정한다.
            pager.setPageMargins(rowMargin, colMargin);

            // 매개변수로 넘어온 변수를 그대로 반환한다.
            return insets;
        }
    });

    // 페이저의 속성과 페이지 리스트를 담고 있는 어답터를 추가한다.
    pager.setAdapter(new SampleGridPagerAdapter(this, getFragmentManager()));
    }
}
```

메인 액티비티 소스에서 주의 깊게 살펴볼 내용은 페이저의 여백을 지정하는 내용과 어답터를 적용하는 부분이다.

기본적인 페이저 객체를 생성하고, 리소스와 연결한 후 **setOnApplyWindowInsetsListener()** 메소드로 페이저가 화면에 보이기 전에 실행되는 이벤트를 적용한다. **onApplyWindowInsets** 메소드에서 윈도우 틀을 적용하며, 이 시계가 원형인지 아닌지에 따라 페이저의 여백을 다르게 지정한다.

여백은 R.dimen 리소스들을 사용했다. dimens.xml 파일을 보자.

> **Part10_GridViewPager/app/src/main/res/style/dimens.xml**
>
> ⟨resources⟩
>   ⟨dimen name="page_row_margin"⟩100dp⟨/dimen⟩
>   ⟨dimen name="page_column_margin"⟩10dp⟨/dimen⟩
>   ⟨dimen name="page_column_margin_round"⟩50dp⟨/dimen⟩
> ⟨/resources⟩

원형일 때에는 구석에 가려질 수 있으므로 사각형일 때보다 열의 여백을 조금 더 많이 준다.

코드의 아래에서는 그리드 뷰 페이저의 객체인 pager에 어댑터를 설정한다. 어댑터는 안드로이드에서 리스트나 페이지 등의 설정과 데이터를 조작하는 객체다. 페이저에 setAdapter() 메소드를 활용하여 어댑터 객체를 설정했다.

10.5 어댑터 이해하기

앞 절에서 잠시 설명했지만, 어댑터(Adapter)는 안드로이드에서 리스트뷰나 페이지뷰와 같은 여러 개의 레이아웃을 제어하는 클래스다. 안드로이드에서 어댑터를 통해 주로 리스트의 데이터와 보이는 아이템의 속성을 제어한다.

그리드 뷰 페이저(GridViewPager)에서도 페이지의 데이터와 각 페이지 속성을 제어하기 위해 GridPagerAdapter와 FragmentGridPagerAdapter 클래스를 사용할 수 있다. 이 예제에서는 Fragment GridPager Adapter를 활용했다.

1) 어댑터 소스 전체 훑어보기

우선, 소스를 개략적으로 살펴보자.

> **com.example.android.wearable.gridviewpager.SampleGridPagerAdapter (계속)**
>
> package com.example.android.wearable.gridviewpager;
>
> import ...
>
> public class SampleGridPagerAdapter extends FragmentGridPagerAdapter {
>
>   private final Context mContext;
>
>   // 그리드 페이저 어댑터의 생성자이다.
>   public SampleGridPagerAdapter(Context ctx, FragmentManager fm) { ... }
>
>   // 배경 이미지 배열이다.

(이어서) com.example.android.wearable.gridviewpager.SampleGridPagerAdapter

```java
static final int[] BG_IMAGES = new int[] { ... }

// 페이지의 속성 클래스
private static class Page {
    int titleRes; // 타이틀 리소스
    int textRes; // 텍스트 리소스
    int iconRes; // 아이콘 리소스
    int cardGravity = Gravity.BOTTOM; // 카드 배치 위치
    boolean expansionEnabled = true; // 카드 확장 사용 여부
    float expansionFactor = 1.0f; // 카드 확장 될 비율
    int expansionDirection = CardFragment.EXPAND_DOWN; // 카드 확장 방향
    ......
}

// 페이지 생성
private final Page[][] PAGES = {
    { new Page( ... ), },
    { new Page( ... ), },
    { new Page( ... ), new Page( ... ), },
    { new Page( ... ), new Page( ... ), },
    { new Page( ... ), },
};

// 페이지 조각을 반환한다.
@Override
public Fragment getFragment(int row, int col) { ... }

// 배경 이미지를 반환한다.
@Override
public ImageReference getBackground(int row, int column) { ... }

// 페이지의 행 개수 반환
@Override
public int getRowCount() { ... }

// 페이지의 행 당 열 개수 반환
@Override
public int getColumnCount(int rowNum) { ... }
}
```

SampleGridPagerAdapter 클래스는 extends 명령어로 FragmentGridPagerAdapter 클래스를 상속받았다. 이로써, SampleGridPagerAdapter 클래스는 FragmentGridPagerAdapter 클래스의 모든 기능을 사용할 수 있다.

소스에서 사용한 FragmentGridPagerAdapter의 재정의한 메소드들이다.

반환값	메소드	설명
abstract Fragment	getFragment (int row, int column)	row와 column에 해당하는 페이지를 반환한다.
abstract int	getRowCount ()	최대 행 개수를 반환한다.
abstract int	getColumnCount (int row)	해당 행의 최대 열을 반환한다.
ImageReference	getBackground(int row, int column)	row와 column에 해당하는 배경을 반환한다.

추상화(abstract)로 선언된 메소드들은 반드시 상속받은 클래스에서 재정의되어야 한다. 따라서 getFragment(), getRowCount(), getColumnCount() 메소드는 소스에서 반드시 재정의되어야 한다.

그리드 뷰 페이저는 어답터에서 전체 페이지와 컬럼 개수를 getRowCount() 메소드와 getColumnCount() 메소드로 가져간다. 따라서 getRowCount() 메소드와 getColumnCount() 메소드에는 전체 페이지의 정보를 반환하면 된다.

그리드 뷰 페이저는 어답터에서 각 페이지 설정과 배경 이미지를 getFragment() 메소드와 getBackground() 메소드로 가져간다. 따라서 각 페이지의 상세 정보를 구분하여 getFragment() 메소드에서 반환하면 되고, 각 페이지에 알맞은 배경은 getBackground() 메소드로 반환하면 된다.

2) 배경 설정 소스 이해하기

배경 설정 소스를 집중적으로 알아보자.

com.example.android.wearable.gridviewpager.SampleGridPagerAdapter (계속)

```
package com.example.android.wearable.gridviewpager;

import ...

public class SampleGridPagerAdapter extends FragmentGridPagerAdapter {

    private final Context mContext;

    // 그리드 페이저 어답터의 생성자이다.
    public SampleGridPagerAdapter(Context ctx, FragmentManager fm) { ... }

    // 배경 이미지 배열이다.
    static final int[] BG_IMAGES = new int[] {
        R.drawable.debug_background_1,
```

(이어서) com.example.android.wearable.gridviewpager.SampleGridPagerAdapter

```
        R.drawable.debug_background_2,
        R.drawable.debug_background_3,
        R.drawable.debug_background_4,
        R.drawable.debug_background_5
};
......
// 배경 이미지를 반환한다.
@Override
public ImageReference getBackground(int row, int column) {
    return ImageReference.forDrawable(BG_IMAGES[row % BG_IMAGES.length]);
}
......
}
```

BG_IMAGES int 배열에 5개의 이미지 리소스를 입력한다. 그리고 getBackground() 메소드에서 해당 행에 알맞은 이미지를 반환한다. 반환하는 리소스 소스를 보면, BG_IMAGES[row % BG_IMAGES.length]로 입력했다. 이는 row의 개수가 전체 이미지 리소스 개수를 초과해도 순서대로 나오게 하기 위함이다.

> **Note**
> % 연산자는 나눗셈을 한 나머지를 반환한다.
> 예) 6 % 5 = 1

3) 페이지 속성 생성 이해하기

페이지 속성을 생성하는 소스를 살펴보자.

com.example.android.wearable.gridviewpager.SampleGridPagerAdapter (계속)

```
package com.example.android.wearable.gridviewpager;

import ...

public class SampleGridPagerAdapter extends FragmentGridPagerAdapter {
......
    // 페이지의 속성 클래스
    private static class Page {
        int titleRes; // 타이틀 리소스
        int textRes;  // 텍스트 리소스
        int iconRes;  // 아이콘 리소스
        int cardGravity = Gravity.BOTTOM; // 카드 배치 위치
        boolean expansionEnabled = true; // 카드 확장 사용 여부
```

(이어서) com.example.android.wearable.gridviewpager.SampleGridPagerAdapter (계속)

```
    float expansionFactor = 1.0f; // 카드 확장될 비율
    int expansionDirection = CardFragment.EXPAND_DOWN; // 카드 확장 방향

    // 생성자
    public Page(int titleRes, int textRes, boolean expansion) {
        this(titleRes, textRes, 0);
        this.expansionEnabled = expansion;
    }

    public Page(int titleRes, int textRes, boolean expansion, float expansionFactor) {
        this(titleRes, textRes, 0);
        this.expansionEnabled = expansion;
        this.expansionFactor = expansionFactor;
    }

    public Page(int titleRes, int textRes, int iconRes) {
        this.titleRes = titleRes;
        this.textRes = textRes;
        this.iconRes = iconRes;
    }

    public Page(int titleRes, int textRes, int iconRes, int gravity) {
        this.titleRes = titleRes;
        this.textRes = textRes;
        this.iconRes = iconRes;
        this.cardGravity = gravity;
    }
}

// 페이지 생성
private final Page[][] PAGES = {
    {   // 1 Row
        new Page(R.string.welcome_title,
                R.string.welcome_text,
                R.drawable.bugdroid,
                Gravity.CENTER_VERTICAL),
    },
    {   // 2 Row
        new Page(R.string.about_title,
                R.string.about_text,
                false),
    },
    {   // 3 Row
```

```
(이어서) com.example.android.wearable.gridviewpager.SampleGridPagerAdapter
                new Page(R.string.cards_title,
                    R.string.cards_text,
                    true,
                    2),
                new Page(R.string.expansion_title,
                    R.string.expansion_text,
                    true,
                    10),
        },
        {   // 4 Row
            new Page(R.string.backgrounds_title,
                    R.string.backgrounds_text,
                    true,
                    2),
            new Page(R.string.columns_title,
                    R.string.columns_text,
                    true,
                    2)
        },
        {   // 5 Row
            new Page(R.string.dismiss_title,
                    R.string.dismiss_text,
                    R.drawable.bugdroid,
                    Gravity.CENTER_VERTICAL),
        },
    };
    ......
}
```

Page 클래스는 페이지의 속성들을 갖고 있는 클래스다. 이 클래스에는 총 네 개의 생성자가 있는데, 각각 다른 속성들을 생성자의 매개변수로 입력하게 돼있다.

private final Page[ ][ ] PAGES = { ... }; 문장으로 페이지를 정리하여 각 페이지 속성을 쉽게 반환하기 위해 Page 클래스로 2차원 배열을 만든다. 1행, 2행, 5행에는 하나의 페이지를 추가하고, 3행과 4행에는 두 개의 페이지를 추가했다.

4) 페이지 속성, 행렬 정보 반환 이해하기

마지막으로, 페이지 속성과 행렬 정보를 반환하는 소스를 살펴보자.

com.example.android.wearable.gridviewpager.SampleGridPagerAdapter (계속)

```
package com.example.android.wearable.gridviewpager;

import ...

public class SampleGridPagerAdapter extends FragmentGridPagerAdapter {
    ...

    // 페이지의 속성 클래스
    private static class Page { ... }

    // 페이지 생성
    private final Page[][] PAGES = {
        { new Page( ... ), },
        { new Page( ... ), },
        { new Page( ... ), new Page( ... ), },
        { new Page( ... ), new Page( ... ), },
        { new Page( ... ), },
    };

    // 페이지 조각을 반환한다.
    @Override
    public Fragment getFragment(int row, int col) {
        // 열과 행에 해당하는 페이지를 가져와 page 객체로 생성한다.
        Page page = PAGES[row][col];

        // 카드 타이틀
        String title = page.titleRes != 0 ? mContext.getString(page.titleRes) : null;

        // 카드 텍스트
        String text = page.textRes != 0 ? mContext.getString(page.textRes) : null;

        // 카드 조각 객체 생성
        CardFragment fragment = CardFragment.create(title, text, page.iconRes);

        // 카드의 배치 위치
        fragment.setCardGravity(page.cardGravity);

        // 텍스트가 카드를 넘어섰을 때 컨텐트 확장 여부 설정
        fragment.setExpansionEnabled(page.expansionEnabled);

        // 카드 확장 기능을 적용했을 때 확장되는 방향
```

```
(이어서) com.example.android.wearable.gridviewpager.SampleGridPagerAdapter
    fragment.setExpansionDirection(page.expansionDirection);

    // 카드 확장 기능을 적용했을 때 최대 확장되는 비율
    fragment.setExpansionFactor(page.expansionFactor);

    // 카드 조각 반환
    return fragment;
}
......
// 페이지의 행 개수 반환
@Override
public int getRowCount() { return PAGES.length; }

// 페이지의 행 당 열 개수 반환
@Override
public int getColumnCount(int rowNum) { return PAGES[rowNum].length; }
}
```

SampleGridPagerAdapter 어답터를 사용하는 카드 뷰 페이저는 getFragment() 메소드로 해당 행과 열에 알맞은 페이지 정보를 가져간다. 따라서 어답터는 화면에 보여줄 페이지 속성을 반환하면 된다.

getFragment() 메소드를 보자. 행과 열을 매개변수로 입력받고, page 객체를 생성한다. page 객체는 매개변수로 입력받은 행과 열에 해당하는 페이지 정보를 갖고 있다. page 객체에서 타이틀, 텍스트, 속성들을 가져와 fragment 객체에 넣어 반환한다.

마지막으로, getRowCount()는 전체 페이지의 행 개수를 반환하기 위해 PAGES 배열의 크기를 가져와서 return 값으로 반환한다. 그리고 열의 정보는 getColumnCount(int rowNum) 메소드로 반환한다.

이로써 페이지 정보를 생성하고, 그리드 뷰 페이저로 반환하는 어답터 내용을 알아보았다.

10.6 마무리

안드로이드 개발을 해보지 않은 독자들을 위한 설명을 넣다보니 어답터의 내용이 길어지긴 했지만, 안드로이드 개발을 해본 독자라면 그리드 뷰 페이저 소스를 쉽게 응용하여 앱을 개발할 수 있을 것이다.

11

안드로이드 웨어 리스트 뷰

11장에서는 안드로이드 웨어 장치에서 리스트를 가장 효과적으로 볼 수 있게 하는 웨어러블 리스트뷰(WearableListView)를 살펴볼 것이다. 이번 장도 10장처럼 카페에서 다운로드받은 소스로 진행할 것이다. 예제는 가장 간단한 코딩으로 리스트 뷰를 생성하고 이해할 수 있도록 만들었다.

11.1 웨어러블 리스트 뷰 프로젝트 가져오기

아래 과정을 따라 안드로이드 스튜디오에서 [Part11_WearableListView] 프로젝트를 열자.

1) [File] -> [Import Project]

[Import Project] 메뉴를 선택한다.

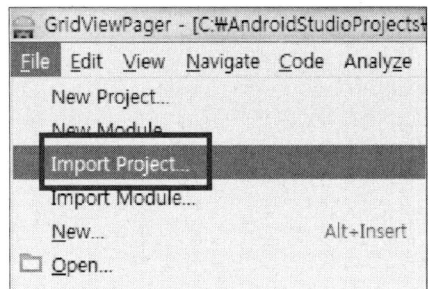

2) 프로젝트 선택

11장의 예제인 [Part11_WearableListView] 프로젝트를 선택하고 [OK] 버튼을 누른다.

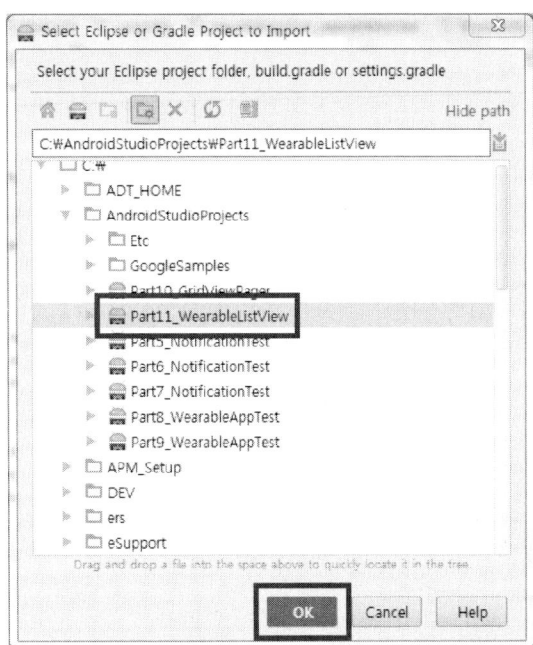

3) 프로젝트 열기 속성 설정

프로젝트를 열 윈도우를 선택한다. [This Window]를 선택하면 현재 열려있는 프로젝트 대신 새로운 프로젝트로 교체되며, [New Window]를 선택하면 새로운 창이 열리면서 새로운 프로젝트가 열린다.

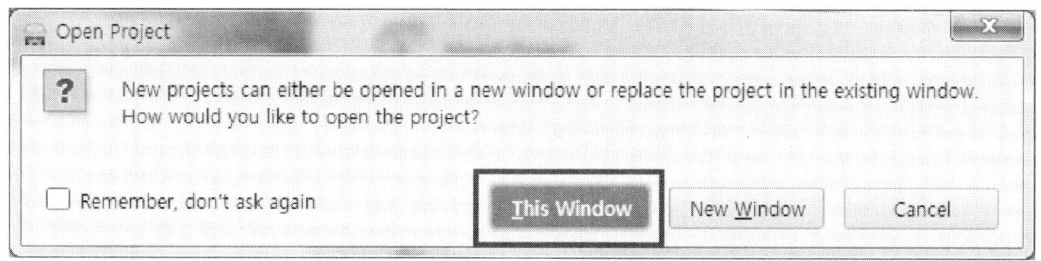

11.2 웨어러블 리스트 뷰 프로젝트 실행하기

프로젝트가 열리면 USB나 블루투스로 시계와 연결하고 앱을 실행하자.

1) 실행

메뉴의 [Run] → [Run 'App']을 선택하거나 안드로이드 스튜디오 메뉴 중간의 [실행] 버튼(▶)을 눌러 모듈을 실행시킨다.

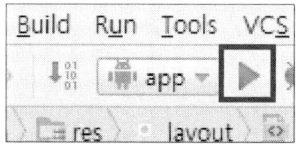

2) 실행 장치 선택 후 [OK]

앱의 실행 장치를 시계로 선택한 후 [OK] 버튼을 누르자.

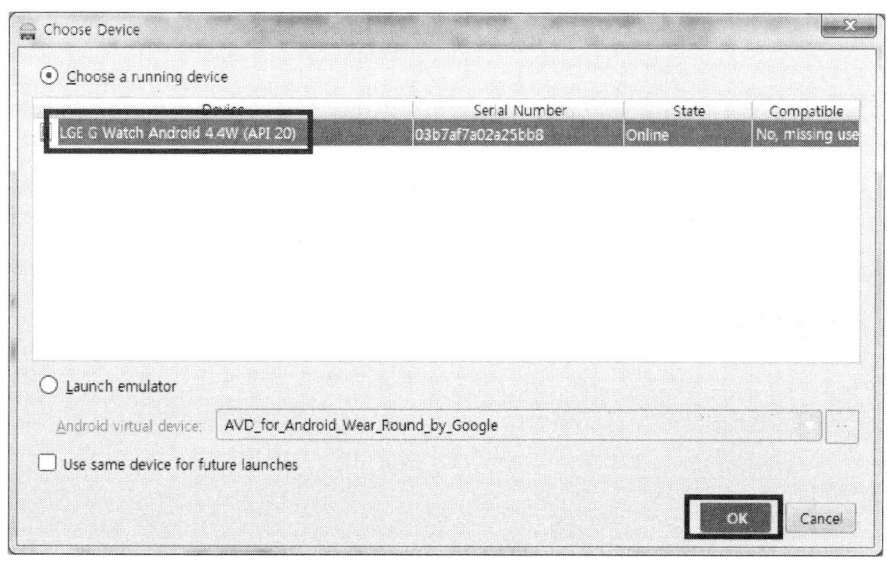

3) 앱 실행 확인

리스트가 보이며, 리스트의 아이템을 클릭하면 해당 아이템의 메시지가 출력된다. 그리고 리스트의 아이템이 아닌 영역을 클릭하면 "Empty Region Clicked!" 메시지가 출력된다.

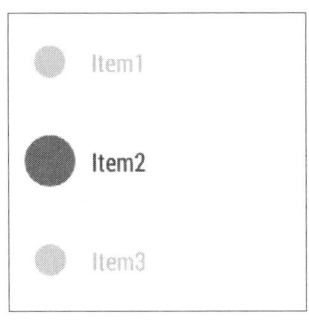 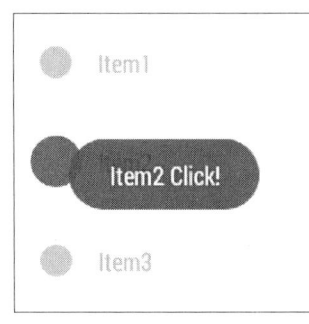 

11.3 레이아웃 이해하기

[Part11_WearableListView] 프로젝트의 메인 레이아웃 소스인 [activity_my.xml] 소스를 보자.

```
Part11_WearableListView/app/src/main/res/layout/activity_my.xml
```
```xml
<?xml version="1.0" encoding="utf-8"?>
<android.support.wearable.view.WearableListView
    xmlns:android="http://schemas.android.com/apk/res/android"
    android:id="@+id/list"
    android:layout_width="match_parent"
    android:layout_height="match_parent"
    android:scrollbars="none"
    android:dividerHeight="0dp"/>
```

android.support.wearable.view.WearableListView 태그를 xml 파일에 만들었다. 소스에서 사용하기 위해 id를 입력하고, 화면을 가득 채우기 위해 layout_width와 layout_height 속성 값을 "match_parent"로 입력했다. 그리고 스크롤바를 사용하지 않도록 scrollbar 속성에 "none" 값을 넣고, 구분선이 보이지 않도록 dividerHeight 속성 값을 "0dp"로 설정했다

11.4 액티비티 이해하기

메인 화면을 제어하는 [MainActivity.java] 소스를 보자.

1) 클릭 이벤트 이해하기

액티비티의 소스에서 클릭 이벤트 부분을 살펴보자.

com.example.android.wearable.wearablelistview.MyActivity.java (계속)

```java
package com.example.wearable.wearablelistview;

import ...

public class MyActivity extends Activity implements WearableListView.ClickListener {

    // 리스트 아이템
    public static WearableListItem[] wearableListItems;

    // 액티비티 생성 시 실행되는 메소드
    @Override
    protected void onCreate(Bundle savedInstanceState) {
        super.onCreate(savedInstanceState);
        setContentView(R.layout.activity_my);

        // 웨어러블 리스트 뷰 생성
        WearableListView listView = (WearableListView) findViewById(R.id.list);
        listView.setAdapter(new Adapter(this));
        listView.setClickListener(this);

        // 아이템 생성
        wearableListItems = new WearableListItem[]{
            new WearableListItem("Item1", "Item1 Click!"),
            new WearableListItem("Item2", "Item2 Click!"),
            new WearableListItem("Item3", "Item3 Click!")
        };
    }

    // 리스트 아이템 클릭 시 실행되는 메소드
    @Override
    public void onClick(WearableListView.ViewHolder viewHolder) { ... }

    // 아이템이 아닌 비어 있는 영역 클릭 시 실행되는 메소드
    @Override
    public void onTopEmptyRegionClick() { ... }

    // 리스트 아이템 클래스
    private class WearableListItem { ... }

    // 웨어러블 리스트 뷰 어답터
    private static final class Adapter extends WearableListView.Adapter {
        private final Context mContext;
```

```
(이어서) com.example.android.wearable.wearablelistview.MyActivity.java
    private final LayoutInflater mInflater;

    // 어답터 생성자
    private Adapter(Context context) { ... }

    // 리스트 뷰 성능 향상을 위한 뷰 홀더
    @Override
    public WearableListView.ViewHolder onCreateViewHolder(ViewGroup parent, int viewType) { ... }

    // 뷰 홀더에 아이템을 적용시키는 메소드
    @Override
    public void onBindViewHolder(WearableListView.ViewHolder holder, int position) { ... }

    // 리스트 아이템 개수
    @Override
    public int getItemCount() { ... }
    }
}
```

웨어러블 리스트 뷰 객체인 listView를 생성하고, 리소스와 연결한 후 어답터를 적용한다. 그리고 리스트 뷰를 클릭했을 때 실행되는 이벤트를 지정하기 위해서 setClickListener() 메소드를 사용한다.

setClickListener() 메소드에 MyActivity 액티비티 객체 키워드인 this를 넣었다. this 키워드를 넣어도 이벤트가 적용되는 이유는 MyActivity 클래스에 implements 명령어로 WearableListView.ClickListener 인터페이스를 사용하도록 입력했기 때문이다. implements 명령어로 클래스에 인터페이스를 지정하면 클래스 안에 이벤트 메소드를 @Override 명령어로 재정의하고 this 키워드로 객체들의 도구에 해당하는 이벤트를 적용시킬 수 있다.

WearableListView.ClickListener 클래스에서 재정의된 onClick() 메소드는 리스트를 클릭했을 때 실행되는 메소드고, onTopEmptyRegionClick() 메소드는 리스트가 아닌 다른 영역을 클릭했을 때 실행되는 메소드다.

2) 리스트 아이템 속성 이해하기

액티비티 소스에서 리스트 아이템에 관련된 부분을 살펴보자.

com.example.android.wearable.wearablelistview.MyActivity.java

```java
package com.example.wearable.wearablelistview;

import ...

public class MyActivity extends Activity implements WearableListView.ClickListener {

    // 리스트 아이템
    public static WearableListItem[] wearableListItems;

    // 액티비티 생성 시 실행되는 메소드
    @Override
    protected void onCreate(Bundle savedInstanceState) {
        super.onCreate(savedInstanceState);
        setContentView(R.layout.activity_my);

        // 웨어러블 리스트 뷰 생성
        WearableListView listView = (WearableListView) findViewById(R.id.list);
        listView.setAdapter(new Adapter(this));
        listView.setClickListener(this);

        // 아이템 생성
        wearableListItems = new WearableListItem[]{
            new WearableListItem("Item1", "Item1 Click!"),
            new WearableListItem("Item2", "Item2 Click!"),
            new WearableListItem("Item3", "Item3 Click!")
        };
    }
    ......

    // 리스트 아이템 클래스
    private class WearableListItem {

        public String mName; // 아이템 이름
        public String mMessage; // 아이템을 클릭했을 때 나타날 메시지

        // 아이템 생성자
        public WearableListItem(String name, String message) {
            this.mName = name;
            this.mMessage = message;
        }
    }
    ......
}
```

아이템에 해당하는 이름과 메시지를 입력할 수 있는 WearableListItem 클래스로 생성한다. 그리고 onCreate() 메소드에서 WearableListItem 클래스로 객체를 생성하며, wearableListItems 아이템 배열을 생성한다.

3) 어답터 소스 이해하기

이번엔 리스트의 아이템과 속성을 적용하는 어답터 소스를 살펴보자.

com.example.android.wearable.wearablelistview.MyActivity.java (계속)

```java
package com.example.wearable.wearablelistview;

import ...

public class MyActivity extends Activity implements WearableListView.ClickListener {
// 리스트 아이템
    public static WearableListItem[] wearableListItems;

    // 액티비티 생성 시 실행되는 메소드
    @Override
    protected void onCreate(Bundle savedInstanceState) {
        super.onCreate(savedInstanceState);
        setContentView(R.layout.activity_my);

        // 웨어러블 리스트 뷰 생성
        WearableListView listView = (WearableListView) findViewById(R.id.list);
        listView.setAdapter(new Adapter(this));
        listView.setClickListener(this);

        // 아이템 생성
        wearableListItems = new WearableListItem[]{
            new WearableListItem("Item1", "Item1 Click!"),
            new WearableListItem("Item2", "Item2 Click!"),
            new WearableListItem("Item3", "Item3 Click!")
        };
    }

    // 리스트 아이템 클릭 시 실행되는 메소드
    @Override
    public void onClick(WearableListView.ViewHolder viewHolder) {
        // 태그로부터 클릭한 인덱스
        Integer index = (Integer) viewHolder.itemView.getTag();

        // 인덱스에 해당하는 텍스트 출력
        String outputText = wearableListItems[index].mMessage;
        Toast.makeText(this, outputText, Toast.LENGTH_SHORT).show();
```

(이어서) com.example.android.wearable.wearablelistview.MyActivity.java

```java
    }

    // 아이템이 아닌 비어 있는 영역 클릭 시 실행되는 메소드
    @Override
    public void onTopEmptyRegionClick() { ... }

    // 리스트 아이템 클래스
    private class WearableListItem { ... }

    // 웨어러블 리스트 뷰 어답터
    private static final class Adapter extends WearableListView.Adapter {
        private final Context mContext;
        private final LayoutInflater mInflater;

        private Adapter(Context context) {
            mContext = context;
            mInflater = LayoutInflater.from(context);
        }

        // 리스트 뷰 성능 향상을 위한 뷰 홀더
        @Override
        public WearableListView.ViewHolder
        onCreateViewHolder(ViewGroup parent, int viewType) {
            View wearableListItemLayout = mInflater.inflate(R.layout.wearable_list_item, null);
            return new WearableListView.ViewHolder(wearableListItemLayout);
        }

        // 뷰 홀더에 아이템을 적용시키는 메소드
        @Override
        public void onBindViewHolder(WearableListView.ViewHolder holder, int position) {
            TextView view = (TextView) holder.itemView.findViewById(R.id.name);
            view.setText(wearableListItems[position].mName);

            // 포지션을 태그에 넣는다.
            holder.itemView.setTag(position);
        }

        // 리스트 아이템 개수
        @Override
        public int getItemCount() {
            return wearableListItems.length;
        }
    }
}
```

어댑터 클래스부터 보자. 어댑터 클래스는 생성자와 세 개의 메소드를 @Override 명령어로 재정의했다.

안드로이드에서 뷰가 화면에 보이려면 반드시 뷰가 객체화돼 있어야 한다. 뷰를 객체화하는 방법은 두 가지다. 첫 번째 방법은 WearableListView listView = (WearableListView) findViewById(R.id.list); 처럼 리소스를 불러와서 객체화하는 것이다. 두 번째 방법은 LayoutInflater를 사용하는 것이다.

Adapter(context) 생성자에서 LayoutInflater.from(context) 메소드로 xml을 객체화할 mInflater 객체를 생성한다. 그리고 onCreateViewHolder() 메소드에 생성자에서 객체를 지정한 mInflater를 통해 리스트 뷰 아이템 xml 파일을 뷰 클래스로 객체화한다.

뷰홀더(ViewHolder)는 안드로이드에서 xml을 미리 객체화해 놓음으로써 xml 소스 리소스 접근을 최소화하여 리스트 뷰의 성능을 개선하는 클래스다. 웨어러블 리스트 뷰에서도 뷰홀더를 제공하며, 위 소스와 같이 아이템 리소스를 객체화하여 매개변수로 넣고 뷰홀더를 반환하면 된다.

onBindViewHolder() 메소드는 각 아이템의 속성을 지정할 때 실행되는 메소드다. 뷰홀더를 생성할 때 아이템의 속성들을 미리 지정하는데, 이 소스에서는 아이템의 텍스트를 입력한다. 아이템의 텍스트를 입력하기 위해 wearableListItems[] 배열에 position 인덱스를 넣어 현재 인덱스에 해당하는 문자열을 가져온다. 그리고 리스트 아이템의 인덱스를 태그에 넣어 놓고, onClick() 메소드에서 활용한다. 10장에서 배운, 그리드 뷰 페이저 어댑터에서 페이지 속성을 반환하는 getFragment() 메소드와 개념이 유사하다.

마지막으로, 리스트의 아이템 개수를 getItemCount() 메소드로 반환하는데, 미리 만들어놓은 wearableListItems 아이템의 개수만큼 반환한다. 10장에서 배운 FragmentGridPagerAdapter.getRowCount() 메소드와 같은 개념이다.

11.5 리스트 아이템 이해하기

마지막으로, 리스트의 아이템 소스를 알아보자.

1. 아이템 레이아웃 xml 이해하기

좌측 아이콘과 텍스트를 담고 있는 웨어러블 리스트 아이템 레이아웃을 살펴보자.

11.5 리스트 아이템 이해하기

Part11_WearableListView/app/src/main/res/layout/wearable_list_item.xml

```xml
<?xml version="1.0" encoding="utf-8"?>
<com.example.wearable.wearablelistview.WearableListItemLayout
    xmlns:android="http://schemas.android.com/apk/res/android"
    android:gravity="center_vertical"
    android:layout_width="match_parent"
    android:layout_height="80dp">

    <ImageView
        android:id="@+id/circle"
        android:layout_height="20dp"
        android:layout_margin="16dp"
        android:layout_width="20dp"
        android:src="@drawable/wl_circle" />

    <TextView
        android:id="@+id/name"
        android:gravity="center_vertical|left"
        android:layout_width="wrap_content"
        android:layout_height="match_parent"
        android:layout_marginRight="16dp"
        android:textColor="@color/text_color"
        android:text="TestText"
        android:textSize="16sp" />
</com.example.wearable.wearablelistview.WearableListItemLayout>
```

웨어러블 리스트 아이템 레이아웃(WearableListItemLayout)은 선형 레이아웃(LinearLayout)을 상속받아 만든 커스텀 레이아웃이다. 웨어러블 리스트 아이템 레이아웃에 이미지 뷰 하나와 텍스트 뷰를 하나씩 넣었다.

프리뷰를 보면 리스트 아이템을 볼 수 있다. 이미지 뷰는 아이템 좌측의 동그라미이고, 텍스트 뷰는 아이템 우측의 텍스트다.

2. 아이템 레이아웃 클래스 이해하기

커스텀 레이아웃인 웨어러블 리스트 아이템 레이아웃(WearableListItemLayout) 클래스 소스를 살펴보자.

1) 선형 레이아웃 상속 이해하기

선형 레이아웃(LinearLayout)을 상속받은 웨어러블 리스트 아이템 레이아웃 클래스에 재정의한 메소드들을 살펴보자.

com.example.android.wearable.wearablelistview.MyActivity.java

```java
package com.example.wearable.wearablelistview;

import ...

public class WearableListItemLayout extends LinearLayout implements WearableListView.Item {

    private final float mFadedTextAlpha;    // 선택되지 않은 텍스트 투명도
    private final int mFadedCircleColor;    // 선택되지 않은 이미지 색상
    private final int mChosenCircleColor;   // 선택된 이미지 색상

    private float mScale; // 애니메이션 중 현재 크기 비율

    private ImageView mCircle;   // 왼쪽 아이콘
    private TextView mName;      // 텍스트 뷰

    public WearableListItemLayout(Context context) { ... }

    public WearableListItemLayout(Context context, AttributeSet attrs) { ... }

    // 생성자
    public WearableListItemLayout(Context context,
                    AttributeSet attrs, int defStyle) { ... }

    // 아이템의 xml이 객체화된 후 실행되는 메소드
    @Override
    protected void onFinishInflate() {
        super.onFinishInflate();
        mCircle = (ImageView) findViewById(R.id.circle);
        mName = (TextView) findViewById(R.id.name);
    }
    ......
}
```

웨어러블 리스트 아이템 레이아웃(WearableListItemLayout) 클래스는 extends 키워드로 선형 레이아웃(LinearLayout)을 상속받았다.

선형 레이아웃 클래스에 있는 onFinishInflate() 메소드를 @Override 키워드를 활용하여 재정의했다. onFinishInflate() 메소드는 메인 액티비티의 어답터에서 inflate() 메소드로 xml을 객체화한 후에 수행된다.

웨어러블 리스트 뷰 어답터에서 inflate() 메소드를 호출하는 부분을 잠시 보자.

com.example.android.wearable.wearablelistview.MyActivity.java

```
......
    // 리스트 뷰 성능 향상을 위한 뷰 홀더
    @Override
    public WearableListView.ViewHolder onCreateViewHolder(ViewGroup parent, int viewType) {
        View wearableListItemLayout = mInflater.inflate(R.layout.wearable_list_item, null);
        return new WearableListView.ViewHolder(wearableListItemLayout);
    }
......
```

inflate() 메소드로 R.layout.wearable_list_item 리소스를 객체화한다. 객체화가 완료되고, 웨어러블 리스트 아이템 레이아웃의 onFinishInflate() 메소드가 실행된다. onFinishInflate() 메소드에서는 리소스로부터 이미지 뷰와 텍스트 뷰를 객체화하여 mCircle 멤버 변수와 mName 멤버 변수에 입력한다.

2) 웨어러블 리스트 뷰 아이템 인터페이스 이해하기

웨어러블 리스트 아이템 레이아웃(WearableListItemLayout) 클래스에 추가한 인터페이스에 대해 알아보자.

com.example.android.wearable.wearablelistview.MyActivity.java (계속)

```
package com.example.wearable.wearablelistview;

import ...

public class WearableListItemLayout extends LinearLayout implements WearableListView.Item {

    private final float mFadedTextAlpha;      // 선택되지 않은 텍스트 투명도
    private final int mFadedCircleColor;      // 선택되지 않은 이미지 색상
    private final int mChosenCircleColor;     // 선택된 이미지 색상

    private float mScale;          // 애니메이션 중 현재 크기 비율

    private ImageView mCircle;     // 왼쪽 아이콘 이미지 뷰
    private TextView mName;        // 텍스트 뷰
```

(이어서) com.example.android.wearable.wearablelistview.MyActivity.java (계속)

```java
// 생성자
public WearableListItemLayout(Context context) {
    this(context, null);
}

......

// 최저 스케일 값
@Override
public float getProximityMinValue() {
    return 1f;
}

// 최대 스케일 값
@Override
public float getProximityMaxValue() {
    return 1.6f;
}

// 확대, 축소 애니메이션 진행 중 스케일 반환
@Override
public float getCurrentProximityValue() {
    return mScale;
}

// 확대, 축소 애니메이션 진행 중 스케일 지정
@Override
public void setScalingAnimatorValue(float scale) {
    mScale = scale;
    mCircle.setScaleX(scale);
    mCircle.setScaleY(scale);
}

// 확대 애니메이션을 시작하기 전 실행 메소드
@Override
public void onScaleUpStart() {
    mName.setAlpha(1f);
    ((GradientDrawable) mCircle.getDrawable()).setColor(mChosenCircleColor);
}

// 축소 애니메이션을 진행하기 전 실행 메소드
@Override
public void onScaleDownStart() {
    mName.setAlpha(mFadedTextAlpha);
    ((GradientDrawable) mCircle.getDrawable()).setColor(mFadedCircleColor);
}
}
```

웨어러블 리스트 아이템 레이아웃(WearableListItemLayout) 클래스에 implements 명령어로 웨어러블 리스트뷰 아이템(WearableListView.item) 인터페이스를 추가했다. 인터페이스를 추가하면 추상화 메소드들을 재정의해야 한다.

아래는 웨어러블 리스트뷰 아이템(WearableListView.item) 인터페이스에서 재정의해야 할 추상화 메소드들이다.

반환값	메소드	설명
abstract float	getProximityMaxValue()	스케일의 최댓값을 지정한다.
abstract float	getProximityMinValue()	스케일의 최솟값을 지정한다.
abstract void	onScaleUpStart()	확대 애니메이션이 시작되기 전에 실행
abstract void	onScaleDownStart()	축소 애니메이션이 시작되기 전에 실행
abstract void	setScalingAnimatorValue(float value)	현재 스케일 값을 지정한다.
abstract float	getCurrentProximityValue()	현재 스케일 값을 반환한다.

웨어러블 리스트뷰 아이템(WearableListView.item) 인터페이스에 정의된 메소드들은 전부 추상화 메소드이며, 애니메이션 스케일에 관련된 기능들을 수행한다.

확대 애니메이션이 실행되기 전에 onScaleUpStart() 메소드가 실행되어 아이템 텍스트의 투명도를 높게 하고, 아이콘의 색상을 파란색으로 변경한다. 반대로, 축소 애니메이션이 실행되기 전에 onScaleDownStart() 메소드가 실행되어 아이템 텍스트의 투명도를 낮게 하고, 아이콘의 색상을 회색으로 변경한다.

setScalingAnimatorValue() 메소드에서 리스트 뷰의 좌측 이미지를 mScale 변수로 조정한다. 애니메이션이 동작되며 매개변수의 scale 값이 확대일 때에는 getProximityMinValue() 메소드에 지정한 값부터 getProximityMaxValue() 메소드에 지정한 값까지 늘어나고, 축소일 때에는 반대로 scale 값이 변화한다.

11.6 마무리

11장에서 웨어러블 리스트뷰의 예제를 살펴봤다. 안드로이드 리스트뷰를 개발해 본 독자라면 쉽게 이해했을 것이다. 책에서 살펴 본 웨어러블 리스트뷰 예제는 아이템 좌측에 원형 이미지로 돼있는데, 이 예제를 이해하고 조금 더 개선하면 시계의 설정 리스트처럼 아이콘을 넣을 수 있다.

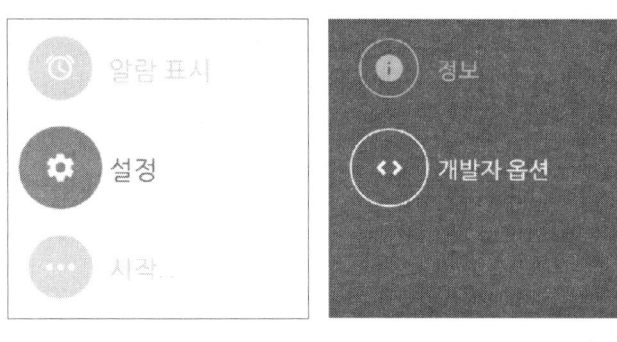

시계의 설정 리스트뷰처럼 아이템에 아이콘을 넣는 예제를 필자의 카페에 게시해 놓았으므로 참고한다.

12

장치 간 데이터 송수신

지금까지는 스마트폰과 웨어러블 앱을 따로 만드는 방법을 알아봤다. 두 장치 사이에서 메시지와 데이터를 송수신할 수 있다면 스마트폰과 시계가 호환되는 앱을 제작할 수 있다.

구글은 웨어러블 장치인 시계를 시작으로 다양한 장치와 데이터를 송수신하기 위해 구글 플레이 서비스를 사용한다. 이번 장에서는 구글 플레이 서비스를 이해하고, 스마트폰과 시계 간 데이터 송수신 방법을 배워보자.

12.1 데이터 송수신 예제 프로젝트 가져오기

아래 과정을 따라 안드로이드 스튜디오에서 [Part12_DataLayerExample] 프로젝트를 열자.

1) [File] -> [Import Project...]

[Import Project] 메뉴를 선택한다. [Open] 메뉴를 사용해도 되지만, 안드로이드 스튜디오가 아직 발전중이라 프로젝트 설정이 자주 바뀌므로 [Open] 메뉴를 사용하여 프로젝트를 열면 프로젝트가 실행되지 않을 수도 있다.

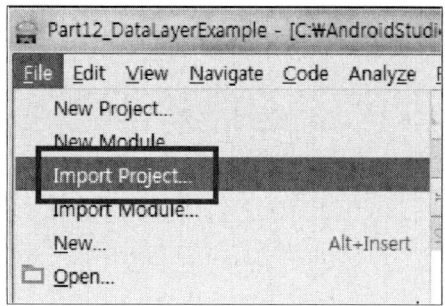

2) 프로젝트 선택

12장의 예제인 [Part12_DataLayerExample] 프로젝트를 선택하고 [OK] 버튼을 누른다.

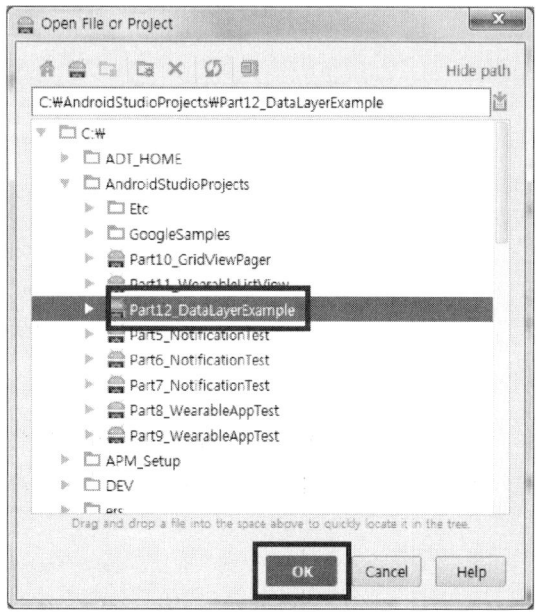

3) 프로젝트 열기 속성 설정

프로젝트를 열 윈도우를 선택한다. [This Window]를 누르면 현재 열려있는 프로젝트 대신 새로운 프로젝트로 교체되며, [New Window]를 누르면 새로운 창이 열리면서 새로운 프로젝트가 열린다.

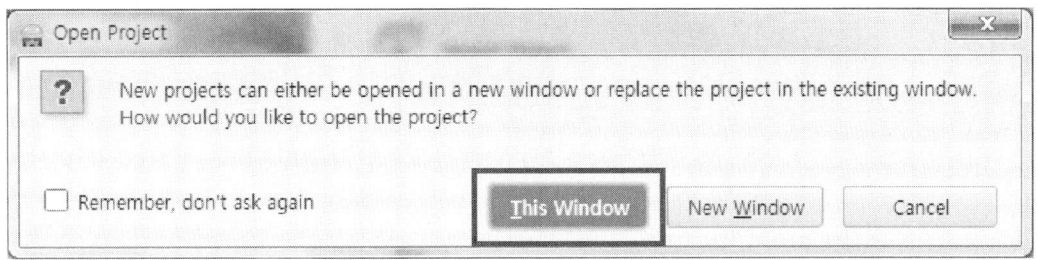

12.2 데이터 전송 예제 프로젝트 실행하기

프로젝트의 모듈이 모바일과 시계로 두 개다. 그래서 모바일 모듈은 스마트폰에, 시계 모듈은 시계에 설치해야 한다. 아래 과정을 따라 모바일과 시계 모듈을 설치하자.

1) 모바일 모듈 실행

스마트폰을 USB로 컴퓨터에 연결하고 모듈 콤보박스에서 [mobile]을 선택한 후 [실행] 버튼(▶)을 누르자.

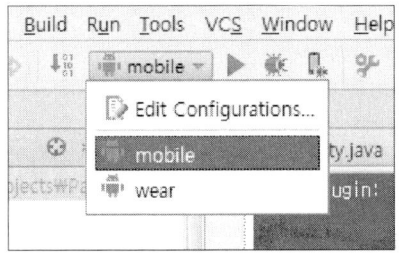

2) 스마트폰 선택 후 [OK] 버튼 클릭

앱의 실행 장치를 시계로 선택한 후 [OK] 버튼을 누르자. 필자는 블루투스 디버깅을 활용하여 스마트폰과 시계가 동시에 보인다.

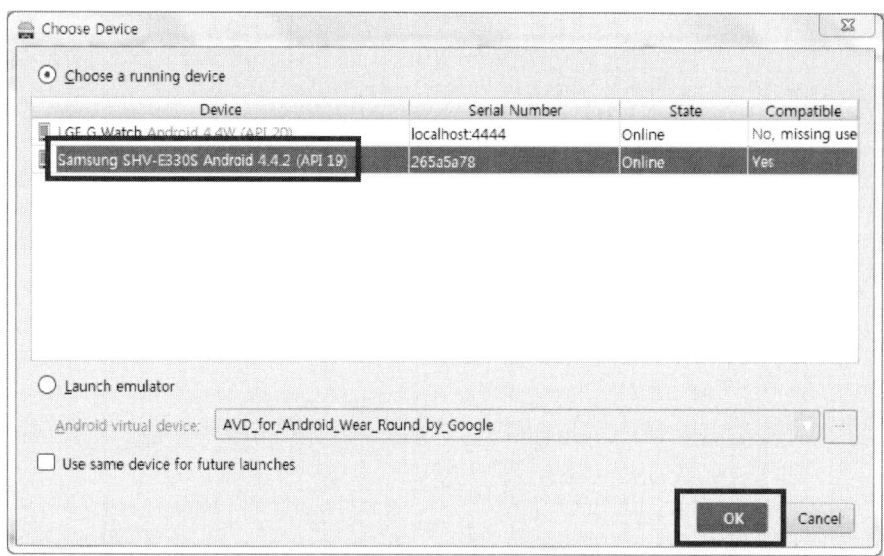

3) 시계 모듈 실행

시계를 USB나 블루투스로 연결하고 모듈 콤보박스에서 [wear]를 선택한 후 [실행] 버튼(▶)을 누르자.

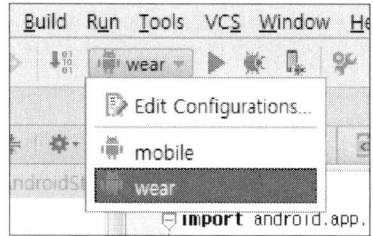

4) 시계 장치 선택 후 [OK] 버튼 클릭

앱의 실행 장치를 시계로 선택한 후 [OK] 버튼을 누르자.

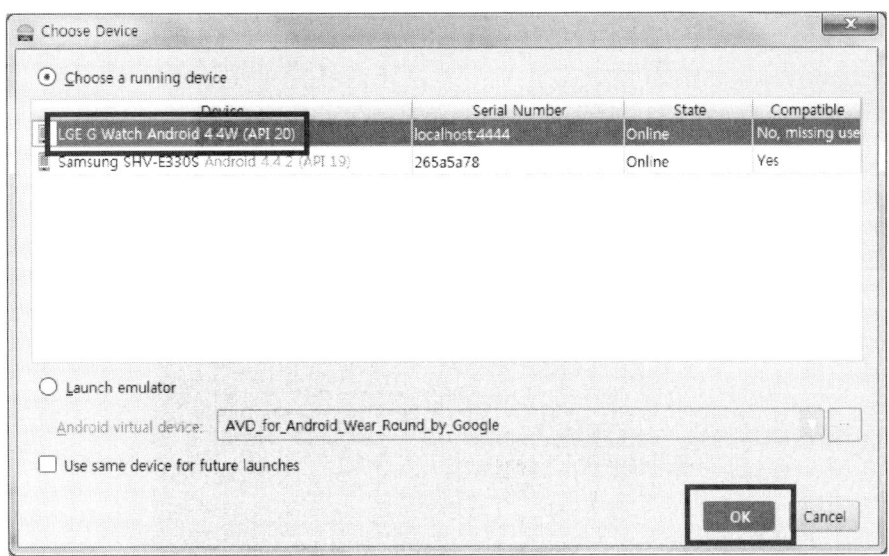

5) 앱 실행 확인

스마트폰과 시계의 앱을 각각 실행시키자. 앱을 실행하면 구글 플레이 서비스에 접속하고, 메시지가 출력된다.

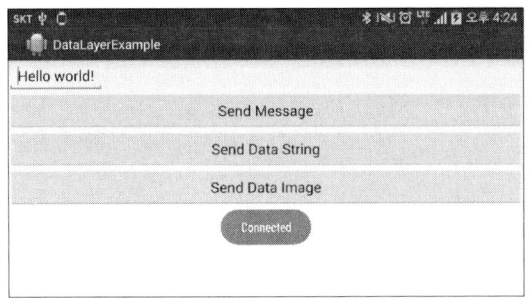 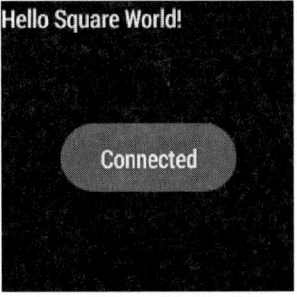

스마트폰이 블루투스로 안드로이드 웨어에 연결되면 "PeerConnected" 메시지가 출력되고, 블루투스를 해제하여 시계와의 연결을 해제하면 "PeerDisconnected" 메시지가 출력된다.

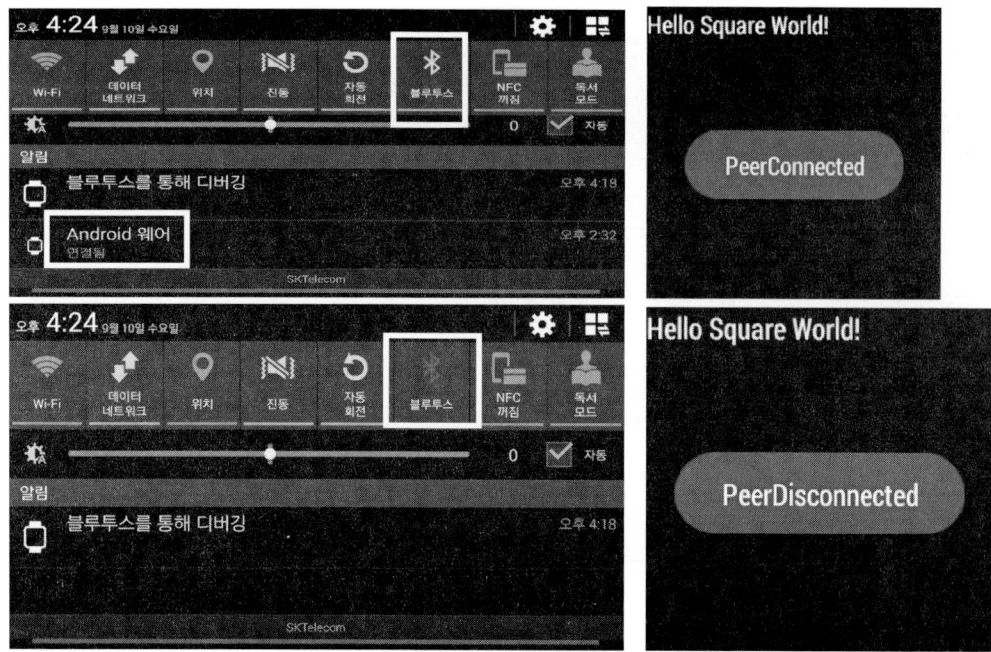

버튼을 눌러 구글 플레이 서비스로 메시지나 데이터를 전송하면, 전송 후 성공 메시지가 출력된다.

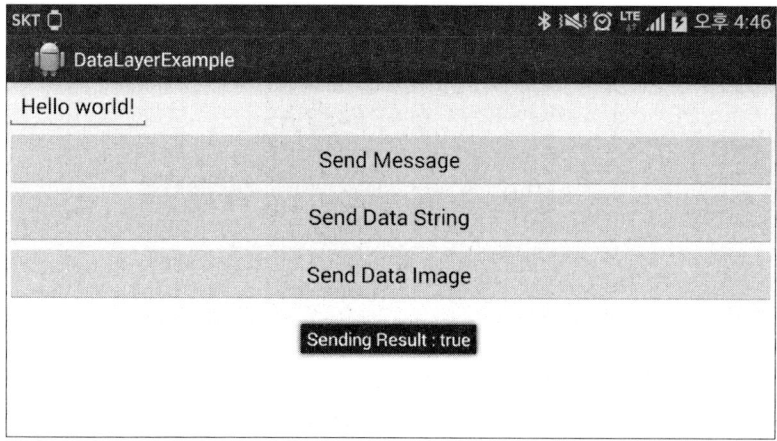

각 버튼을 누르면 스마트폰에서 데이터를 시계로 전송한다. 시계는 전송된 데이터를 받아 화면에 출력한다. [Send Message] 버튼은 메시지 방식으로 스마트폰에서 시계로 "Message : Hello World!"를 전송하고, [Send Data String] 버튼은 데이터 방식으로 스마트폰에서 시계로 "String Data : Hello World!"를 전송한다. 그리고 마지막으로 [Send Data Image] 버튼은 이미지를 시계로 전송하고 시계는 수신받은 이미지로 배경을 변경한다.

12.3 구글 플레이 서비스 이해하기

구글 플레이 서비스는 광고, 결제, 구글 드라이브 등 구글에서 제공하는 다양한 서비스와 스마트폰 앱을 연동시키는 개념이다. 안드로이드 웨어와 같은 웨어러블 장치는 구글 플레이 서비스에 연동되어 데이터를 송수신한다.

아래 그림을 보자. 스마트폰에서 구글 플레이 서비스를 통해 이미지를 전달하는 방식을 설명하는 그림이다. 스마트폰에서 시계로 사진을 전송하는 DataSendingExample 앱을 도식화한 것이며, 왼쪽은 스마트폰 모듈, 중간은 구글 플레이 서비스, 오른쪽은 시계 모듈이다.

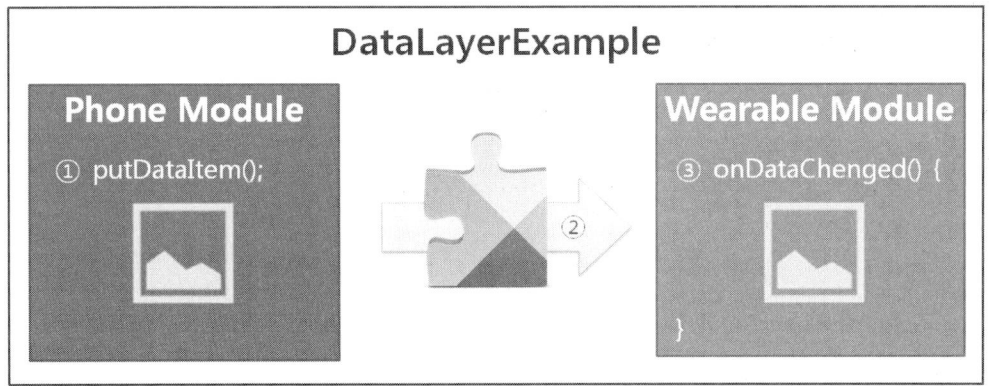

순서를 살펴보면, 스마트폰에서 구글 플레이 서비스에 데이터를 전송한다(①). 그리고 구글 플레이는 변경된 데이터를 시계로 전달한다(②). 마지막으로 시계는 변경된 데이터를 확인하여 이미지를 획득한다(③).

시계에서 스마트폰으로 데이터를 전송하는 경우에도 동일한 원리로 동작한다. 구글 플레이 서비스는 장치의 접속 관리나 데이터 보관 관리 등 장치 사이의 상호작용 관리 기능을 제공한다. 따라서 개발자는 다른 부분을 신경 쓸 필요 없이 구글 플레이 서비스에 접속하고 데이터를 전송하고 수신받는 코딩만 작성하면 된다.

12.4 액티비티 활용 데이터 송수신 소스 이해

스마트폰에서 구글 플레이 서비스로 데이터를 송신하고, 시계에서 데이터를 수신하는 방법은 두 가지다.

첫 번째는 수신받을 액티비티에 데이터를 받을 수 있는 리스너를 추가하여 적용하는 방법이다. 이렇게 되면, 시계에서 액티비티가 켜져 있는 동안 스마트폰으로부터 구글 플레이 서비스로 전송한 데이터를 수신받을 수 있다.

두 번째는 웨어러블 리스너 서비스(WearableListenerService)를 등록하여 데이터를 수신받는 것이다. 웨어러블 리스너 서비스를 활용하면 시계에 앱이 실행돼 있지 않더라도 데이터를 수신받을 수 있다.

우선 액티비티를 활용한 데이터 송수신 소스를 살펴보자.

1. 구글 플레이 서비스 접속 및 해제

데이터를 송신하고 액티비티를 통해 수신받기 위해서는 구글 플레이 서비스에 접속해야 한다. 예제 소스에서 구글 플레이 서비스 관련 파트를 살펴보자.

1) AndroidManifest.xml 파일 살펴보기

구글 플레이 서비스를 소스에서 활용하려면 AndroidManifest.xml 파일에 구글 플레이 서비스 버전을 메타 데이터로 입력해야 한다. 아래 소스를 살펴보자.

```
WearableAppTest/app/src/main/AndroidManifest.xml  (계속)
```
```xml
<?xml version="1.0" encoding="utf-8"?>
<manifest xmlns:android="http://schemas.android.com/apk/res/android"
    package="com.example.wearable.datalayerexample" >

    <application
        android:allowBackup="true"
        android:icon="@drawable/ic_launcher"
        android:label="@string/app_name"
        android:theme="@style/AppTheme" >

        <meta-data android:name="com.google.android.gms.version"
            android:value="@integer/google_play_services_version" />

        <activity
            android:name=".MyActivity"
```

> **(이어서) WearableAppTest/app/src/main/AndroidManifest.xml**
>
> ```
>             android:label="@string/app_name" >
>         <intent-filter>
>             <action android:name="android.intent.action.MAIN" />
>
>             <category android:name="android.intent.category.LAUNCHER" />
>         </intent-filter>
>     </activity>
> </application>
>
> </manifest>
> ```

AndroidManifest.xml 파일에 구글 플레이 서비스 메타데이터를 입력했다. 새로운 프로젝트에 구글 플레이 서비스를 사용할 때 AndroidManifest.xml 파일을 수정하는 것을 잊지 말자.

2) 모바일 모듈 액티비티 살펴보기

구글 플레이 서비스에 데이터를 송신하기 위한 모바일 모듈의 액티비티 소스를 살펴보자.

> **Note**
>
> 모바일과 스마트폰의 메인 액티비티 소스명이 둘다 MyActivity.java이므로, 소스 좌측 상단에 모바일과 웨어러블 모듈을 구분해서 입력했다.

> **[모바일 모듈] com.example.android.wearable.datalayerexample.MyActivity.java (계속)**
>
> ```java
> package com.example.wearable.datalayerexample;
>
> import ...
>
> public class MyActivity extends Activity
>         implements GoogleApiClient.ConnectionCallbacks,
>         GoogleApiClient.OnConnectionFailedListener {
>
>     private EditText mEditText; // 시계로 전송 할 텍스트뷰
>     private GoogleApiClient mGoogleApiClient; // 구글 플레이 서비스 API 객체
>
>     @Override // Activity
>     protected void onCreate(Bundle savedInstanceState) {
>         super.onCreate(savedInstanceState);
>         setContentView(R.layout.activity_my);
>
>         // 시계로 전송 할 텍스트뷰
>         mEditText = (EditText) findViewById(R.id.text);
> ```

(이어서) [모바일 모듈] com.example.android.wearable.datalayerexample.MyActivity.java

```java
    // 구글 플레이 서비스 객체를 시계 설정으로 초기화
    mGoogleApiClient = new GoogleApiClient.Builder(this)
        .addApi(Wearable.API)
        .addConnectionCallbacks(this)
        .addOnConnectionFailedListener(this)
        .build();
}

// 액티비티가 시작할 때 실행
@Override // Activity
protected void onStart() {
    super.onStart();

    // 구글 플레이 서비스에 접속돼 있지 않다면 접속한다.
    if (!mGoogleApiClient.isConnected()) {
        mGoogleApiClient.connect();
    }
}

// 액티비티가 종료될 때 실행
@Override // Activity
protected void onStop() {
    mGoogleApiClient.disconnect();
    super.onStop();
}

// 구글 플레이 서비스에 접속됐을 때 실행
@Override // GoogleApiClient.ConnectionCallbacks
public void onConnected(Bundle bundle) {
    Toast.makeText(this, "Connected", Toast.LENGTH_SHORT).show();
}

// 구글 플레이 서비스에 접속이 일시정지 됐을 때 실행
@Override // GoogleApiClient.ConnectionCallbacks
public void onConnectionSuspended(int i) {
    Toast.makeText(this, "Connection Suspended", Toast.LENGTH_SHORT).show();
}

// 구글 플레이 서비스 접속에 실패했을 때 실행
@Override // GoogleApiClient.OnConnectionFailedListener
public void onConnectionFailed(ConnectionResult connectionResult) {
    Toast.makeText(this, "Connection Failed", Toast.LENGTH_SHORT).show();
}
……
```

소스를 보면 우선 implements 문장에서 ConnectionCallbacks 인터페이스와 OnConnectionFailed Listener 인터페이스를 메인 액티비티의 도구로 적용한다. 인터페이스를 적용하면 인터페이스에 선언돼 있는 메소드를 재정의(Override)해야 한다.

ConnectionCallbacks 인터페이스에 의해 재정의된 메소드는 onConnected() 메소드와 onConnection Suspended() 메소드다. onConnected() 메소드는 구글 플레이 서비스로 접속이 되면 실행된다. 그리고 onConnectionSuspended() 메소드는 구글 플레이 서비스의 접속이 일시 중지되면 실행된다.

OnConnectionFailedListener 인터페이스에 의해 재정의된 메소드는 onConnectionFailed() 메소드다. onConnectionFailed 메소드는 구글 플레이 서비스에 장치 접속을 시도했으나 실패했을 때 실행된다. 접속이나 접속 실패 이벤트가 발생하면 토스트(Toast) 메시지를 화면에 출력한다.

GoogleApiClient 클래스를 살펴보자. GoogleApiClent 클래스는 구글 플레이 서비스와의 접속을 관리한다. 그리고 데이터를 송수신할 때도 GoogleApiClent 클래스의 객체를 활용한다. GoogleApiClent 클래스는 접속 및 데이터 전송에 활용되어 자주 사용되기 때문에 맴버 객체로 생성한다.

액티비티의 onCreate() 메소드에서 addApi() 메소드를 통해 시계와의 접속을 관리하도록 객체 설정을 지정했다. 이렇게 되면 mGoogleApiClent 객체는 시계와의 접속 및 데이터 전송을 관리하도록 설정된다.

접속과 접속 실패를 인지하고 메시지를 출력하기 위해 mGoogleApiClent 객체에 addConnection Callbacks(this) 메소드와 addOnConnectionFailedListener(this) 메소드로 이벤트를 지정한다. this는 액티비티 클래스인데, MyActivity는 implements로 인터페이스를 적용해 놓았기 때문에 직접 이벤트 리스너를 넣는 this 키워드를 입력할 수 있다.

mGoogleApiClent 객체의 설정이 완료되면, build() 메소드로 객체를 생성한다. mGoogleApiClent 객체는 액티비티가 실행되면 수행되는 onStart() 메소드와 액티비티가 종료되는 onStop() 메소드에서 접속을 하고 접속을 해제한다.

위 소스는 구글 플레이 서비스를 사용하기 위한 기본 코딩이다. 스마트폰 장치의 모듈인 [Mobile] 모듈과 동일하게 시계 모듈인 [Wearable] 모듈에서도 구글 플레이 서비스로부터 데이터를 수신하기 위해 동일한 코딩 방식을 적용한다.

2. 장치 페어링 이벤트

데이터를 송수신하기 위해서는 구글 플레이 서비스와 연결되어 있어야 할뿐만 아니라 스마트폰과 시계가 페어링(Pairing)돼 있어야 한다. 노드 리스너(NodeApi.NodeListener)를 활용하면 현재 장치의 페어링 여부를 판단할 수 있다.

Wearable 모듈의 액티비티 소스에서 노드 리스너를 활용한 예제를 살펴보자.

[웨어러블 모듈] com.example.android.wearable.datalayerexample.MyActivity.java (계속)

```java
package com.example.wearable.datalayerexample;

import ...

public class MyActivity extends Activity
    implements GoogleApiClient.ConnectionCallbacks,
    GoogleApiClient.OnConnectionFailedListener,
    NodeApi.NodeListener,
    MessageApi.MessageListener,
    DataApi.DataListener {

    private TextView mTextView; // 텍스트를 출력할 뷰
    private View mLayout; // 배경을 출력할 레이아웃

    private GoogleApiClient mGoogleApiClient; // 구글 플레이 서비스 API 객체

    @Override // Activity
    protected void onCreate(Bundle savedInstanceState) { ... }

......

    // 구글 플레이 서비스에 접속됐을 때 실행
    @Override // GoogleApiClient.ConnectionCallbacks
    public void onConnected(Bundle bundle) {
        Toast.makeText(this, "Connected", Toast.LENGTH_SHORT).show();

        // 노드, 메시지, 데이터 이벤트를 활용할 수 있도록 이벤트 리스너 지정
        Wearable.NodeApi.addListener(mGoogleApiClient, this);
        Wearable.MessageApi.addListener(mGoogleApiClient, this);
        Wearable.DataApi.addListener(mGoogleApiClient, this);
    }

......

    // 구글 플레이 서비스 접속에 실패했을 때 실행
    @Override // GoogleApiClient.OnConnectionFailedListener
    public void onConnectionFailed(ConnectionResult connectionResult) {
        Toast.makeText(this, "Connection Failed", Toast.LENGTH_SHORT).show();

        // 노드, 메시지, 데이터 이벤트 리스너 해제
        Wearable.NodeApi.removeListener(mGoogleApiClient, this);
        Wearable.MessageApi.removeListener(mGoogleApiClient, this);
        Wearable.DataApi.removeListener(mGoogleApiClient, this);
```

(이어서) [웨어러블 모듈] com.example.android.wearable.datalayerexample.MyActivity.java

```
    }

    // 페어링이 되면 실행된다.
    @Override // NodeApi.NodeListener
    public void onPeerConnected(Node node) {
        Toast.makeText(this, "Peer Connected", Toast.LENGTH_SHORT).show();
    }

    // 페어링이 해제되면 실행된다.
    @Override // NodeApi.NodeListener
    public void onPeerDisconnected(Node node) {
        Toast.makeText(this, "Peer Disconnected", Toast.LENGTH_SHORT).show();
    }
......
```

소스를 보면 우선 노드 리스너(NodeApi.NodeListener) 인터페이스를 implements 문장으로 메인 액티비티의 도구로 적용한다. 인터페이스를 적용하면 인터페이스에 선언돼 있는 메소드를 재정의(Override) 해야 한다.

노드 리스너 인터페이스에 의해 재정의된 메소드는 onPeerConnected() 메소드와 onPeerDisconnected() 메소드다. onPeerConnected() 메소드는 스마트폰과 시계가 페어링됐을 때 실행되고, onPeerDisconnected() 메소드는 스마트폰과 시계의 페어링이 해제됐을 때 실행된다.

onPeerConnected() 메소드와 onPeerDisconnected() 메소드가 실행되기 위해서는 액티비티에 페어링을 감지할 수 있는 이벤트 리스너를 지정해야 한다. 이벤트 지정은 구글 플레이 서비스에 접속하면 실행되는 onConnected() 메소드에서 지정한다. 그리고 프로그램이 종료될 때는 리스너를 해제한다.

페어링 이벤트 리스너 지정

Wearable.NodeApi.addListener(mGoogleApiClient, this);

페어링 이벤트 리스너 해제

Wearable.NodeApi.removeListener(mGoogleApiClient, this);

위와 같이 이벤트를 지정하면 페어링에 관련된 이벤트가 발생했을 때 onPeerConnected() 메소드와 onPeerDisconnected() 메소드가 실행된다.

3. 메시지 송수신

간단한 바이트의 데이터를 전송할 때는 메시지를 활용하는 것이 편리하다. 메시지는 단순히 보내고 받는 개념이기 때문에 구글 플레이 서비스는 메시지 송수신의 전달 역할만 한다.

메시지를 송신하는 Mobile 모듈과 메시지를 수신하는 Wearable 모듈의 소스를 각각 살펴보자.

1) 모바일 모듈 살펴보기

스마트폰에서 구동되는 모바일 모듈의 메시지를 송신하는 소스를 살펴보자.

[모바일 모듈] com.example.android.wearable.datalayerexample.MyActivity.java (계속)

```
package com.example.wearable.datalayerexample;

import ...

public class MyActivity extends Activity
    implements GoogleApiClient.ConnectionCallbacks,
    GoogleApiClient.OnConnectionFailedListener {

    private EditText mEditText; // 시계로 전송할 텍스트뷰
    private GoogleApiClient mGoogleApiClient; // 구글 플레이 서비스 API 객체

    @Override // Activity
    protected void onCreate(Bundle savedInstanceState) { ... }

    ......

    // Send Message 버튼을 클릭했을 때 실행
    public void onSendMessage(View view) {

        // 페어링 기기들을 지칭하는 노드를 가져온다.
        Wearable.NodeApi.getConnectedNodes(mGoogleApiClient)
            .setResultCallback(new ResultCallback<NodeApi.GetConnectedNodesResult>() {

                // 노드를 가져온 후 실행된다.
                @Override
                public void onResult(NodeApi.GetConnectedNodesResult getConnectedNodesResult) {

                    // 노드를 순회하며 메시지를 전송한다.
                    for (final Node node : getConnectedNodesResult.getNodes()) {

                        // 전송할 메시지 텍스트 생성
                        String message = "Message : " + mEditText.getText();
                        byte[] bytes = message.getBytes();

                        // 메시지 전송 및 전송 후 실행될 콜백 함수 지정
```

(이어서) [모바일 모듈] com.example.android.wearable.datalayerexample.MyActivity.java

```
                byte[] bytes = message.getBytes();

                // 메시지 전송 및 전송 후 실행될 콜백 함수 지정
                Wearable.MessageApi.sendMessage(mGoogleApiClient,
                    node.getId(), "/MESSAGE_PATH", bytes).setResultCallback(resultCallback);
            }
        }
    });
}

// 시계로 데이터 및 메시지를 전송 후 실행되는 메소드
private ResultCallback resultCallback = new ResultCallback() {
    @Override
    public void onResult(Result result) {

        String resultString = "Sending Result : " + result.getStatus().isSuccess();

        Toast.makeText(getApplication(), resultString, Toast.LENGTH_SHORT).show();
    }
};
……
```

[Send Message] 버튼을 누르면 실행되는 onSendMessage() 메소드를 살펴보자. 우선 페어링 기기들을 가리키는 노드 객체를 가져온다.

노드를 가져오는 소스

Wearable.NodeApi.getConnectedNodes(mGoogleApiClient)

노드를 가져오는 것에 성공하면 setResultCallback() 메소드로 지정한 ResultCallback 객체의 onResult() 메소드가 실행된다.

onResult() 메소드에서는 가져온 노드를 for 제어문으로 루프를 돌며 메시지를 송신한다. 최종 메시지를 송신하는 메소드는 Wearable.MessageApi.sendMessage() 메소드다.

노드에 메시지를 송신하는 소스

Wearable.MessageApi.sendMessage(mGoogleApiClient, node.getId(), "/MESSAGE_PATH", bytes)

sendMessage() 메소드에 입력되는 매개변수는 mGoogleApiClient, 노드 아이디, 패스, 송신할 데이터 바이트, 총 네 가지다. 구글 플레이 서비스에 데이터 전달을 위해 mGoogleApiClient 객체를 입력하고, 각 장치에 메시지에 전달하기 위해 node.getId() 메소드로 노드 아이디를 입력한다. 세 번째 매개변수인

"/MESSAGE_PATH" 패스는 시계에서 메시지를 구분하기 위한 변수로 사용된다. 여러 곳에서 메시지를 시계로 송신하더라도 이 패스를 사용하여 구분할 수 있다. 마지막 매개변수는 바이트로 입력된다. 문자나 숫자를 메시지로 전송하고 싶다면 바이트로 미리 변환해 놓은 다음 입력하면 된다.

sendMessage() 메소드로 메시지를 송신한 후의 동작을 setResultCallback() 메소드로 입력한다. setResultCallback() 메소드에는 resultCallback 객체를 넣었는데, 이 객체는 메시지나 데이터 전송이 끝난 후에 onResult() 메소드를 실행시킨다.

2) 시계 모듈 살펴보기

시계에서 구동되는 웨어러블 모듈에서 메시지를 수신하는 소스를 살펴보자.

[웨어러블 모듈] com.example.android.wearable.datalayerexample.MyActivity.java (계속)

```java
package com.example.wearable.datalayerexample;

import ...

public class MyActivity extends Activity
    implements GoogleApiClient.ConnectionCallbacks,
    GoogleApiClient.OnConnectionFailedListener,
    NodeApi.NodeListener,
    MessageApi.MessageListener,
    DataApi.DataListener {

    private TextView mTextView; // 텍스트를 출력할 뷰
    private View mLayout; // 배경을 출력할 레이아웃

    private GoogleApiClient mGoogleApiClient; // 구글 플레이 서비스 API 객체

    @Override // Activity
    protected void onCreate(Bundle savedInstanceState) { ... }

    ......

    // 구글 플레이 서비스에 접속됐을 때 실행
    @Override // GoogleApiClient.ConnectionCallbacks
    public void onConnected(Bundle bundle) {
        Toast.makeText(this, "Connected", Toast.LENGTH_SHORT).show();

        // 노드, 메시지, 데이터 이벤트를 활용할 수 있도록 이벤트 리스너 지정
        Wearable.NodeApi.addListener(mGoogleApiClient, this);
        Wearable.MessageApi.addListener(mGoogleApiClient, this);
        Wearable.DataApi.addListener(mGoogleApiClient, this);
    }
```

(이어서) [웨어러블 모듈] com.example.android.wearable.datalayerexample.MyActivity.java

```java
......

// 구글 플레이 서비스 접속에 실패했을 때 실행
@Override // GoogleApiClient.OnConnectionFailedListener
public void onConnectionFailed(ConnectionResult connectionResult) {
    Toast.makeText(this, "Connection Failed", Toast.LENGTH_SHORT).show();

    // 노드, 메시지, 데이터 이벤트 리스너 해제
    Wearable.NodeApi.removeListener(mGoogleApiClient, this);
    Wearable.MessageApi.removeListener(mGoogleApiClient, this);
    Wearable.DataApi.removeListener(mGoogleApiClient, this);
}

......

// 텍스트뷰에 적용될 문자열
private String mTextViewString;

// 메시지가 수신되면 실행되는 메소드
@Override // MessageApi.MessageListener
public void onMessageReceived(MessageEvent messageEvent) {
    if (messageEvent.getPath().equals("/MESSAGE_PATH")) {
        // 텍스트뷰에 적용될 문자열을 지정한다.
        mTextViewString = new String(messageEvent.getData(), 0, messageEvent.getData().length);

        // UI 스레드를 실행하여 텍스트뷰의 값을 수정한다.
        runOnUiThread(new Runnable() {
            @Override
            public void run() {
                mTextView.setText(msg);
            }
        });
    }
}
......
```

소스를 보면 우선 메시지 리스너(MessageApi.MessageListener) 인터페이스를 implements 문장으로 메인 액티비티의 도구로 적용한다. 인터페이스를 적용하면 인터페이스에 선언돼 있는 메소드를 재정의(Override)해야 한다.

메시지 리스너 인터페이스에 의해 재정의된 메소드는 onMessageReceived() 메소드다. onMessageReceived() 메소드는 구글 플레이 서비스에 Wearable.MessageApi.sendMessage()로 메시지를 송신하면 실행되며, 송신한 결과를 받는다.

onMessageReceived() 메소드가 실행되기 위해서는 액티비티에 메시지 송신을 감지할 수 있는 이벤트 리스너를 지정해야 한다. 이벤트 지정은 구글 플레이 서비스에 접속하면 실행되는 onConnected() 메소드에서 지정한다. 그리고 프로그램이 종료될 때는 리스너를 해제한다.

메시지 수신 이벤트 리스너 지정
Wearable.MessageApi.addListener(mGoogleApiClient, this);

메시지 수신 이벤트 리스너 해제
Wearable.MessageApi.removeListener(mGoogleApiClient, this);

위와 같이 이벤트 리스너를 지정하면 메시지 수신 이벤트가 발생했을 때 onMessageReceived() 메소드가 실행된다.

onMessageReceived() 메소드가 실행되며 매개변수인 메시지 이벤트 (MessageEvent) 객체로 이벤트 관련 정보가 입력된다. 메시지 이벤트 객체에서 getPath() 메소드로 스마트폰에서 보낸 메시지를 구분할 수 있는 패스를 가져온다. 패스의 값이 스마트폰 모듈에서 입력한 값인 "/MESSAGE_PATH" 값과 같다면 messageEvent.getData() 메소드로 바이트 값을 가져와 문자열(String)로 변환한다.

수신받은 메시지를 텍스트뷰에 입력하는 코딩이 생각보다 복잡하다. 이유는 onMessageReceived() 메소드는 서브 스레드에서 실행되는데, 안드로이드의 UI 값은 메인 스레드에서만 변경할 수 있기 때문이다. 따라서 메인 스레드 중 UI 스레드를 강제로 실행하여 텍스트뷰의 값을 수신받은 메시지로 수정한다.

4. 데이터 아이템 문자열 송수신

간단한 바이트는 앞서 살펴본 메시지로 전달하는 것이 편리하지만, 여러 개의 데이터나 이미지 같은 큰 데이터는 데이터 아이템(DataItem)을 활용하는 것이 좋다.

데이터 아이템을 송신하는 Mobile 모듈과 데이터 아이템을 수신하는 Wearable 모듈의 소스를 각각 살펴보자.

1) 스마트폰 모듈 살펴보기

스마트폰에서 구동되는 모바일 모듈에서 데이터 아이템을 송신하는 소스를 살펴보자.

[모바일 모듈] com.example.android.wearable.datalayerexample.MyActivity.java

```
package com.example.wearable.datalayerexample;

import ...

public class MyActivity extends Activity
    implements GoogleApiClient.ConnectionCallbacks,
    GoogleApiClient.OnConnectionFailedListener {

    private EditText mEditText; // 시계로 전송할 텍스트뷰
    private GoogleApiClient mGoogleApiClient; // 구글 플레이 서비스 API 객체

    @Override // Activity
    protected void onCreate(Bundle savedInstanceState) { ... }

......

    // 데이터 전송 횟수다.
    // 텍스트가 같더라도 데이터가 계속 변할 수 있도록 count 값을 같이 보낸다.
    private int sendCount = 0;

    // Send Data String 버튼을 클릭했을 때 실행
    public void onSendDataString(View view) {
        // 전송할 텍스트를 생성한다.
        EditText editText = (EditText) findViewById(R.id.text);
        String text = "String Data : " + editText.getText().toString();

        // 시계로 전송할 데이터 묶음인 데이터 맵을 생성한다.
        PutDataMapRequest dataMap = PutDataMapRequest.create("/STRING_DATA_PATH");

        // 전송할 텍스트를 지정한다.
        dataMap.getDataMap().putString("sendString", text);

        // 현재 보내는 텍스트와 지난번 보냈던 텍스트가 같으면 onDataChanged() 메소드가 실행되지 않는다.
        // 텍스트가 같더라도 데이터가 계속 변할 수 있도록 count 값을 같이 보낸다.
        dataMap.getDataMap().putInt("count", sendCount++);

        // 데이터 맵으로 전송할 요청 객체를 생성한다.
        PutDataRequest request = dataMap.asPutDataRequest();

        // 데이터 전송 및 전송 후 실행될 콜백 함수 지정
        Wearable.DataApi.putDataItem(mGoogleApiClient, request).setResultCallback(resultCallback);
    }
......
```

[Send Data String] 버튼을 누르면 실행되는 onSendDataString() 메소드를 살펴보자. 우선 에디트 텍스트(EditText)로부터 송신할 텍스트를 생성한다.

그리고 시계로 전송할 데이터 묶음인 데이터 맵을 생성한다. PutDataMapRequest.create() 메소드에 패스 값을 입력하는데, 스마트폰에서 보낸 여러 데이터를 보내더라도 시계에서 패스 값을 활용하여 구분할 수 있다.

만들어진 데이터 맵에 getDataMap().putString() 메소드로 텍스트를 지정하고, getDataMap().putInt() 메소드로 송신 횟수를 지정한다. 실제 활용한 데이터는 텍스트 뿐이지만 putInt() 메소드로 송신 횟수를 입력한 이유는, 같은 데이터가 입력되면 시계에서 데이터를 수신받아 화면에 출력할 onDataChanged() 메소드가 실행되지 않기 때문이다. 따라서 데이터를 구글 플레이 서비스로 송신할 때마다 송신 횟수 변수인 sendCount 값을 입력하여 데이터를 변화시킨다.

PutDataRequest 클래스로 데이터 맵으로 전송할 request 객체를 생성하고, Wearable.DataApi.putDataItem() 메소드로 시계에 데이터를 송신한다. 마지막으로 송신 작업을 완료하고 실행되는 객체를 setResultCallback() 메소드에 지정한다.

2) 시계 모듈 살펴보기

시계에서 구동되는 웨어러블 모듈에서 문자열 데이터를 수신하는 소스를 살펴보자.

[웨어러블 모듈] com.example.android.wearable.datalayerexample.MyActivity.java (계속)

```java
package com.example.wearable.datalayerexample;

import ...

public class MyActivity extends Activity
    implements GoogleApiClient.ConnectionCallbacks,
    GoogleApiClient.OnConnectionFailedListener,
    NodeApi.NodeListener,
    MessageApi.MessageListener,
    DataApi.DataListener {

    private TextView mTextView; // 텍스트를 출력할 뷰
    private View mLayout; // 배경을 출력할 레이아웃
    private GoogleApiClient mGoogleApiClient; // 구글 플레이 서비스 API 객체

    @Override // Activity
    protected void onCreate(Bundle savedInstanceState) { ... }

    ......
```

(이어서) [웨어러블 모듈] com.example.android.wearable.datalayerexample.MyActivity.java (계속)

```java
// 구글 플레이 서비스에 접속됐을 때 실행
@Override // GoogleApiClient.ConnectionCallbacks
public void onConnected(Bundle bundle) {
    Toast.makeText(this, "Connected", Toast.LENGTH_SHORT).show();

    // 노드, 메시지, 데이터 이벤트를 활용할 수 있도록 이벤트 리스너 지정
    Wearable.NodeApi.addListener(mGoogleApiClient, this);
    Wearable.MessageApi.addListener(mGoogleApiClient, this);
    Wearable.DataApi.addListener(mGoogleApiClient, this);
}

......

// 구글 플레이 서비스 접속에 실패했을 때 실행
@Override // GoogleApiClient.OnConnectionFailedListener
public void onConnectionFailed(ConnectionResult connectionResult) {
    Toast.makeText(this, "Connection Failed", Toast.LENGTH_SHORT).show();

    // 노드, 메시지, 데이터 이벤트 리스너 해제
    Wearable.NodeApi.removeListener(mGoogleApiClient, this);
    Wearable.MessageApi.removeListener(mGoogleApiClient, this);
    Wearable.DataApi.removeListener(mGoogleApiClient, this);
}

......

// 구글 플레이 서비스의 데이터가 변경되면 실행된다.
@Override // DataApi.DataListener
public void onDataChanged(DataEventBuffer dataEvents) {

    // 데이터 이벤트 횟수별로 동작한다.
    for (DataEvent event : dataEvents) {

        // 데이터 변경 이벤트일 때 실행된다.
        if (event.getType() == DataEvent.TYPE_CHANGED) {

            // 동작을 구분할 패스를 가져온다.
            String path = event.getDataItem().getUri().getPath();

            // 패스가 문자 데이터일 때
            if (path.equals("/STRING_DATA_PATH")) {
                // 이벤트 객체로부터 데이터 맵을 가져온다.
                DataMapItem dataMapItem = DataMapItem.fromDataItem(event.getDataItem());

                // 데이터맵으로부터 수신한 문자열을 가져온다.
```

(이어서) [웨어러블 모듈] com.example.android.wearable.datalayerexample.MyActivity.java

```
          final String receiveString = dataMapItem.getDataMap().getString("sendString");

          // UI 스레드를 실행하여 텍스트 뷰의 값을 수정한다.
          runOnUiThread(new Runnable() {
            @Override
            public void run() {
              mTextView.setText(receiveString);
            }
          });
        }
        // 패스가 이미지 데이터일 때
        else if (path.equals("/IMAGE_DATA_PATH")) {
          ......
        }

        // 데이터 삭제 이벤트일 때 실행된다.
      } else if (event.getType() == DataEvent.TYPE_DELETED) {
        // 데이터가 삭제됐을 때 수행할 동작
      }
    }
  }
......
```

소스를 보면 우선 데이터 리스너(DataApi.DataListener) 인터페이스를 implements 문장으로 메인 액티비티의 도구로 적용한다. 인터페이스를 적용하면 인터페이스에 선언돼 있는 메소드를 재정의(Override)해야 한다.

메시지 리스너 인터페이스에 의해 재정의된 메소드는 onDataChanged() 메소드다. onDataChanged() 메소드는 구글 플레이 서비스의 데이터가 변경되면 실행된다.

onDataChanged() 메소드가 실행되기 위해서는 액티비티에 데이터 변경을 감지할 수 있는 이벤트 리스너를 지정해야 한다. 이벤트 지정은 구글 플레이 서비스에 접속하면 실행되는 onConnected() 메소드에서 처리된다. 그리고 프로그램이 종료될 때는 리스너를 해제한다.

데이터 변경 이벤트 리스너 지정
Wearable.DataApi.addListener(mGoogleApiClient, this);

데이터 변경 이벤트 리스너 해제
Wearable.DataApi.removeListener(mGoogleApiClient, this);

위와 같이 이벤트 리스너를 지정하면 데이터 변경 이벤트가 발생했을 때 onDataChanged() 메소드가 실행된다.

onDataChanged(DataEventBuffer) 메소드가 실행됨과 동시에 매개변수인 데이터 이벤트 버퍼(Data EventBuffer) 객체로 이벤트 관련 정보가 입력된다. 이벤트 버퍼의 개수만큼 for 문으로 이벤트에 대한 동작을 수행한다. 구글 플레이 서비스의 데이터가 변경됐을 때에는 event.getType() 메소드의 속성 값으로 DataEvent.TYPE_CHANGED 값이 반환되고, 데이터가 삭제되면 DataEvent.TYPE_DELETED 값이 반환된다.

데이터 변경 타입에서 동작을 구분할 패스를 가져와 한 번 더 수행할 동작을 구분한다. 스마트폰에서 송신한 데이터의 패스 값은 "/STRING_DATA_PATH"다. 따라서 패스 값이 "/STRING_DATA_PATH"일 때 이벤트로부터 데이터 맵을 가져와 문자열을 가져온다. 만약 스마트폰에서 송신한 송신 횟수를 가져오려면 getInt("sendCount") 메소드를 실행하면 된다.

수신받은 문자열을 텍스트뷰에 입력하는 코딩이 생각보다 복잡하다. 그 이유는 onDataChanged() 메소드는 서브 스레드에서 실행되는데, 안드로이드의 UI 값은 메인 스레드에서만 변경할 수 있기 때문이다. 따라서 메인 스레드 중 UI 스레드를 강제로 실행하여 텍스트뷰의 값을 수신받은 문자열으로 수정한다.

5. 데이터 아이템 이미지 송수신

액티비티 데이터 송수신에서 마지막으로 살펴볼 예제 소스는 이미지를 송수신하는 것이다. 이미지 송수신은 데이터 아이템을 사용하며, 이미지를 압축하는 것 외에는 데이터 아이템으로 문자열을 송수신하는 것과 같다.

데이터 아이템으로 이미지를 송신하는 모바일 모듈과 이미지를 수신하는 웨어러블 모듈의 소스를 각각 살펴보자.

1) 스마트폰 모듈 살펴보기

스마트폰에서 구동되는 모바일 모듈에서 데이터 아이템으로 이미지를 송신하는 소스를 살펴보자.

[모바일 모듈] com.example.android.wearable.datalayerexample.MyActivity.java (계속)

```java
package com.example.wearable.datalayerexample;

import ...

public class MyActivity extends Activity
        implements GoogleApiClient.ConnectionCallbacks,
        GoogleApiClient.OnConnectionFailedListener {

    private EditText mEditText; // 시계로 전송할 텍스트뷰
    private GoogleApiClient mGoogleApiClient; // 구글 플레이 서비스 API 객체

    @Override // Activity
    protected void onCreate(Bundle savedInstanceState) { ... }

......

    // 데이터 전송 횟수이다.
    // 텍스트가 같더라도 데이터가 계속 변할 수 있도록 count 값을 같이 보낸다.
    private int sendCount = 0;

......

    // Send Data Image 버튼을 클릭했을 때 실행
    public void onSendDataImage(View view) {
        // 전송할 비트맵을 생성한다.
        Bitmap bitmap = BitmapFactory.decodeResource(getResources(), R.drawable.bg_1);

        // 비트맵으로 전송 가능한 에셋(Asset)을 생성한다.
        Asset asset = createAssetFromBitmap(bitmap);

        // 시계로 전송할 데이터 묶음인 데이터 맵을 생성한다.
        PutDataMapRequest dataMap = PutDataMapRequest.create("/IMAGE_DATA_PATH");

        // 전송할 에셋을 지정한다.
        dataMap.getDataMap().putAsset("assetImage", asset);

        // 현재 보내는 텍스트와 지난 번 보냈던 텍스트가 같으면 onDataChanged() 메소드가 실행되지 않는다.
        // 이미지가 같더라도 데이터가 계속 변할 수 있도록 count 값을 같이 보낸다.
        dataMap.getDataMap().putInt("sendCount", sendCount++);
        PutDataRequest request = dataMap.asPutDataRequest();

        // 데이터 전송 및 전송 후 실행될 콜백 함수 지정
        Wearable.DataApi.putDataItem(mGoogleApiClient, request).setResultCallback(resultCallback);
    }
```

(이어서) [모바일 모듈] com.example.android.wearable.datalayerexample.MyActivity.java

```java
// 비트맵을 사용해 에셋을 생성한다.
private Asset createAssetFromBitmap(Bitmap bitmap) {
    ByteArrayOutputStream byteStream = null;
    try {
        byteStream = new ByteArrayOutputStream();
        bitmap.compress(Bitmap.CompressFormat.PNG, 100, byteStream);
        return Asset.createFromBytes(byteStream.toByteArray());
    } finally {
        if (null != byteStream) {
            try {
                byteStream.close();
            } catch (IOException e) {
                // byteStream.close();에서 에러가 발생할 경우 에러를 무시한다.
            }
        }
    }
}
```

[Send Data Image] 버튼을 누르면 실행되는 onSendDataImage() 메소드를 살펴보자. 우선 리소스로부터 송신할 이미지 비트맵을 생성한다. 리소스로부터 생성된 비트맵으로 구글 플레이 서비스에 송신 가능한 데이터 타입인 에셋(Asset)을 생성한다.

그리고 시계로 전송할 데이터 묶음인 데이터 맵을 생성한다. PutDataMapRequest.create() 메소드에 패스 값을 입력하는데, 이 패스 값은 시계에서 데이터를 수신할 때 여러 데이터 전송 중 필요한 데이터를 구분할 수 있게 한다.

만들어진 데이터 맵에 getDataMap().putAsset() 메소드로 이미지를 지정하고, getDataMap().putInt() 메소드로 송신 횟수를 지정한다. 실제 활용한 데이터는 이미지 뿐이지만 putInt() 메소드로 송신 횟수를 입력한 이유는, 같은 데이터가 입력되면 시계에서 데이터를 수신받아 화면에 출력할 onDataChanged() 메소드가 실행되지 않기 때문이다. 따라서 데이터를 구글 플레이 서비스로 송신할 때마다 송신 횟수 변수인 sendCount 값을 입력하여 데이터를 변화시킨다.

PutDataRequest 클래스로 데이터 맵으로 전송할 request 객체를 생성하고, Wearable.DataApi.putDataItem() 메소드로 시계에 데이터를 송신한다. 마지막으로 송신 작업을 완료하고 실행되는 객체를 setResultCallback() 메소드에 지정한다.

2) 시계 모듈 살펴보기

스마트폰에서 구동되는 웨어러블 모듈에서 이미지 데이터를 수신하는 소스를 살펴보자.

[웨어러블 모듈] com.example.android.wearable.datalayerexample.MyActivity.java (계속)

```java
package com.example.wearable.datalayerexample;

import ...

public class MyActivity extends Activity
    implements GoogleApiClient.ConnectionCallbacks,
    GoogleApiClient.OnConnectionFailedListener,
    NodeApi.NodeListener,
    MessageApi.MessageListener,
    DataApi.DataListener {

    private TextView mTextView; // 텍스트를 출력할 뷰
    private View mLayout; // 배경을 출력할 레이아웃
    private GoogleApiClient mGoogleApiClient; // 구글 플레이 서비스 API 객체

    @Override // Activity
    protected void onCreate(Bundle savedInstanceState) { ... }

    ......

    // 구글 플레이 서비스에 접속됐을 때 실행
    @Override // GoogleApiClient.ConnectionCallbacks
    public void onConnected(Bundle bundle) {
        Toast.makeText(this, "Connected", Toast.LENGTH_SHORT).show();

        // 노드, 메시지, 데이터 이벤트를 활용할 수 있도록 이벤트 리스너 지정
        Wearable.NodeApi.addListener(mGoogleApiClient, this);
        Wearable.MessageApi.addListener(mGoogleApiClient, this);
        Wearable.DataApi.addListener(mGoogleApiClient, this);
    }

    ......

    // 구글 플레이 서비스 접속에 실패했을 때 실행
    @Override // GoogleApiClient.OnConnectionFailedListener
    public void onConnectionFailed(ConnectionResult connectionResult) {
        Toast.makeText(this, "Connection Failed", Toast.LENGTH_SHORT).show();

        // 노드, 메시지, 데이터 이벤트 리스너 해제
        Wearable.NodeApi.removeListener(mGoogleApiClient, this);
        Wearable.MessageApi.removeListener(mGoogleApiClient, this);
        Wearable.DataApi.removeListener(mGoogleApiClient, this);
    }

    ......
```

(이어서) [웨어러블 모듈] com.example.android.wearable.datalayerexample.MyActivity.java (계속)

```java
// 구글 플레이 서비스의 데이터가 변경되면 실행된다.
@Override // DataApi.DataListener
public void onDataChanged(DataEventBuffer dataEvents) {

    // 데이터 이벤트 횟수별로 동작한다.
    for (DataEvent event : dataEvents) {

        // 데이터 변경 이벤트일 때 실행된다.
        if (event.getType() == DataEvent.TYPE_CHANGED) {

            // 동작을 구분할 패스를 가져온다.
            String path = event.getDataItem().getUri().getPath();

            // 패스가 문자 데이터일 때
            if (path.equals("/STRING_DATA_PATH")) {
                ......
            }
            // 패스가 이미지 데이터일 때
            else if (path.equals("/IMAGE_DATA_PATH")) {

                // 이벤트 객체로부터 데이터 맵을 가져온다.
                DataMapItem dataMapItem = DataMapItem.fromDataItem(event.getDataItem());

                // 데이터맵으로부터 수신한 에셋을 가져온다.
                Asset assetImage = dataMapItem.getDataMap().getAsset("assetImage");

                // 에셋으로부터 비트맵을 생성한다.
                final Bitmap bitmap = loadBitmapFromAsset(mGoogleApiClient, assetImage);

                // UI 스레드를 실행하여 레이아웃의 배경을 변경한다.
                runOnUiThread(new Runnable() {
                    @Override
                    public void run() {
                        mLayout.setBackground(
                            new BitmapDrawable(getResources(), bitmap));
                    }
                });
            }

        // 데이터 삭제 이벤트일 때 실행된다.
        } else if (event.getType() == DataEvent.TYPE_DELETED) {
            // 데이터가 삭제됐을 때 수행할 동작
        }
```

(이어서) [웨어러블 모듈] com.example.android.wearable.datalayerexample.MyActivity.java

```java
    }
  }

  // 비트맵을 에셋(Asset)으로부터 생성한다.
  private Bitmap loadBitmapFromAsset(GoogleApiClient apiClient, Asset asset) {
    if (asset == null) {
      throw new IllegalArgumentException("Asset must be non-null");
    }

    // 에셋 스트림을 구글 플레이 서비스로부터 받는다.
    InputStream assetInputStream = Wearable.DataApi.getFdForAsset(
        apiClient, asset).await().getInputStream();

    if (assetInputStream == null) {
      return null;
    }

    // 에셋 스트림으로부터 비트맵을 생성한다.
    return BitmapFactory.decodeStream(assetInputStream);
  }
}
```

소스를 보면 우선 데이터 리스너(DataApi.DataListener) 인터페이스를 implements 문장으로 메인 액티비티의 도구로 적용한다. 인터페이스를 적용하면 인터페이스에 선언돼 있는 메소드를 재정의(Override)해야 한다.

메시지 리스너 인터페이스에 의해 재정의된 메소드는 onDataChanged() 메소드다. onDataChanged() 메소드는 구글 플레이 서비스의 데이터가 변경되면 실행된다.

onDataChanged() 메소드가 실행되기 위해서는 액티비티에 데이터 변경을 감지할 수 있는 이벤트 리스너를 지정해야 한다. 이벤트 지정은 구글 플레이 서비스에 접속하면 실행되는 onConnected() 메소드에서 이루어진다. 그리고 프로그램이 종료될 때는 리스너를 해제한다.

데이터 변경 이벤트 리스너 지정

Wearable.DataApi.addListener(mGoogleApiClient, this);

데이터 변경 이벤트 리스너 해제

Wearable.DataApi.removeListener(mGoogleApiClient, this);

위와 같이 이벤트 리스너를 지정하면 데이터 변경 이벤트가 발생했을 때 onDataChanged() 메소드가 실행된다.

onDataChanged(DataEventBuffer) 메소드가 실행됨과 동시에 매개변수인 데이터 이벤트 버퍼(DataEventBuffer) 객체로 이벤트 관련 정보가 입력된다. 이벤트 버퍼의 개수만큼 for 문으로 이벤트에 대한 동작을 수행한다. 구글 플레이 서비스의 데이터가 변경됐을 때는 event.getType() 메소드의 속성 값으로 DataEvent.TYPE_CHANGED 값이 반환되고, 데이터가 삭제되면 DataEvent.TYPE_DELETED 값이 반환된다.

데이터 변경 타입에서 동작을 구분할 패스를 가져와 한 번 더 수행할 동작을 구분한다. 스마트폰에서 송신한 데이터의 패스 값은 "/IMAGE_DATA_PATH"다. 따라서 패스 값이 "/IMAGE_DATA_PATH"일 때에 이벤트로부터 데이터 맵을 가져와 이미지를 가져온다. 만약 스마트폰에서 송신한 송신 횟수를 가져오려면 getInt("sendCount") 메소드를 실행하면 된다.

이미지를 구글 플레이 서비스에 송수신하기 위해 에셋(Asset) 타입을 사용했지만, 실제로 이미지를 배경으로 사용하려면 다시 비트맵으로 변환해야 한다. 수신받은 에셋 이미지를 loadBitmapFromAsset() 메소드로 변경한다.

수신받은 이미지를 레이아웃의 배경으로 입력하는 코딩이 생각보다 복잡하다. 그 이유는 onDataChanged() 메소드가 서브 스레드에서 실행되는데, 안드로이드의 UI 값은 메인 스레드에서만 변경할 수 있기 때문이다. 따라서 메인 스레드 중 UI 스레드를 강제로 실행하여 레이아웃의 배경을 수신받은 이미지로 변경한다.

12.5 웨어러블 리스너 서비스 활용 데이터 송수신 소스 이해

장치 간 데이터 송수신 방법 중 액티비티 활용 방법에 이어 두 번째 방법은 웨어러블 리스너 서비스(WearableListenerService)를 활용하는 것이다. 이 서비스를 활용하면 앱이 실행돼 있지 않더라도 이벤트를 항상 받을 수 있다. 이번 절에서는 웨어러블 리스너 서비스를 활용하여 스마트폰의 데이터를 시계에서 수신하는 방법을 살펴보자.

> **Note**
> 독자들의 소스 활용 편의성을 위해 웨어러블 리스너 서비스 활용을 포함한 예제와 제외한 예제는 다른 프로젝트로 따로 준비해 놓았다. 서비스를 사용하고 싶지 않은 독자는 앞서 사용한 [Part12_DataLayerExampleWithoutService] 예제를 사용하고, 서비스를 같이 사용하고 싶은 독자들은 [Part12_DataLayerExample] 예제를 활용하자.

1) AndroidManifest.xml 파일 살펴보기

웨어러블 리스너 서비스를 사용하려면 AndroidManifest.xml 파일에 서비스를 등록하고, 구글 플레이 서비스 액션 필터를 등록해야 한다. 아래 소스를 살펴보자.

[Wearable 모듈] wear/src/main/AndroidManifest.xml

```xml
<?xml version="1.0" encoding="utf-8"?>
<manifest xmlns:android="http://schemas.android.com/apk/res/android"
  package="com.example.wearable.datalayerexample" >

  <uses-feature android:name="android.hardware.type.watch" />

  <application
    android:allowBackup="true"
    android:icon="@drawable/ic_launcher"
    android:label="@string/app_name"
    android:theme="@android:style/Theme.DeviceDefault" >
    <meta-data
      android:name="com.google.android.gms.version"
      android:value="@integer/google_play_services_version" />

    <activity
      android:name=".MyActivity"
      android:label="@string/app_name" >
      <intent-filter>
        <action android:name="android.intent.action.MAIN" />

        <category android:name="android.intent.category.LAUNCHER" />
      </intent-filter>
    </activity>

    <service
      android:name=".MyService"
      android:enabled="true"
      android:exported="true" >
      <intent-filter>
        <action
          android:name="com.google.android.gms.wearable.BIND_LISTENER" />
      </intent-filter>
    </service>

  </application>

</manifest>
```

"com.google.android.gms.wearable.BIND_LISTENER" 액션 필터를 서비스에 등록했다. 이 액션 필터를 등록하면, 앱이 켜져 있지 않더라도 데이터 및 메시지를 항상 수신받을 수 있다.

2) 웨어러블 리스너 서비스 소스 살펴보기

웨어러블 리스너 서비스를 상속한 MyService 소스를 살펴보자.

[웨어러블 모듈] com.example.android.wearable.datalayerexample.MyService.java

```
package com.example.wearable.datalayerexample;

import ...

public class MyService extends WearableListenerService {

    // 페어링이 되면 실행된다.
    @Override // NodeApi.NodeListener
    public void onPeerConnected(Node node) { ... }

    // 페어링이 해제되면 실행된다.
    @Override // NodeApi.NodeListener
    public void onPeerDisconnected(Node node) { ... }

    // 메시지가 수신되면 실행되는 메소드
    @Override // MessageApi.MessageListener
    public void onMessageReceived(MessageEvent messageEvent) { ... }

    // 구글 플레이 서비스의 데이터가 변경되면 실행된다.
    @Override // DataApi.DataListener
    public void onDataChanged(DataEventBuffer dataEvents) { ... }
}
```

서비스에서 사용한 메소드들은 전부 액티비티 활용 데이터 송수신에서 사용한 메소드들이다. 그 이유는 웨어러블 리스너 서비스 클래스에서 DataApi.DataListener, MessageApi.MessageListener, NodeApi.NodeListener, 세 인터페이스를 implements 명령을 사용해 클래스 도구로 지정했기 때문이다.

아래는 웨어러블 리스너 서비스를 구글 레퍼런스에서 검색한 결과다.

```
public abstract class                Summary: Inherited Constants | Ctors | Methods | Inherited Methods | [Expand All]
WearableListenerService
extends Service
implements DataApi.DataListener MessageApi.MessageListener NodeApi.NodeListener

java.lang.Object
   ↳ android.content.Context
      ↳ android.content.ContextWrapper
         ↳ android.app.Service
            ↳ com.google.android.gms.wearable.WearableListenerService
```

출처 : https://developer.android.com/reference/com/google/android/gms/wearable/WearableListenerService.html

웨어러블 리스너 서비스는 Service 클래스를 extends로 상속받고, DataApi.DataListener, MessageApi.MessageListener, NodeApi.NodeListener, 세 인터페이스를 implements 명령을 사용해 클래스의 도구로 지정한 것을 확인할 수 있다.

총 네 개의 메소드는 장치 접속, 해제, 메시지 수신, 데이터 수신 메소드다. 아래의 실행 결과를 보자.

[onPeerConnected() 실행]　　[onPeerDisconnected() 실행]

스마트폰과 시계의 페어링이 이루어지거나 해제되면 토스트 메시지가 출력된다.

[onMessageReceived() 실행]　　[onDataChanged() 실행]　　[onDataChanged() 실행]

스마트폰에서 메시지를 보내거나 데이터를 보내면 토스트 메시지가 출력된다. 이 메시지들은 서비스로 등록해 놓았기 때문에 액티비티를 실행해 놓지 않아도 항상 팝업된다.

12.6 마무리

12장에서는 스마트폰과 시계의 데이터를 송수신하는 예제를 살펴봤다. 이 예제는 스마트폰에서 무언가를 송신하고 시계에서 수신하는 것에 집중하여 설명했지만, 시계에서 송신하고 스마트폰으로 수신하는 것도 가능하다. 구현 방법은 동일하다. 아마도, 구글에서 계속해서 선보일 웨어러블, TV, 자동차 등의 장치들은 구글 플레이 서비스를 통한 데이터 전송 방법을 사용할 것으로 보인다.

13

안드로이드 웨어 앱 패키징

안드로이드 스튜디오 프로젝트에 여러 개의 모듈이 존재할 수 있기 때문에 기존 안드로이드 앱 설치 파일인 APK(Android Package)를 생성하는 방법이 달라졌다.

아래 그림은 프로젝트 생성 화면 중 모듈 선택 화면이다.

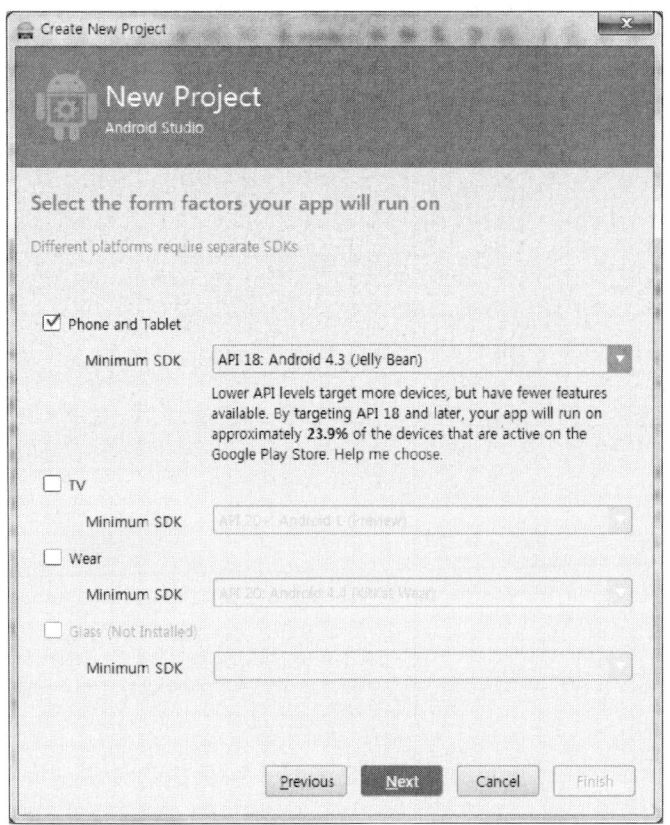

이클립스와 다르게 안드로이드 스튜디오에서는 폰&테블릿, TV, 시계(Wear), 안경(Glass) 모듈을 선택할 수 있다는 것을 알 수 있다. 따라서 새로운 패키징 방법이 필요하다. 13장[1]에서는 안드로이드 웨어 앱의 패키징 방법을 알아보자.

13.1 안드로이드 웨어 패키지 이해

2장에서 봤던 APK 파일 구조 그림을 살펴보자.

---

1) 출처 : https://developer.android.com/training/wearables/apps/packaging.html

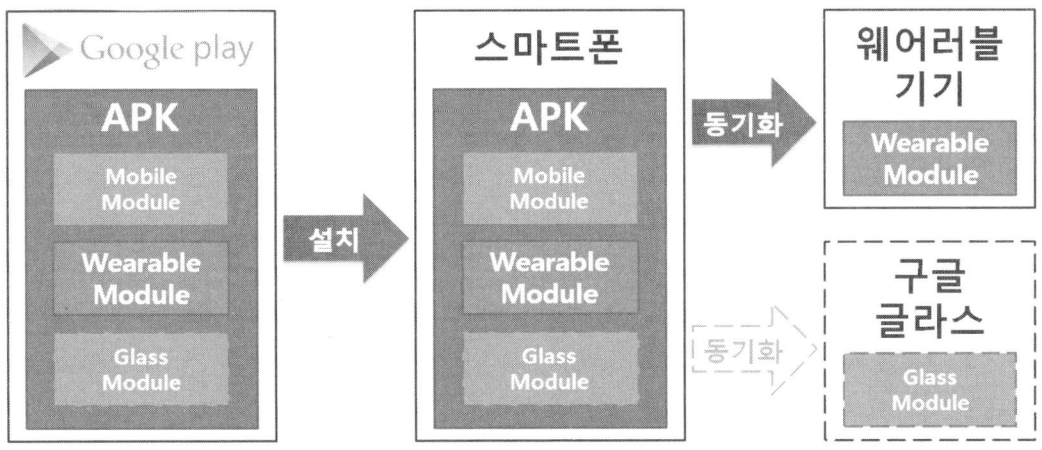

구글 플레이 스토어에서 APK를 다운로드받아 설치하면 스마트폰에 모바일 모듈과 시계 전용 모듈인 웨어러블 모듈이 설치된다. 그리고 동기화가 되면 시계에 웨어러블 모듈이 설치된다.

안드로이드 웨어 모듈은 스마트폰 모듈과 함께 APK 파일에 포함되고, 스마트폰에서 동기화를 하면 안드로이드 웨어 모듈이 시계에 설치되는 것이다. 따라서 패키징을 할 때 APK 파일에 안드로이드 웨어 모듈이 포함되도록 설정해야 한다.

13.2 안드로이드 웨어 앱 패키징

아래 과정을 참고하여 12장에서 활용한 예제의 배포 버전 APK를 생성해보자.

1. 스마트폰 앱의 build.Gradle 확인

안드로이드 웨어 패키징을 위해서는 Gradle 빌드 세팅을 변경해야 한다. 아래 Gradle 빌드 소스를 참고하자.

> **[Mobile 모듈] mobile/src/build.gradle**
>
> ```
> apply plugin: 'com.android.application'
>
> android {
>   compileSdkVersion 20
>   buildToolsVersion "20.0.0"
>
>   defaultConfig {
>     applicationId "com.example.wearable.datalayerexample"
>     minSdkVersion 18
>     targetSdkVersion 20
>     versionCode 1
>     versionName "1.0"
>   }
>   buildTypes {
>     release {
>       runProguard false
>       proguardFiles getDefaultProguardFile('proguard-android.txt'), 'proguard-rules.pro'
>     }
>   }
> }
> dependencies {
>   compile fileTree(dir: 'libs', include: ['*.jar'])
>   wearApp project(':wear')
>   compile 'com.google.android.gms:play-services-wearable:+'
> }
> ```

빌드할 때 안드로이드 웨어 앱을 포함시키기 위해서는 **dependencies** 속성에 **wearApp project(':모듈명')**을 넣어야 한다. 위 파일에서 모듈명에는 **wear**를 입력했다.

2. 서명된 안드로이드 패키지 파일 생성

아래 과정을 따라 서명된 APK 파일을 생성하자.

1) [Build] -> [Generate Signed APK...] 실행

[Build] -> [Generate Signed APK...]를 수행하면 모듈 선택 화면이 보인다. [mobile] 모듈을 선택하고 [Next] 버튼을 누른다.

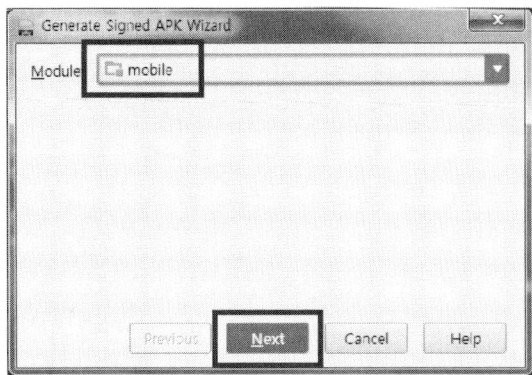

2) 새로운 키스토어 생성

구글 개발자 인증을 위한 키스토어 정보를 입력하는 화면이 보인다. 키스토어가 없는 경우 새로운 키스토어를 생성해야 한다. [Create new...] 버튼을 누르자.

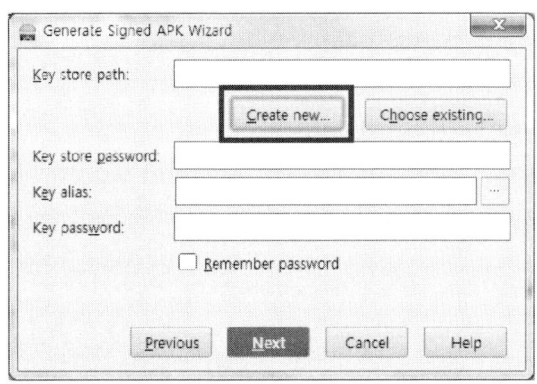

새로운 키스토어를 생성하는 화면이 보인다. 자유롭게 입력하고, [OK]를 누른다.

3) 키스토어 정보 입력

새로 생성한 키스토어 정보를 입력한다. 입력을 완료한 후 [Next] 버튼을 누른다.

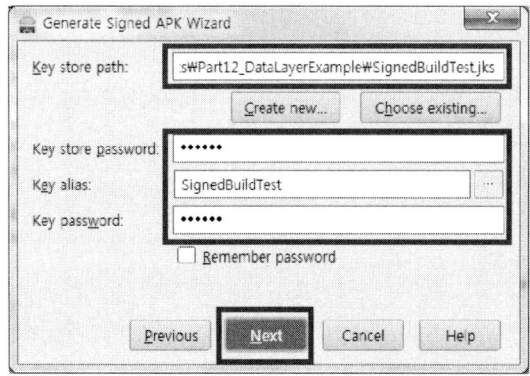

4) 패키지 생성 위치 지정 및 실행

안드로이드 패키지가 생성될 위치를 지정하고 [Finish]를 클릭하여 APK를 생성한다.

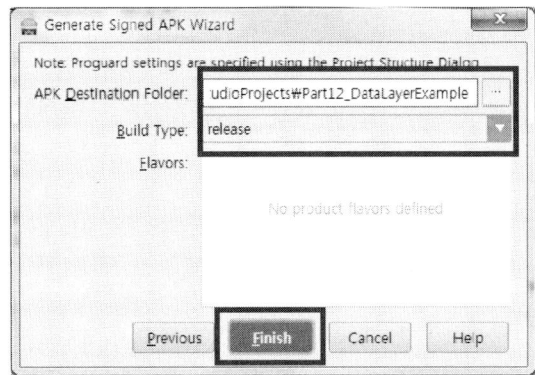

5) 생성된 패키지 확인

위에서 지정한 패키지 생성 폴더로 이동하여 생성된 패키지 파일을 확인하자.

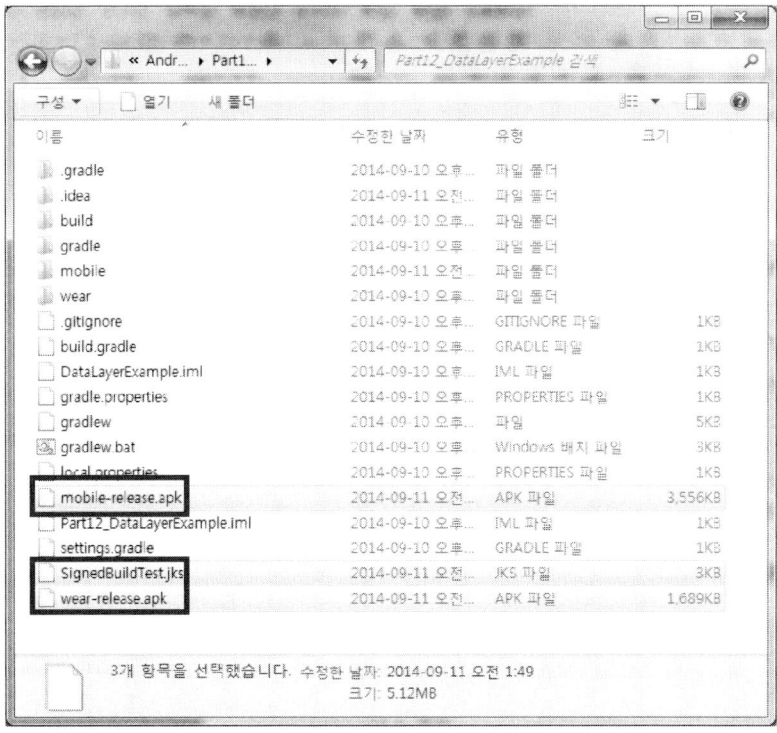

배포 파일인 **mobile-release.apk**가 보인다. 생성된 패키지 파일을 스마트폰에 설치하면 시계에 안드로이드 웨어 모듈이 자동으로 설치된다. 그리고 생성된 패키지 파일을 구글 플레이 스토어 마켓에 배포할 수 있다.

추가적으로 **wear-release.apk** 파일과 **SignedBuilTest.jks** 파일이 선택된 것이 보인다. wear-release.

apk 패키지 파일은 안드로이드 웨어 모듈만 패키징된 파일이며, **SignedBuilTest.jks** 파일은 "2) 새로운 키스토어 생성"에서 만든 키스토어 파일이다.

키스토어 파일을 구글 플레이 스토어에 한 번 올리면 그 키스토어 파일을 계속 사용해야 한다. 마켓에 올라가 있는 앱의 키스토어 파일을 분실하면 마켓에 앱을 업데이트할 수 없다. 따라서 마켓에 올릴 계획이 있다면 키스토어 파일과 키스토어 패스워드를 잊지 말고 관리해야 한다.

13.3 마무리

13장에서는 안드로이드 웨어 패키지 방법을 익혔다. **build.gradle** 파일만 주의하여 검토하고, 안드로이드 스튜디오의 서명 패키징 기능을 활용하면 배포 파일을 간편하게 생성할 수 있다.

14

구글 제공 안드로이드 예제 훑어보기

안드로이드 웨어의 개발을 돕기 위해 구글은 예제 프로젝트를 제공한다. 제공되는 예제들은 완성도가 높고, 소스를 자유롭게 활용할 수 있는 아파치2 라이선스이기 때문에 독자들이 필요한 기능을 가져다가 사용해도 된다.

마지막 장인 14장에서는 구글에서 제공한 안드로이드 웨어 예제들을 정리하고, 간단하게 설명할 것이다. 독자들은 필요한 앱을 만들기 전에 예제를 훑어보고, 유사한 기능을 참고하여 개발 시간을 절약하도록 하자.

14.1 구글 제공 안드로이드 웨어 예제 실행

구글에서 제공한 안드로이드 웨어 예제들을 실행하는 방법을 알아보자. 프로젝트마다 성격이 다르기 때문에 모바일 모듈만 있는 프로젝트, 시계 모듈만 있는 프로젝트, 모바일 모듈과 시계 모듈이 둘 다 있는 프로젝트도 있다. 대표적으로 모바일과 시계 모듈이 둘 다 있는 [FindMyPhone] 예제를 실행하는 과정을 살펴보자.

1. 구글 제공 안드로이드 웨어 예제 다운로드

구글 제공 안드로이드 웨어 예제는 3장에서 이미 다운로드받았다. 혹시 환경 설정을 다시 했거나 다운로드받지 않은 독자들을 위해 구글 제공 안드로이드 웨어 예제를 다운로드받는 방법을 설명하도록 하겠다.

1) SDK 매니저 실행

[Tools] -> [Android] -> [SDK Manager]를 클릭하거나, 상단의 ■ 버튼을 눌러서 SDK 매니저를 실행하자.

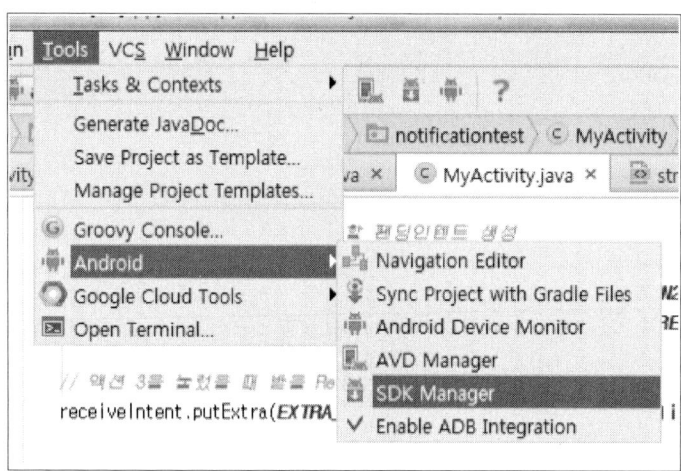

2) 예제 소스 체크 및 설치

[Android 4.4W (API 20)] -> [Samples for SDK]를 선택하고 [Install Package...] 버튼을 눌러서 예제를 설치한다.

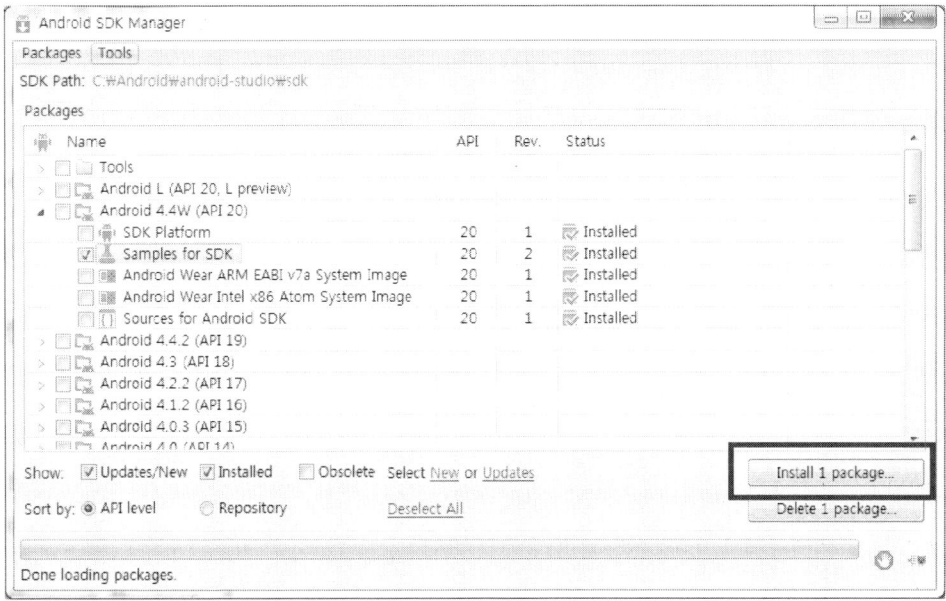

3) 예제 소스 폴더 확인

예제 소스는 안드로이드 스튜디오 설치 폴더 아래에 설치된다. 아래 폴더로 이동하여 안드로이드 웨어 예제 소스를 확인하자.

C:\Android\android-studio\sdk\samples\android-20\wearable

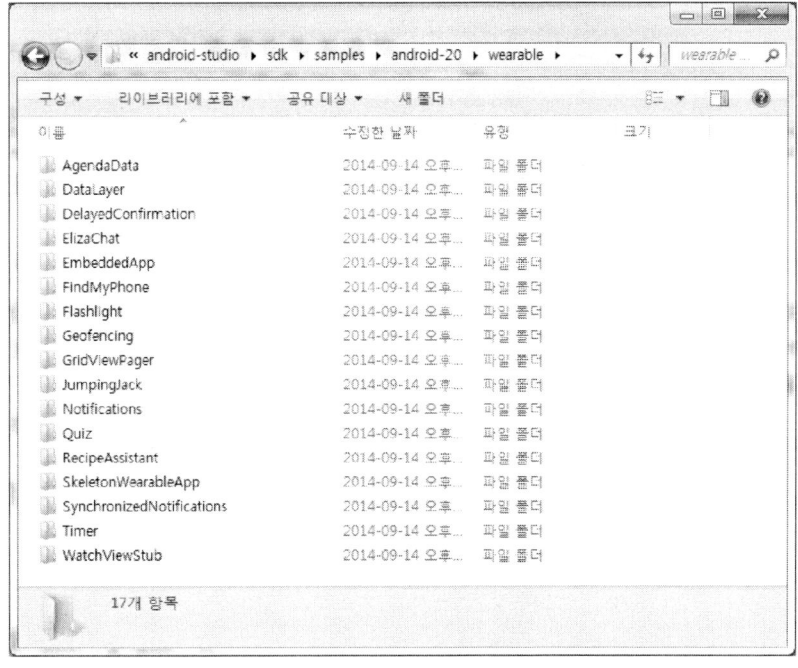

폴더로 이동하면 17개의 예제 프로젝트들이 보인다. 구글 제공 안드로이드 웨어 예제 프로젝트는 2014년 9월 기준으로 17개이며, 추후에 추가될 수 있다. 필자는 이 예제들을 C:\AndroidStudioProjects\GoogleSamples 폴더로 복사해서 사용했다.

> **Note**
> 구글에서 제공하는 안드로이드 웨어 예제 소스를 다운받기 힘든 독자들은 카페에서 다운로드받도록 하자.

2. 프로젝트 가져오기

아래 과정을 따라 안드로이드 스튜디오에서 [FindMyPhone] 프로젝트를 열자.

1) [File] -> [Import Project...]

[Import Project] 메뉴를 선택한다. [Open] 메뉴를 사용해도 되지만, 안드로이드 스튜디오가 아직 발전중이라 프로젝트 설정이 자주 바뀌므로 [Open] 메뉴를 사용하여 프로젝트를 열면 프로젝트가 실행되지 않을 수도 있다.

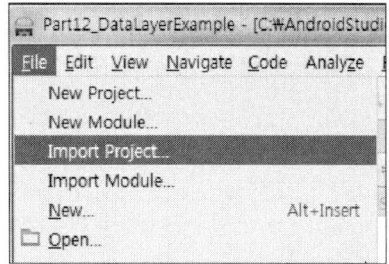

2) 프로젝트 선택

[FindMyPhone] 프로젝트를 선택하고 [OK] 버튼을 누른다.

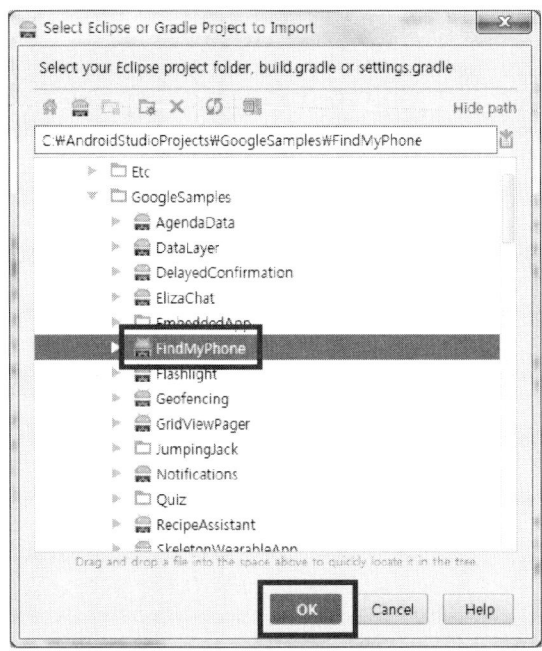

3) 프로젝트 열기 속성 설정

프로젝트를 열 윈도우를 선택한다. [This Window]를 누르면 현재 열려있는 프로젝트 대신 새로운 프로젝트로 교체되며, [New Window]를 누르면 새로운 창이 열리면서 새로운 프로젝트가 열린다.

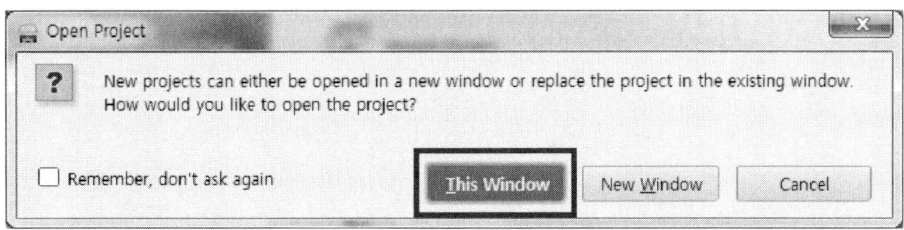

3. 프로젝트 모듈 실행

프로젝트의 모듈이 모바일 모듈과 시계 모듈로 두 개다. 그래서 모바일 모듈을 스마트폰에, 시계 모듈을 시계에 설치해야 한다. 아래 과정을 따라 모바일 모듈과 시계 모듈을 설치하자.

1) 모바일 모듈 실행

스마트폰을 USB로 컴퓨터에 연결하고 모듈 박스에서 [mobile]을 선택한 후 [실행] 버튼(▶)을 누르자.

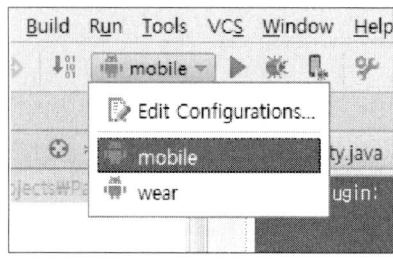

2) 액티비티 설정 변경

[FindMyPhone]의 모바일 모듈에는 액티비티가 없다. 따라서 액티비티 설정에 [Do not launch Activity] 로 설정하고 [Apply] 버튼이나 [Run] 버튼을 누르자.

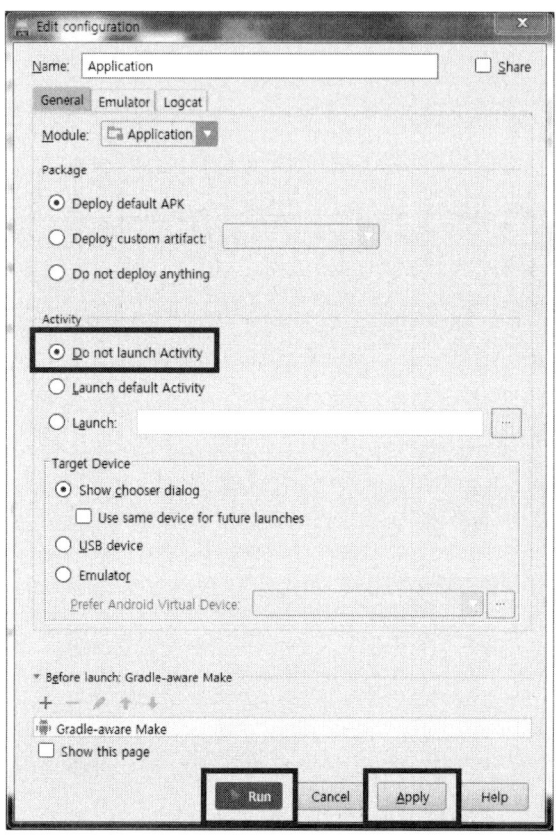

3) 스마트폰 선택 후 [OK] 버튼 클릭

앱의 실행 장치를 스마트폰으로 선택한 후 [OK] 버튼을 누르자. 필자는 블루투스 디버깅을 활용하여 스마트폰과 시계가 동시에 보인다.

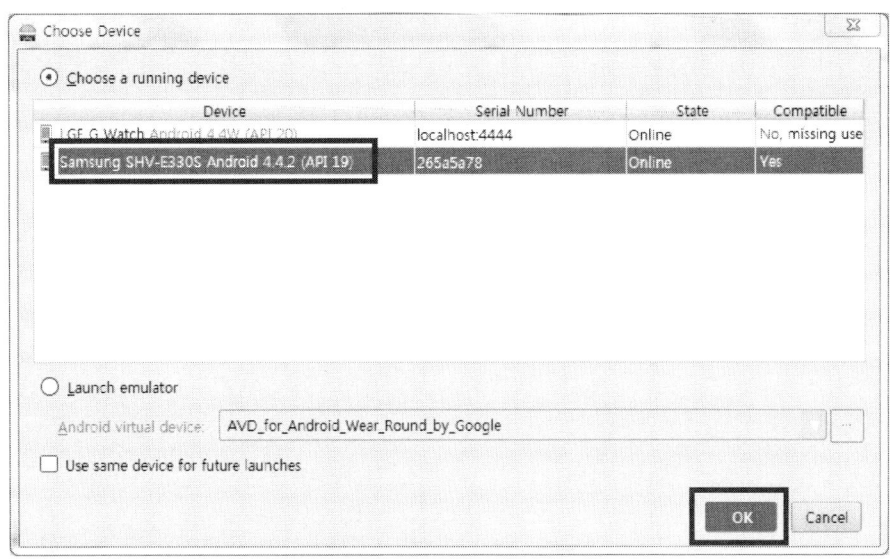

4) 시계 모듈 실행

시계를 USB나 블루투스로 연결하고 모듈 콤보박스에서 [wear]를 선택한 후 [실행] 버튼(▶)을 누르자.

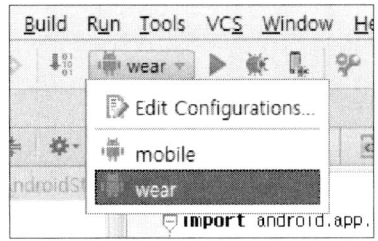

5) 시계 장치 선택 후 [OK] 버튼 클릭

앱의 실행 장치를 시계로 선택한 후 [OK] 버튼을 누르자.

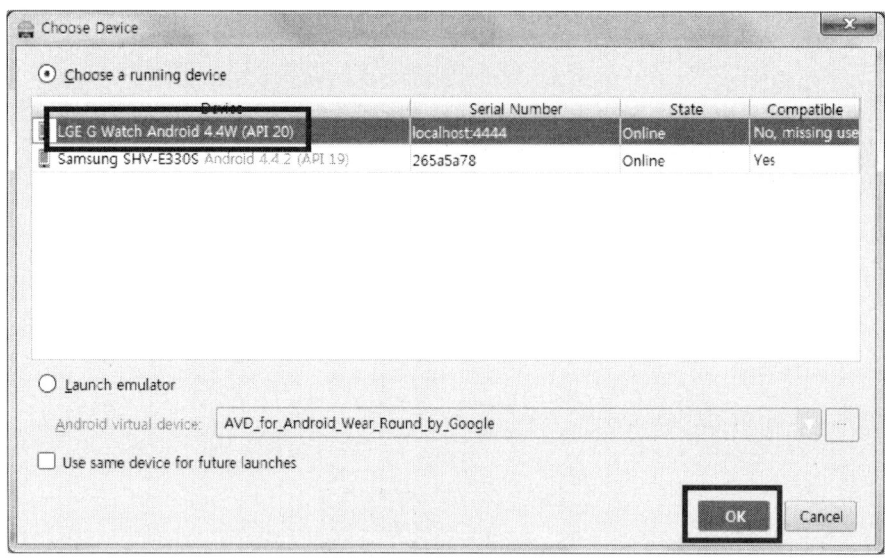

6) 앱 실행 확인

[FindMyPhone]은 시계를 찾는 앱이다. 페어링돼 있을 때는 컨텐트의 아이콘을 클릭하여 폰의 알림을 실행할 수 있다. 그리고 페어링이 해제되면 폰이 사라졌다는 알림을 보여준다.

 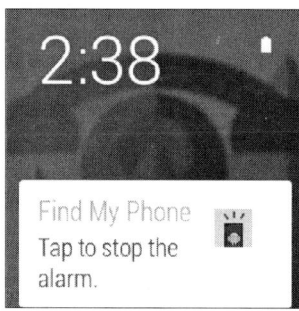 

14.2 구글 제공 안드로이드 웨어 예제 정리

구글에서 제공한 안드로이드 웨어 예제들에 대한 간단한 설명을 넣었다. 그리고 소스를 이해하기 위해 필요한 사전 지식을 정리했다. 독자들은 소스를 보기 전에 정리된 내용을 참고하도록 하자.

> **Note**
> Geofencing 예제는 필자가 실행을 하지 못하여 제외했다. 추후 실행을 하게 되면 카페에 올리도록 하겠다.

1. 스마트폰 전용 앱 정리

아래 리스트는 스마트폰 모듈만 제공되는 프로젝트들이다.

앱 이름	EmbeddedApp
난이도	★
사전 지식	13장 안드로이드 웨어 앱 패키징
설명	배포 버전으로 빌드하면 스마트폰에만 앱을 설치해도 시계에 프로그램이 자동으로 설치되는 것을 확인할 수 있다. 모바일 모듈의 build.gradle 파일에 서명 관련 속성을 입력하여 패키징하는 내용이 있다.

앱 이름	RecipeApplication
난이도	★★
사전 지식	5장 알림 빌더 알아보기
설명	요리 레시피를 스마트폰에서 알림으로 전달한다.

앱 이름	ElizaChat
난이도	★★★
사전 지식	5장 알림 빌더 알아보기 6장 안드로이드 웨어 확장 알림 알아보기 7장 안드로이드 웨어 액션 응답
설명	사용자의 질문에 대답하는 구글판 심심이 어플이다. Eliza라는 채팅 봇을 기초로 하며, 알림의 음성 응답을 활용하여 사용자와 Eliza가 대화를 나눈다.

2. 시계 전용 앱 정리

아래 리스트는 시계 모듈만 제공되는 프로젝트들이다.

앱 이름	Flashlight
난이도	★★
사전 지식	9장 안드로이드 웨어 전용 앱 기본 기능 10장 안드로이드 웨어 그리드 뷰 페이저
설명	색상이 자유롭게 변하는 뷰를 출력한다. Flashlight 예제는 10장에서 배운 "그리드 뷰 페이저"와 유사한 안드로이드 기본 뷰 페이저로 화면이 구성돼 있다.

앱 이름	GridViewPager
난이도	★
사전 지식	9장 안드로이드 웨어 전용 앱 기본 기능 10장 안드로이드 웨어 그리드 뷰 페이저
설명	그리드 뷰 페이저를 활용한 예제다. 10장에서 살펴본 예제다.

앱 이름	SkeletonWearableApp
난이도	★
사전 지식	4장 안드로이드 웨어 알림 기능 9장 안드로이드 웨어 전용 앱 기본 기능 10장 안드로이드 웨어 그리드 뷰 페이저
설명	기본 뷰에 버튼을 눌러 동작한다. 지연 확인 뷰를 활용한다.

앱 이름	Timer
난이도	★★★
사전 지식	9장 안드로이드 웨어 전용 앱 기본기능 11장 안드로이드 웨어 리스트 뷰
설명	알람을 설정한다. 안드로이드 기본 리스트 뷰를 사용했다.

앱 이름	JumpingJack
난이도	★★★★★
사전 지식	10장 안드로이드 웨어 그리드 뷰 페이저
설명	팔벌려뛰기 개수를 세는 앱이다. 중력 센서를 활용하여 점프를 인식하는 로직으로 인해 구현 난이도가 높다. 중력 센서를 활용해야 하는 개발자들은 참고할 내용이 많다.

앱 이름	WatchViewStub
난이도	★
사전 지식	9장 안드로이드 웨어 전용 앱 기본 기능
설명	시계의 종류를 판단하는 예제다. 9장에서 살펴본 내용이 대부분이다.

3. 스마트폰, 시계 동시 활용 앱 정리

아래 리스트는 모바일 모듈과 시계 모듈이 동시에 제공되는 프로젝트들이다.

앱 이름	AgendaData
난이도	★★★★
사전 지식	5장 알림 빌더 알아보기 7장 안드로이드 웨어 액션 응답 9장 안드로이드 웨어 전용 앱 기본 기능 12장 장치 간 데이터 전송
설명	스마트폰의 구글 캘린더 내용을 시계로 송신한다. 시계에서 수신받은 내용을 확인하고 삭제할 수 있다.

앱 이름	DataLayer
난이도	★★★
사전 지식	12장 장치 간 데이터 송수신
설명	스마트폰에서 카메라로 찍은 사진을 스마트폰으로 전송한다. 12장에서 배운 데이터 송수신을 최대한 활용한 예제다. 시계에서 스마트폰으로 메시지를 전달한 내용은 책에서 다루지 않는 내용이므로, 관심있는 독자들은 이 예제를 훑어보자.

앱 이름	DelayedConfirmation
난이도	★★
사전 지식	5장 알림 빌더 알아보기 7장 안드로이드 웨어 액션 응답 9장 안드로이드 웨어 전용 앱 기본 기능 12장 장치 간 데이터 송수신
설명	시계에서 5초의 대기시간을 갖고, 5초가 지나면 시계에서 스마트폰으로 완료 메시지를 송신한다. 스마트폰은 메시지를 수신받고 결과를 출력한다.

앱 이름	FindMyPhone
난이도	★★★
사전 지식	5장 알림 빌더 알아보기 6장 안드로이드 웨어 확장 알림 알아보기 7장 안드로이드 웨어 액션 응답 9장 안드로이드 웨어 전용 앱 기본 기능 12장 장치 간 데이터 송수신
설명	시계를 찾는 앱이다. 페어링돼 있을 때는 컨텐트의 아이콘을 클릭하여 폰의 알람을 실행할 수 있다. 그리고 페어링이 해제되면 폰이 사라졌다는 알림을 보여준다.

앱 이름	Notifications
난이도	★★★★
사전 지식	5장 알림 빌더 알아보기 6장 안드로이드 웨어 확장 알림 알아보기 7장 안드로이드 웨어 액션 응답 9장 안드로이드 웨어 전용 앱 기본 기능 11장 안드로이드 웨어 리스트 뷰
설명	다양한 알림을 생성하는 예제로, 분량이 많다. 앱 안에 참고할 만한 예제가 많다. 따라서 알림 관련 개발을 해야 한다면 반드시 실행해 보고 소스를 참고하도록 하자.

앱 이름	SynchronizedNotifications
난이도	★★
사전 지식	5장 알림 빌더 알아보기 12장 장치 간 데이터 송수신
설명	폰전용 알림, 시계전용 알림, 양쪽 알림을 구분하도록 돼 있다. 기본 알림과 데이터 송수신을 활용한 예제다.

앱 이름	Quiz
난이도	★★★★
사전 지식	5장 알림 빌더 알아보기 6장 안드로이드 웨어 확장 알림 알아보기 7장 안드로이드 웨어 액션 응답 9장 안드로이드 웨어 전용 앱 기본 기능 11장 안드로이드 웨어 리스트 뷰
설명	스마트폰에서 퀴즈를 만들어 시계로 송신하고, 시계에서는 퀴즈를 푼다. 알림과 장치 간 데이터 송수신을 최대한 활용한 예제다.

14.3 마무리

14장에서는 구글에서 제공한 안드로이드 웨어 예제들을 살펴봤다. 좋은 예제들이 많기 때문에 독자들이 안드로이드 웨어 프로그램을 만들 예정이라면 구글에서 제공한 예제들을 모두 실행해 보길 권장한다.

14장을 마지막으로 안드로이드 웨어 학습을 마무리한다. 안드로이드 웨어는 안드로이드의 개념에 약간의 추가 개념을 넣은 API이다. 따라서 안드로이드 개발에 익숙한 독자들은 쉽게 느껴질 것이고, 안드로이드 웨어로 안드로이드 개발을 처음 해야 하는 독자들은 어려움이 많았을 것으로 판단된다. 하지만 안드로이드를 처음 접한 독자들이 여기까지 왔다면 안드로이드 웨어 개발뿐만 아니라 안드로이드 개발도 어느 정도 할 수 있는 실력을 갖추었을 것이다.

안드로이드 웨어는 출시한 지 몇 개월 안 된 API이기 때문에 개발을 하다보면 발견되는 버그가 많을 것이다. 그리고 필자가 최대한 자료 수집을 하긴 했지만, 책에 미처 싣지 못한 부분도 많을 것으로 판단한다. 따라서 필자는 앞으로 관심을 갖고 필자의 카페(http://cafe.naver.com/stjqm)에 안드로이드 웨어의 유익한 소스나 버그 수정 방법을 업데이트 할 예정이니 카페에 가끔 들리도록 하자.

더불어 독자들이 안드로이드 웨어 개발을 하다가 힘든 부분이 있다면 필자의 카페에 올려서 공유하도록 하자. 독자들과 필자가 다 같이 힘든 부분을 고민한다면 혼자 고민하는 것보다 훨씬 더 해결하기 수월할 것이다. 독자들의 성공적인 안드로이드 웨어 개발을 기원한다.

찾아보기

한글

구글 글라스 35
그래들 54
노드 리스너 317
데이터 리스너 328
메시지 리스너 323
모듈 54
모바일 모듈 34, 54
뷰홀더 300
브로드캐스트 리시버 200
블루투스 디버깅 모드 240
선택 문항 응답 193
안드로이드 스튜디오 39
안드로이드 웨어 13
안드로이드 웨어 기기 29
안드로이드 웨어 스크린샷 238
알림 빌더 79
액션 버튼 23

어댑터 283
원형 이미지 뷰 266
웨어러블 리스너 서비스 335
웨어러블 리스트뷰 아이템 인터페이스 305
웨어러블 모듈 34, 54
웨어러블 앱 29
웨어러블 확장 클래스 131
음성 인식 액션 184
음성 인식 인텐트 256
인박스 스타일 111
인텐트 27
종료 오버레이 뷰 260
지연 확인 뷰 269
카드 20
컨텍스트 스트림 14
큐 카드 14
큰 사진 스타일 101
큰 텍스트 스타일 105
티커 90

패키지 66
팬딩 인텐트 180
페이지 22
핸드헬드 29
확인 액티비티 250

영문

Adapter 283
addAction() 메소드 128
addPage() 메소드 143
Android Package 파일 29
Android Studio 39
Android Wear 13
Android Wear Device 29
APK 파일 29, 34
app 네임 스페이스 250
Big Picture Style 101
Big Text Style 105
BroadcastReceiver 200
build() 메소드 82
CircledImageView 266
Confirmation Activity 250
ConnectionCallbacks 인터페이스 317
Context Stream 14
Cue Card 14
DataApi.DataListener 328
DelayedConfirmationView 269
DismissOverlayView 260
extends 명령어 66
extend() 메소드 142

final 상수 71
getFragment() 메소드 290
getGravity() 메소드 153
getRowCount() 메소드 290
GoogleApiClient 클래스 317
Google Glass 35
Gradle 54
Handheld 29
implements 명령어 296
import 문 66
MessageApi.MessageListener 323
Mobile Module 34, 54
Module 54
NodeApi.NodeListener 317
NotificationBuilder 79
Notification.WearableExtender 클래스 131
onBindViewHolder() 메소드 300
OnConnectionFailedListener 인터페이스 317
onCreateOptionsMenu() 메소드 67
onCreate() 메소드 67
onFinishInflate() 메소드 303
package 66
RecognizerIntent 256
RemoteInput 클래스 190, 199
setAutoCancel(true) 메소드 129
setBackground() 메소드 148
setContentIconGravity() 메소드 152
setContentInfo() 메소드 95
setContentIntent() 메소드 129
setContentText() 메소드 71

setContentTitle() 메소드 71

setHintHideIcon() 메소드 152

setHintShowBackgroundOnly() 메소드 148

setNumber() 메소드 94

setSmallIon() 메소드 71

setUsesChronometer() 메소드 96

setWhen() 메소드 96

SpannableStringBuilder 109

static 71

this 72

Ticker 90

ViewHolder 300

WatchViewStub 클래스 245

Wearable App 29

WearableListenerService 335

WearableListView.ClickListener 클래스 296

WearableListView.item 인터페이스 305

Wearable.MessageApi.sendMessage() 메소드 321

Wearable Module 34, 54